广东海洋大学人文社会科学研究『建党100周年献礼红色著作专项』成果

"中共南路革命史料整理暨研究"系列丛书

拨剑起蒿莱
——周楠革命史迹研究

高良坚 编著

中山大学出版社
· 广州 ·

版权所有　翻印必究

图书在版编目（CIP）数据

拔剑起蒿莱：周楠革命史迹研究/高良坚编著．—广州：中山大学出版社，2021.6

（"中共南路革命史料整理暨研究"系列丛书）

ISBN 978-7-306-07242-9

Ⅰ.①拔…　Ⅱ.①高…　Ⅲ.①周楠—生平事迹　Ⅳ.①K825.2

中国版本图书馆 CIP 数据核字（2020）第 119794 号

BAJIAN QI HAOLAI：ZHOUNAN GEMING SHIJI YANJIU

出 版 人：	王天琪
策划编辑：	曾育林
责任编辑：	曾育林
封面设计：	林绵华
责任校对：	陈文杰
责任技编：	何雅涛
出版发行：	中山大学出版社
电　　话：	编辑部 020-84113349，84110776，84110283，84111997，84110779
	发行部 020-84111998，84111981，84111160
地　　址：	广州市新港西路135号
邮　　编：	510275　　传　真：020-84036565
网　　址：	http://www.zsup.com.cn　　E-mail：zdcbs@mail.sysu.edu.cn
印 刷 者：	佛山市浩文彩色印刷有限公司
规　　格：	787mm×1092mm　1/16　26.75 印张　249 千字
版次印次：	2021年6月第1版　2021年6月第1次印刷
定　　价：	98.00元

如发现本书因印装质量影响阅读，请与出版社发行部联系调换

广东海洋大学人文社会科学研究"建党100周年献礼红色著作专项"重点项目"广东南路红色文化教育资源开发研究（C20111）"成果

编委会

编委会主任：曹俊明

编委会副主任：刘东超　谭北平　庞　松

委　　　员：鲁义善　欧卫军　尹　喜　陈汉能
　　　　　　郑一鸣　袁仁广　陈关怡　高良坚
　　　　　　谭月清

南路革命后人代表：周　聪　唐舒明　庞　松
　　　　　　　　　陈　东　陈　钢

总　序

习近平总书记在党史学习教育动员大会上的讲话中指出："中国革命历史是最好的营养剂,重温这部伟大历史能够受到党的初心使命、性质宗旨、理想信念的生动教育,必须铭记光辉历史、传承红色基因。"欣逢中国共产党百年华诞之际,广东海洋大学人文社会科学研究"建党100周年献礼红色著作专项"重点项目、高良坚课题组的"广东南路红色文化教育资源开发研究（C20111）"系列成果,作为中山大学出版社策划、出版的"中共南路革命史料整理暨研究"系列丛书即将问世,这是贯彻落实习近平总书记重要指示的具体行动,是传承红色文化的重要体现,也是拓展广东南路地区革命史料征集与研究的新成果,具有历史意义和现实价值,值得庆贺!

广东南路地区位于中国大陆南端、广东省西南部,与海南岛隔海相望。在新民主主义革命时期主要包括茂名、电白、信宜、化县、吴川、廉江、海康、遂溪、徐闻、阳江、阳春、钦县、防城、合浦、灵山15县（钦县、防城、合浦、灵山今属广西）和广州湾（原法租界，今湛江市区）。这是一个英雄辈出、人杰地灵的地方。

南路地区是一块洒满革命英烈鲜血的红色热土。南路人民是具有光荣革命斗争传统的英雄人民。南路革命斗争是广东人民革命和中国革命斗争的重要组成部分。早在中共创建时期，南路的青年学生和各界群众受五四运动的影响，投身反帝反封建的爱国运动。随后建立革命组织，开展革命活动。大革命时期，建立了中共南路组织和共青团组织。中共南路组织广泛发动群众，协助南征军收复了南路地区，开展工农群众运动，掀起了轰轰烈烈的革命高潮。土地革命时期，面对国民党反动派的白色恐怖，中共南路组织领导各县举行了一系列农民武装起义，以革命的义举反击国民党反动派的屠杀政策。特别是中共遂溪县委书记陈光礼率领农民自卫军退守斜阳岛（今属广西北海），实行武装割据，坚持长达5年之久，树起了南路人民不畏强暴、英勇抗争的一面鲜红旗帜。抗日战争时期，日本帝国主义发动全面侵华战争后，南路各界群众迅即掀起抗日救亡运动。雷州半岛和广州湾沦陷后，中共南路特委深入发动群众，组织抗日武装，开展敌后抗战，并以南路人民抗日游击队为基础，建立了广东南路人民抗日解放军。与此同时，中共南路特委推动国民党爱国将领举行抗日武装起义，建立了高雷民众抗日军。解放战争时期，中共南路特委遵照中共中央和中共广东区委的指示精神，领导各地党组织和革命群众开展了争取和平民主的斗争。内战爆发后，在大力发展党的组织和开展武装斗争的基础上，经中共中央批准，成立了中共粤桂边区委员会和中国人民解放军粤桂边纵队。随着解放战争的胜利发展，南路军民配合南下解放军解放了粤桂边地区。南路人民终于迎来了人民革命的伟大胜利，获得了彻底解放。

光辉历史，青山作证。中国共产党领导南路人民的革命斗争，为广东乃至中国革命的胜利立下了不可磨灭的功勋，具有重要的历史地位，具体体现在六个方面。

其一，南路的工农群众革命运动，在大革命时期与广东各地的工农革命群众运动汇成了一股强大的革命洪流，构成了广东大革命高潮的总体态势，成为大革命高潮不可或缺的组成部分。南路也成为国民革命的重要活动舞台、统一广东的战略要地和广东革命根据地的重要区域，肩负着重要的历史使命。

其二，中共南路组织率领革命群众为土地革命战争做出了重要贡献。中国大革命在广东遭到局部失败后，为了挽救革命，南路党组织和革命群众迅即奋起，于东江、西江、北江、琼崖等地，率先在全国举行工农武装起义，实行武装割据，与国民党反动政权公开对垒，为探索革命发展道路做了不懈努力。

其三，中共南路组织和人民群众为挽救中华民族的危亡，坚持独立自主的敌后抗战，顽强抗击日本侵略者，开辟了南路（粤桂边）抗日根据地，建立抗日民主政权，成为全国三大敌后战场之一的华南敌后战场的重要组成部分，为国家的独立和民族的解放做出了巨大牺牲，立下了不朽功勋。

其四，中共南路组织高举抗日民族统一战线的旗帜，对国民党爱国将领进行统战工作，团结一切可以团结的力量，推动原广东省第七区行政督察专员兼国民党广东省第十一区游击司令部司令率部举行抗日武装起义，壮大了南路抗日力量。这是中共南路组织正确贯彻执行党的抗日民族统一战线方针政策的成功实践。

其五，国民党发动全国内战后，中共南路组织根据中共中央的战略方针，率先领导开展武装斗争，使革命力量不断发展壮大，形成了广东七块解放战略基地之一。南路和粤桂边党政军民不仅配合南下解放军解放了全地区，而且为解放滇、川、康、黔等省给予了大力支持，建立了后方基地。

其六，南路地区解放后，担负起解放海南岛的后方基地和出发地的重要任务。南路人民以人力、物力积极支持解放大军，大批船工参加了渡海作战，为解放海南岛做出了巨大贡献。

在长期的革命斗争中，南路和粤桂边军民有几万人为革命献出了宝贵的生命。他们用鲜血染红了党的旗帜，用生命书写了对党的赤心，用信念证明了对革命的忠诚！他们在革命斗争中积淀的坚定信仰、为党立心、英勇顽强、艰苦奋斗、无私奉献、为民效命的精神，永耀人间！

重温革命历史，赓续红色血脉，弘扬红色文化，传承红色基因，这是新时代赋予我们的历史使命。"中共南路革命史料整理暨研究"系列丛书的出版，正是从一个侧面体现了我们应有的历史担当。但愿更多的红色文化成果为新时代的百花园增添异彩！

（广东省社会科学院教授、广东中华民族凝聚力研究会副会长、广东中共党史学会原副会长）

欧初题字[*]

感时拔剑起,
思报国恩长。
（莱蒿）

唐陈子昂诗
欧初同志书
以此时
秋平念悼

---

[*] 欧初（1921—2017），广东中山人，生于广州。1938年，他参加"抗日先锋队"，次年加入中国共产党，是中山五桂山抗日根据地、广东人民抗日游击队珠江纵队、中国人民解放军粤中纵队的主要创建人、领导人之一。中华人民共和国成立后，他历任中共中央华南分局办公厅副主任，中共广东省人民政府秘书长，中共广州市委书记，广州市常务副市长，广州市人大主任，中共广东省委顾委常委，中共十二大、全国三届、七届人大代表等职。

祝贺"中共南路革命史料整理暨研究"系列丛书出版发行

  南路革命斗争有着悠久的历史，经历诸多困难和曲折，涌现出许多英雄、模范人物和许多感人的事迹。宣扬革命前辈艰苦奋斗的历史，用革命先烈的光辉事迹教育后人，激励后人，铭记革命历史，传承红色基因，是每个共产党人应尽的职责。"中共南路革命史料整理暨研究"系列丛书，就是依据此精神编写的。对于此丛书的出版发行，我表示热烈祝贺！

二〇二〇年七月于北京

内 容 提 要

周楠的革命生涯一直是个"谜"。周楠有着较为丰富的海外生活和革命经历,其过程纷繁复杂不易掌握,这在南路革命历史研究中一直是块"硬骨头"。该书首次对周楠的革命史迹进行一次全面的整理与探究,从他少年时期在朝鲜读书、工作,到青年时期在香港加入中国共产党从事革命活动,再到上海、厦门、广州、南路地区、粤桂滇黔边区和越南等地区和国家的革命活动,以及中华人民共和国成立后担任广东省人民法院首任院长等进行全面的梳理与探索。周楠是领导广东南路革命时间最长的特委书记。他重建了受到破坏的南路地方党组织,领导了南路人民的抗日战争、桂滇黔边区人民的解放战争、越南华侨工作以及越南独立中团和南路人民抗日解放军主力部队在越南的整训。他领导创建的南路人民武装力量,成为华南抗日游击队的重要组成部分。中华人民共和国成立后,他在法制建设方面亦有突出的建树,领导了广东省全省法院组织体系的建设,对广东刑事法律制度建设、民事审判建设都有突出的贡献。

目 录

绪 论 ··· 1

 一、朝鲜读书启革命 ··························· 3

 二、香港入党干革命 ··························· 5

 三、南路抗日成砥柱 ··························· 6

 四、移驻越南为联络 ··························· 7

 五、解放桂滇黔边区 ··························· 9

 六、革命终生志不渝 ··························· 10

第一章 感时思报国 革命起香江 ············ 13

 第一节 感时思报国 ····························· 15

  一、父辈渡美为谋生 ··························· 16

  二、美帝罪孽"卖猪仔" ························ 18

  三、朝鲜革命受熏陶 ··························· 21

  四、"三一精神"传中国 ······················· 23

  五、义士壮举撼人心 ··························· 25

  六、异邦更思大革命 ··························· 29

第二节　拔剑起香江 ………………………… 32
一、香港革命渊源深 ………………………… 32
二、只因艰难多壮志 ………………………… 35
三、磨难更知主义真 ………………………… 37
四、办报宣传为革命 ………………………… 40
五、"左"倾路线难统战 ……………………… 40
六、港英帝国马脚现 ………………………… 42
七、革命理论化实践 ………………………… 43

第二章　抗日救国起　辗转沪穗邑 ………… 45
第一节　成立香港"救国会"　出席上海"全救会"
………………………………………………… 47
一、坚定党的理想信念　提高马列理论水平 …… 48
二、成立香港"救国会"　凝聚救亡图存力量
………………………………………………… 51
三、出席上海"全救会"　推动救亡运动发展
………………………………………………… 57
第二节　淬火炼好钢　救亡厦漳香 ………… 61
一、香港"救国会"　练就硬本领 …………… 61
二、上海"全救会"　更上一层楼 …………… 66
三、救亡厦漳香　开创新境界 ………………… 71

第三节　赴粤促救国　羊城复党籍 …………… 77

一、辗转广州复党籍　投身工运新战斗 ………… 77

二、力推工运促救国　共商救亡谋宏略 ………… 81

三、前往中共长江局　训练学习增才干 ………… 84

第四节　奔赴粤西南　铁肩担道义 ……………… 87

一、广州不幸沦陷　工作重点转移 ……………… 88

二、领命赴粤西南　助建粤中特委 ……………… 91

三、奔赴北海合浦　筹建合浦工委 ……………… 95

第三章　创建南路武装　夺取抗战胜利 ………… 103

第一节　建立各界统一战线　推动抗日救亡运动

……………………………………………… 105

一、遂溪青年抗敌同志会 ………………………… 106

二、香港学生赈济会青年回国服务团第一团 …… 109

三、合浦青年抗日先锋队 ………………………… 116

四、南路抗日学生队 ……………………………… 125

五、廉江青年抗敌同志会 ………………………… 130

六、南路抗日救亡统一战线的作用 ……………… 136

第二节　发展党组织　纯洁党队伍　北上重庆受令

建立武装 ………………………………… 137

一、受命前往高州　深入各地调研 ……………… 138

二、发展各地组织　加强基层领导 …………… 140

三、整顿各地组织　纯洁党员队伍 …………… 146

四、组建南路特委　北上重庆受令 …………… 150

第三节　发展南路抗日武装　领导创建人民抗日
解放军 ………………………………………… 157

一、从香港返回广州湾　秘密筹建游击小组 …… 157

二、重庆归来谋新局　领导老马村起义 ………… 165

三、创立南路人民抗日解放军 …………………… 171

四、三大根据地整训主力部队 …………………… 180

五、周楠关于南路各县武装起义情况
　　给中共中央的报告 ………………………… 185

六、对南路人民抗日解放军起义的回忆 ………… 188

第四节　创建敌后抗日根据地　成立联防区民主
政府 …………………………………………… 190

一、建立南路地区首个人民政权 ………………… 190

二、南路各地武装起义与抗日根据地的发展 …… 194

三、民主政府的建立与夺取抗战的最后胜利 …… 199

四、南路特色的抗战之路与群众路线 …………… 206

第四章　受命领导　入越整训 ……………………… 211

第一节　"老一团"突围西进　坚持武装斗争 …… 215

一、"铁桶围剿" 形势危急 …………………… 215
　　二、"赤坎会议" 战略转移 …………………… 218
　　三、西进粤桂　北撤山东 …………………… 222
第二节　"老一团"受命进入越南整训 …………… 241
　　一、全面整训部队　开展华侨工作 ………… 242
　　二、增强中越人民的友谊 …………………… 249
第三节　"老一团"与越南人民共同抗击
　　　　　法国侵略军 ………………………… 253
　　一、成立越南国家军队独立中团 …………… 253
　　二、首战告捷灭法军威风 …………………… 255
　　三、由点到面逐个击破 ……………………… 257
　　四、游击战配合持久战，开创抗法新局面 … 259
　　五、参与抗法战争的亲历者回忆 …………… 261
第四节　助力越南整训军队与培养干部 …………… 267
　　一、合并整编　军政优先 …………………… 267
　　二、革命袍泽　同志友谊 …………………… 269

第五章　开辟桂滇黔　解放大西南 ………………… 271
　第一节　积极做好回国开展粤桂边区武装斗争的
　　　　　准备 ………………………………… 274
　　一、香港汇报工作接受回国新任务 ………… 275

二、中共粤桂边工作委员会成立及审干工作开展
.... 278

三、加强干部队伍建设与积极部署回国作战部队
.... 281

第二节　战略调整转向开展桂滇边区武装斗争
.... 284

一、战略转移向桂滇边区发展武装力量 ……… 284

二、挺进桂西三战三捷 …………………… 287

三、粉碎国民党的六次围攻 ………………… 290

四、推进军事斗争的同时开展群众工作 ……… 293

五、"大股插出小股坚持"的决策与贯彻……… 295

第三节　与讨蒋自救军会师整编　开辟中心根据地
.... 300

一、中共中央香港分局和钱瑛的指示 ………… 300

二、与讨蒋自救军会师于越南河阳并召开
　　扩大会议 ………………………………… 303

三、中共中央香港分局电示两地部队合编整训
.... 309

四、参加滇东、滇东南中心根据地的开辟 …… 311

第四节　领导扩大武装力量　建立人民民主政权
.... 317

一、中国人民解放军桂滇黔边纵队成立 ……… 317

二、建立人民民主政权 …………………………… 321

　　三、推动对国民党云南省主席卢汉的统战工作
　　　　………………………………………………… 325

　　四、中共云南省工委、桂滇边工委合并扩大会议
　　　　………………………………………………… 326

第六章　开展广东省社会主义法制建设 …………… 333

第一节　领导广东省全省法院组织体系建设 …… 335

　　一、中华人民共和国成立之初的广东省法院系统
　　　　………………………………………………… 335

　　二、领导广东省人民法院系统的体制建设 …… 337

第二节　组织领导广东法院刑事审判建设 ……… 385

　　一、关于刑事法律制度建设 ……………………… 385

　　二、关于死刑案件审判 …………………………… 390

第三节　组织领导广东法院民事审判建设 ……… 395

　　一、关于婚姻纠纷民事案件 ……………………… 395

　　二、关于经济纠纷民事案件 ……………………… 397

　　三、关于民事案件审理程序 ……………………… 400

后记 ………………………………………………… 401

绪论

周楠又名洪飚，广东省中山县第五区平岚乡人，1907年12月10日出生于美国华工家庭。祖父在中山老家以务农为业，家境清贫。父亲周畅佳在19岁时远渡美国，在美国矿场当工人，55岁那年返回祖国才结婚，不久周楠出生。他归国初期，家庭生活还过得去，后来每况愈下，过着极为穷苦的生活。周畅佳73岁那年在饥寒交迫中与世长辞，逝世前仅有的六亩田已卖掉。周楠的母亲郑有含辛茹苦，靠租耕地主几亩田来维持一家六口的生活。

一、朝鲜读书启革命

周楠上有一个姐姐，下有两个妹妹和一个弟弟。7岁时他入私塾读书，13岁时由于家贫被双亲送往朝鲜姐夫处找生活出路。周楠到朝鲜后，在汉城（今首尔）华侨小学读书，由于他的勤奋刻苦，曾取得考试第二名的优秀成绩。小学毕业后，因姐夫失业，家庭贫困，无力供他读初中。他先后到袜厂、同顺泰号店铺做了五年学徒，直至离开朝鲜。"周楠在朝鲜期间，目睹了日本帝国主义对朝鲜实行法西斯野蛮统治。华侨在朝鲜也受日本帝国主义的欺负、凌辱。他亲自经历的苦难，使他对日本帝国主义非常仇恨。"①朝鲜爱国志士前赴后继、英勇斗争，持续在汉城等地反抗日本帝国主义侵占朝鲜，给周楠留下了深刻印象。特别是朝鲜爱国者安重根行刺日本帝国主义高级官员伊藤博文的光辉事迹让他深深震撼。

1925年冬，中国东北奉系军阀张作霖的部下郭松龄高举义旗，反抗张作霖对外投降日本帝国主义，对内镇压东北人民。不久，张作霖同日本帝国主义勾结，由日军乔装为奉军从朝鲜侵入中国东北，与奉军一起打败郭松龄军队，郭松龄兵败被杀。周楠知道郭松龄是个爱国将领，对郭的殉难表示深切悼念，并在华侨中宣传郭的爱国主义事迹。"周楠经常关心祖国大事，订阅了上海《申报》《东方杂志》等进步时事报刊，密切注视（关注）国内消息。"② 当他看到第一次国共合作时期，国民革命军北伐节节胜利，长驱直入长江流域、黄河流域时，他深为祖国反帝反军阀的高涨的革命形势而兴奋，并且深受鼓舞。他常思要回到祖国去，为革命做点有益的事，为祖国效力。为此，他挥笔致函在香港的堂兄周成，询问能否在香港为他谋取一份差事。周成复信说可以先回来，再谋就业。

---

① 广州市政协学习和文史资料委员会主编：《广州市文史资料存稿选编（一）》，中国文史出版社2008年版，第31页。
② 广东省总工会办公室编：《广东工运史资料》（1982年第1期），1982年5月印，第34页（内部资料）。

二、香港入党干革命

1927年9月，周楠离开朝鲜到达香港，先后在德邦小洋行、永耀电池厂做工人。在此期间，他刻苦读书，学习共产党创办的革命宣传刊物，如饥似渴地接受革命思想。当时正处于四一二和七一五反革命政变之后，共产党事实上成为社会上"高危"的组织，无数共产党员和革命群众遭到杀害，不少党员在报纸上公开宣布退党，社会上不少进步群众不敢轻易表露对共产党的同情。特别是在广东地区清党后，广东地方军阀大批量地杀害共产党员，一江之隔的香港同样明显地感受到反动派以武力迫害革命者的肃杀氛围。

1929年夏秋间，周楠在香港毅然决然地加入了中国共产党。1929年冬，由邓发（曾任中共香港市委书记、中共广东省委组织部部长）主持，成立中共永耀电池厂支部，周楠任支部书记。1930年5月，因郑仁波和莫叔宝被捕后叛变，周楠与党组织暂时失去联系，革命活动处于自发状态，周楠在他的家乡中山向父老乡亲传播革命真理。1935年秋，周楠在香港成立读书会，开展抗日救亡活动。同年12月，以读书会为基础正式成立"香港抗日救国会"，周楠成为200多个会员的第一位领导人，号召和组织1000多人规模的革命活动。1936年5月，周楠赴上海，参与筹备召开全国各界救国联合会会议。1936年10月，周楠到福建厦门联系抗日救亡工作。于1936年冬到达广州，与中共广州市委罗范群、麦蒲费取得联系。1937年4月恢复党籍，受中共广州市委安排从事工人运动和职工运动。

三、南路抗日成砥柱

1938年4月，周楠任中共广州市委职工部部长。1938年10月广州沦陷前夕，中共广东省委安排周楠到开平县赤坎镇参与组建中共西南特委，以罗范群为书记，周楠任组织部部长，在开平、台山、恩平、新会等地开展抗日斗争。1939年1月成立中共中区特委，周楠任民运部部长。1939年3月，上级党组织任命周楠为中共高雷工委书记，派往高州恢复重建党组织和领导高雷地区抗日救亡运动。1940年2月，周楠任中共南路特委书记，领导高州六属、雷州三属、钦廉四属以及北海、梅菉、广州湾三个城市党组织的恢复和发展以及抗日救亡活动。1940年夏，中共广东省委①根据钦廉地区已成为敌后区，决定成立中共粤桂边区工

---

① 此称谓根据中共广东省委党史研究室著：《中国共产党广东地方史》（第一卷），广东人民出版社1999年版，第506页；以及中共湛江市委党史研究室著：《中国共产党湛江历史》，中共党史出版社2011年版，第215页。1941年11月至1942年6月，中共南方工委管辖粤北省委、粤南省委、江西省委、广西工委、闽西特委、闽南特委、潮梅临时特委、琼崖特委、湘南特委，南路特委归属粤南省委领导。但1940年夏时称中共广东省委，在此特别说明。

作委员会，由周楠任书记，领导敌后游击战争，但不久日军从南宁、钦州地区撤退，因而撤销了这个决定，周楠仍任中共南路特委书记领导南路地区的抗日斗争。

其间，周楠及南路特委的主要贡献有：迅速恢复和发展壮大了南路地区的党组织和党员干部队伍，使得中国共产党在广东南路地区的影响力广泛覆盖，并取得了该地区的绝对性优势和领导权。其中，遂溪地区的党组织和党员队伍以及群众基础较为牢固和强大；在开展统战工作中较为突出的亮点是争取了国民党十九路军原将领张炎及其部属队伍的大力支持；成功领导了老马起义，建立雷州人民抗日游击队的武装力量；不断发展继而领导创建了南路人民抗日解放军，并任司令员兼政委，南路地区的抗日武装力量迅速壮大；成功建立了遂西北和遂北敌后抗日根据地、新塘抗日根据地和大塘抗日联防区三大块根据地和抗日民主政权；周楠及南路特委领导的人民抗日武装力量成为南路地区抗日的中流砥柱。

四、移驻越南为联络

抗日战争结束后，国民党恢复了对南路地区的统治，对共产党及其武装力量进行"清乡扫荡""铁桶围剿"。周楠根据广东区党委指示召集南路特委成员在赤坎召开紧急会议，决定疏散和转移人民武装，其中南路人民抗日解放军第一团（以下简称"老一团"）主力向南路地区西部转移。但国民党反动武装力量对"老一团"主力一路上围追堵截，使其无法在十万大山立足。经请示中共广东区党委并征得印度支那共产党（今越南共产党）中央领导人同意撤入越南休整。

1946年初，周楠被任命为中共广东区党委组织部副部长，后调任中共广东区党委驻越南党①中央联络员，前往越南领导"老一团"休整工作、筹建华侨抗法自卫武装以及其他事务。

1946年7月，经上级党组织批准南路主力部队进入越南休整，原南路人民抗日解放军"老一团"团长黄景文、政委唐才猷从高平赴河内向周楠汇报工作。周楠指示"老一团"按越方要求分为三部分：一部分驻高平省，一部分驻海宁省，一部分南下驻中圻。各部除抓紧整训外，要协助越南培训干部做好华侨工作，打土匪，安定地方。中共桂越边境临时工委根据上级有关指示，将河内、海防、北江的华侨工作移交入越整训的"老一团"负责训练。同时，应越共中央的要求并经周楠批准，将中方16人移交越方从事华侨事务以及情报工作，并商定这批同志的党籍仍由中共管理，保留最后调动权。法国侵越战争爆发后，这批同

---

① 即越南共产党。

志由越南共产党派到南部的第五、六、八、九战区，与越南人民一同参加抗法战争。在越南河内期间，周楠按照党的指示，从事经济、华侨工作，出版华侨杂志，介绍祖国情况。

五、解放桂滇黔边区

1947年5月，周楠根据中共中央香港分局指示组建中共粤桂边工委并任书记。半年后改任中共桂滇边工委书记，"经中共中央香港分局批准，中共桂滇边区工作委员会于1947年11月9日成立，由周楠主持召开区党委会议，研究和确定开展武装斗争、统一战线工作"①。1948年初，成立桂滇边部队司令部，庄田任司令员，周楠任政委。在广西靖西、镇边地区取得了三战三捷的战果，粉碎了国民党的六次围攻。

1948年10月后，桂滇边部队兵分两路，分别挺进云南盘江北岸和云南东南部，随后向纵深发展，开辟滇东南革命根据地，控制了滇东南八个县的广大地区。1949年1月，经中国人民解放军总司令部批准，成立桂滇黔边区纵队，正式列入中国人民解放军序列，庄田任司令员、周楠任政

---

① 中央档案馆、广东省档案馆：《关于广东武装工作意见（1947年）》，载《广东革命历史文件汇集（广东区党委等文件）1947.8—1948.1》甲57，1992年9月，第291页。

治委员。周楠积极加强对部队的政治领导工作，为扩大桂滇黔边区、建立地方党组织和革命政权做出了贡献。1949年4月，香港分局改组为华南分局，周楠任候补委员。7月，华南分局派林李明到云南成立中共滇桂黔边区委员会，林李明任书记，周楠、郑伯克任副书记。在边区党委领导下，当地部队发展到3万余人，解放了60多个县的广大农村地区。3个月后，周楠奉命调回华南分局工作。周楠于1949年10月到达广州，任中共中央华南分局组织部副部长。他先后到肇庆、江门、湛江等地，筹集军粮军需品，支援前线。

六、革命终生志不渝

中华人民共和国成立后，周楠先是任中共中央华南分局组织部副部长。1950年，周楠任最高人民检察署中南分署委员、广东省人民检察署检察长，从事政法工作。1951年，全国开展反贪污、反浪费、反官僚主义的"三反"运动，他任广东省人民政府直属机关"三反"办公室副主任。1952年，他任广东省人民法院院长兼党组书记，为发扬社会主义民主、健全社会主义法制，做了大量工作。1953年，周楠任中共中央华南分局委员。1954年，周楠任广东省人民政府政法委员会副主任、中共中央华南分局委员、广东省人民政府委员，参与领导广东司法改革。1955年，华南分局改组为中共广东省委,周楠任省委委员、省委政法部副部长和中国政法学会全国理事会理事。他在社会主义革命和建设中,认真贯彻党的各项方针政策,为巩固新生的人民政权、镇压反革命、开展司法改革、发展交通事业做出了重要贡献。1958年,在广东开展的反地方主义运动中,周楠受到错误处理,被降职为韶关专员公署副专员。

1958年至1966年夏,周楠先后任广东省韶关专员公署副专员、广东省交通厅副厅长,为社会主义建设事业做出了贡献。"文化大革命"期间,周楠又受到林彪和"四人帮"反革命集团的种种迫害,被关禁达四年之久,身体受到严重摧残。但他始终坚信党、忠于党,充分展示了一个无产阶级革命者宽广的胸怀和高尚的品质。1972年,他重返广东省交通部门工作,积极完成党和政府交给的任务。1976年粉碎"四人帮"后,他精神振奋,衷心拥护和坚决执行党的十一届三中全会以来的路线、方针和政策,为巩固和发展安定团结的政治局面贡献了力量。1979年,周楠任中国人民政治协商会议广东省委员会副主席,积极从事统一战线工作。1980年5月22日凌晨4时15分,周楠因病医治无效,不幸逝世。

粉碎"四人帮"后,中共广东省委对周楠的历史做出实事求是的结论,为他进行了彻底平反并恢复名誉。周楠同志是中国共产党的优秀党员,他参加革命50多年,一向忠于党，忠于人民，忠于无产阶级革命事业。他终生革命的事迹，将永远铭刻在广东、广西、云南、贵州等地广大人民群众心中，激励着人们奋勇前进。

第一章
感时思报国 革命起香江

20世纪初期的朝鲜与中国的香港，都处于帝国主义的殖民统治下。朝鲜是日本帝国主义殖民统治下的朝鲜，中国香港是英国帝国主义殖民统治下的香港。青少年时期的周楠先后生活于朝鲜及中国的香港，当时正是资本主义疯狂的殖民掠夺时期。

第一节　感时思报国

半殖民地半封建社会的旧中国激起了无数仁人志士救亡图存的路径探索。1851—1864年农民阶级领导的太平天国革命，表明"此路不通"。19世纪60年代到90年代，晚清政府领导的两次自救运动，洋务运动的器物改良证明"此路也不通"，戊戌变法的制度改良还是证明"此路不通"。1911年资产阶级领导的辛亥革命，最终还是证明"此路不通"。救亡图存的实践路径接二连三地走不通，仁人志士积极开展了思想理论文化的探索，于是出现了西学东渐的思想浪潮。1917年，俄国十月革命的一声炮响，给当时黑暗彷徨的中国送来了马克思主义。作为马克思主义的出生证，《共产党宣言》正是在这股文化浪潮中进入了中国先进分子的视野，它如同黑夜中的一道电闪雷鸣，指明了中国革命发展方向。

马克思主义的科学理论让先进的中国人找到救亡图存的正确道路。马克思主义的信仰者认识到，中国一直在学习的资本主义并不是理想的社会制度，西方的种种经济危机已经昭告世人资本主义的前景是社会主义。1921年7月，以马克思主义为指导思想的中国共产党诞生，中国的先进分子选择了社会主义道路，高举共产主义的伟大旗帜，新民主主义革命的种子萌芽破土勃发。① 周楠的成长时期正处于新民主主义革命时期。

一、父辈渡美为谋生

古老的中国逐步沦为半殖民地半封建社会的国家，传统的自然经济渐进解体，中国被迫进入世界市场，沦为资本主义的附庸。清政府当局在应对"三千年未有之大变局"的迟钝与苍白使得自身无法摆脱被灭亡的命运。整个社会动荡不安，一盘散沙的中国民不聊生。周楠的父亲也未能幸免，早年被迫以出卖自己的苦力为生，远渡美国成为资本主义市场上廉价的劳动力，成为一位地地道道的美国华人契约劳工。华人契约劳工是西方殖民者掠夺中国廉价劳动力、进行资本原始积累、攫取高额垄断利润的产物，是西方列强血腥贩卖华人劳工的有力见证。恩格斯指出："苦

---

① 高良坚：《〈共产党宣言〉与马克思主义中国化百年进程》，载《长春市委党校学报》2020年第4期，第11-12页。

力贸易"是一种"以印度和中国隐蔽的苦力奴隶制代替公开的黑人奴隶制"①。由此可见，海外华人劳工的悲惨命运比起黑人奴隶的有过之而无不及。

我们对周楠早期生活经历的研究发现，周楠在接受党组织的培养和马克思主义理论教育之前，已通过自身生活境遇和感悟自发地产生简单而纯粹的革命理想。周楠13岁前常常听父亲说起在美国悲惨的矿工生活，对父辈的遭遇和艰辛感到难过，并暗下决心改变这一切。因此，父亲在美国奴隶般的劳工生活经历以及自己当下的穷苦不公生活，为周楠日后走上革命道路奠定了牢固的基础。对于华人劳工早年为美国修建铁路所做的贡献，在华人华侨的长期努力和争取下，今天美国的有识之士对此已有了正名，给予了充分的肯定和尊重。"2010年3月8日美国洛杉矶官员在东部'常青公墓'揭幕一堵纪念墙，纪念早期参与修建太平洋铁路的华人劳工。5年前在附近发现的100多具早期华人遗骨将移入公墓内。"② 太平洋铁路建于19世纪中后期，资料显示，在1863年到1869年之间，1.4万名被中央太平洋铁路公司雇用的中国劳工中的四分之一因为事故或疾病死亡。当年多数华人劳工遗骸或骨灰数年后由亲人带回国，

---

① 中共中央马克思恩格斯列宁斯大林著作编译局编译：《马克思恩格斯选集》（第一卷），人民出版社2012年版，第224页。
② 《美国建"华人遗骨"墙纪念华人劳工》，载《广州日报》，2010年3月10日。

部分贫穷华工死后因家人无钱买棺材,遗体被直接埋入地下。从19世纪中期到21世纪初,在长达一个多世纪的时间里,人们才渐渐了解到早期华人劳工的悲惨历史和他们在美国过着地狱般的生活。不幸的是周楠的父亲周畅佳亦是这些华人劳工的一员,早年便被"卖猪仔"到美国,在矿场当工人,但幸运的是晚年得以叶落归根,回到故土。

二、美帝罪孽"卖猪仔"①

"卖猪仔"是广东的一个俗语,指的是广东早期的契约华工。鸦片战争后,西方侵略者在中国东南沿海地区大肆拐掳华工赴南洋、美洲等地转卖,广东沿海一带人称之为"卖猪仔"。大意就是被人欺骗,事实与预想的不一样;其他解释则有,"华工不是被抓到船上去吗?由于人多碗少,吃饭时不一定是每个人有一个碗,就是一个大锅,熬一点什么东西给大家吃,每个人都蹲着抢食,就像喂猪一样"。这个罪恶的词汇源自19世纪美国的淘金热。在美国西部大开发时期,因为金矿的发现,美国的资本家们纷纷组建采矿公司,而随着西部的开发和淘金热潮的出现,劳工的紧缺是美国面临的重大问题,于是资本家们便将目光投向了当时人口众多的中国。中国沿海地区的劳工,特别是广东

---

① 罗建国:《昔日悲惨的劳工输出——"卖猪仔"》,载《创业者》1995年第8期,第27-28页。

的劳工被源源不断地输送到国外。"据不完全统计,从1840—1940年100年间,以各种途径输出国外的广东劳工就约有600万人。"

造成大量广东劳工输出国外的原因大致有二。一是外部原因。19世纪以后,西方资本主义迅速发展,澳大利亚及美国西部金矿的开掘,南美洲和南洋群岛种植园的大量开发,均需大量的劳动力,而西方各国先后废除奴隶贸易和奴隶制度导致劳动力短缺,因此,西方殖民主义者转向中国要劳动力,他们在鸦片战争后签订的不平等条约的掩护下,肆无忌惮地在东南沿海尤其是广东掠夺劳工。二是内部原因。清政府是禁止劳工对外输出的。但由于清政府的腐败无能及广东地方官员的崇洋媚外,他们对西方帝国主义者拐掠广东劳工多不干涉。1859年4月9日,广东巡抚柏贵贴出告示,名为重申严禁拐卖人口,但又说"假若实属情甘自愿,自可毋庸禁阻",实则使拐掠劳工的行为合法化。① 1859年10月27日,新任两广总督劳崇光同意英属西印度派来的招工专员奥斯丁所拟的《招工出洋章程》五条,允许英国在广州设招工所公开招工。同年11月10日,英国即在广东成立招工所并开始招工,随后,法国及西班牙等国先后成立招工所。1860年,清政府签订的《北京条

---

① 王铁崖:《中外旧约章汇编(第一册)》,生活·读书·新知三联书店1957年版,第145页。

约》，使西方帝国主义者掳掠华工出国合法化。之后，就有更多的广东劳工被拐卖出国。

以到美国"金山淘金"为例。外国资本家与满清政府联合宣扬美国的"淘金"发财美梦。因由满清政府出面宣传，普遍民众都信任其合法性。于是，在广东、福建等许多地方成立了各种各样的皮包公司，专门经营到美国"发财"的"人贩"业务。这样，一批一批的民众被诱骗，他们以极其低廉价格的"卖身"方式变成了"猪仔"，被送往美国西部，开始了他们极其悲惨的苦力奴隶生涯。"连年灾害、饥荒，迫使华南沿海一带居民逃往香港、澳门。其中一些人在外国公司或商船的鼓动、诱骗下，漂洋过海，到达旧金山。仅1850年至1852年间，被'招募'到美国的华工就达2.3万多人，1868年上升到9万多人。"[①]这些怀揣发财梦的中国人，在登上了通往"金山"的船只后才发现，理想与现实其实不一样。在到达美国之前的航行途中，这些华人"猪仔"就因为船上恶劣的环境而死去了十分之一。

周楠的父亲周畅佳便是悲惨地被"卖猪仔"到美国矿山的一员，因衣食无着无奈选择去美国谋生，可谓是历经九死一生，进入美国后一切与设想和宣传的截然不同，资

[①] 樊亢、宋则行：《外国经济史》（第一册），人民出版社1980年版，第186页。

本主义世界对于中国劳工从未给予过人权的福利，只把中国劳工当作廉价的工具人进行无限压榨，同时中介亦有不少欺诈。不同于其他幸存者申请赎身证后在他乡定居创业，周父恋乡情切，虽然历经磨难最终返回家乡。幸运的是经历了"隐蔽的奴隶"生活的周畅佳虽没实现发财的愿望，但能够安然无恙地归来。周楠幼年时便是听闻父亲在美国的悲惨矿工生活而大受震动，不仅愤懑于那个时代的不公与资本帝国主义的欺压，而且希望改变家庭的不幸和贫困处境。这种对生活的不平和对时代的愤懑，虽然仅仅只是周楠幼年时期因家庭生活而产生的浅层次的反抗意识，但这种潜意识的反抗思想是最纯粹的，一经产生，特别是在20世纪上半叶那个处处召唤革命的时代，就必将有暴风骤雨的一天。

三、朝鲜革命受熏陶

周楠简单而纯粹的革命思想在到达朝鲜生活时得到进一步增强。

1919年，朝鲜爆发了反抗日本帝国主义吞并朝鲜的大规模民族独立游行示威，史称"三一运动"。1920年，朝鲜三一运动失败不久，13岁的周楠迫于生计被父母送到在朝鲜的姐夫家中生活。那时三一运动虽然没有实现民族独立的目标，但影响非常显著和深远。日本殖民者看见了朝鲜人民的反抗精神和力量，不得不改变统治方式和策略，在三一运动后将"武断统治"变为"文化政治"，使朝鲜的社会环境相对宽松。在三一运动期间，"1919 年 4 月，大韩民国临时政府在中国上海成立"①，朝鲜资产阶级民族主义运动进入了一个新的阶段，这是三一运动直接催生的结果。中朝边境的独立军运动也得到发展，进行武装斗争，令日本当局非常头疼，为此日本在 1920 年进行了"庚申讨伐"。朝鲜的工人阶级在三一运动中作为一支独立的政治力量登上历史舞台，为马克思主义在朝鲜的传播开辟了道路。

工人阶级的罢工运动也如雨后春笋般展开，成为三一运动的一个重要特点。1919 年 3 月 2 日，京城工人参加了钟路示威。接着 3 月 3 日，兼二浦制铁所工人 200 多人，7 日京城东亚烟草工厂工人 500 多人参加了示威。9 日，铁道局职工罢工，电车司机和车长也宣布罢工。到 3 月中旬，上班的工人不足平时的 10%。这时试图组织示威的铁道机关手车今奉被解雇。3 月 22 日，在万里洞铁道交叉点附近的一个饭馆里，车今奉动员前来吃早餐的杂役劳动者和附近电车车长、工厂职工、自由劳动者和一般市民七八百人举行"万岁示威"，一直走到了独立门。27 日，车今奉又组织了满铁京城管理局朝鲜工人的示威，在京城火车站前高呼"朝鲜劳动大会""朝鲜独立"，数千名工人响应罢

---

① [韩] 姜万吉：《韩国近代史》，贺剑城等译，东方出版社 1993 年版。

工。有些地区工人罢工还演变为暴动。城市的杂货商、粮商和饭馆老板们也纷纷撤市，京城商人在3月9日还起草了"京城市商民一同公约书"，积极参与撤市斗争。在农村也出现了多种多样的反日斗争，村与村之间不仅用标语和传单互相联系，还用过去义兵斗争时常使用的烽火、山呼等方式互相联系，出现了被称为"万岁汉"的示威组织者。三一运动还蔓延到中国东北、俄国远东和美国等朝鲜人聚居区，在这些地方同样发生了要求独立的示威运动。据统计，从1919年3月1日到4月底，朝鲜218个府、郡中就有212个府、郡发生了1214次示威与冲突，参加人员达100万，到5月底增加到2000多次，参加人员达到200万，占当时朝鲜人口的10%。就这样，三一运动引发的抗日浪潮席卷了整个朝鲜半岛。"从3月1日到5月31日，共有7509名朝鲜人被杀死，15961人受伤，46948人被逮捕，其中8511人被判刑，其中农民（包括一部分地主）4969人，工人328人，知识分子和青年学生1776人，商工业者1174人，无职业者264人。"[①]

四、"三一精神"传中国

三一运动在国际上产生了很大影响，其中影响最大的

---

① ［韩］李基白：《韩国史新论》，厉帆译，国际文化出版公司1994年版，第358页。

就是中国。中国新文化运动领导人陈独秀、李大钊、胡适等人在《新青年》《每周评论》等刊物上发表数十篇文章，声援朝鲜三一运动，揭露和谴责日本镇压朝鲜人民的暴行。北京大学等高校的学生团体更是深为朝鲜三一运动所震动，同时也更加看清了日本的侵略本质，因此在《新潮》《国民》等杂志上发表了《朝鲜人之血泪》《可敬可佩的朝鲜人》等文章，这说明三一运动对后来中国爆发的五四运动不无影响。比如《朝鲜独立运动之新教训》就是五四运动领导人傅斯年所写的，而五四运动期间罗家伦、许德珩起草的《北京学界全体宣言》（《五四宣言》）更是明确以"朝鲜之谋独立也，曰不得之，毋宁死"，号召中国民众"下一大决心，作最后之愤救"。日本国内的民主势力如吉野作造等人撰文抨击日本政府的野蛮行径，俄国共产党发表声明声援三一运动，英国、法国、美国的部分人士也举行活动谴责日本殖民者的暴行，支援三一运动，因此三一运动也在一定程度上为朝鲜民族独立争取了国际舆论的支持。

就是在这种朝鲜革命思潮分外涌动的时代，周楠到同乡开办的制袜厂做学徒。然而，袜子利润微薄且多为女工，学徒的生涯不是仅凭吃苦便可挨得，学徒期间没有薪资，袜厂食物难以果腹，周楠不得不放弃在织袜厂做学徒的工作，不久转到华侨开办的同顺泰号店铺当徒工5年，其间受尽了老板的气。老板看周楠年幼便以徒工（薪资甚微）对待，出错便动辄苛责，辱骂加殴打更是家常便饭，周楠因自幼在家培养的坚韧不拔的精神在这里亦是作用不小。周楠在同顺泰号店铺当徒工最大的疑惑就是为什么像老板那样的华侨也身受日本人的凌辱欺侮，但是却有部分华侨卑躬屈膝刻意逢迎日本欺压者，然而对同胞则是恃强凌弱，自觉不自觉地扮演着欺压者的角色。那时的周楠还没有在理论上认识到这是社会制度的问题。

五、义士壮举撼人心

恩格斯曾经指出：历史从哪里开始，思想进程也应该从哪里开始。朝鲜爱国志士的反抗，特别是安重根行刺伊藤博文的壮举，给了生活在朝鲜的周楠很大的震撼。周楠在其自传、日记里常常提起"安重根"这三个字。

1909年10月26日一大早，安重根坐马车来到哈尔滨站。俄国官兵忙着做欢迎准备，同时也加强了警备。戒备虽严，安重根还是随着日本的欢迎队伍混入了候车室，安重根此时起身走进站台，站在俄国仪仗队后面。人们的眼睛都注视着伊藤，只见他按顺序检阅俄国军乐队、仪仗队、各国领事团、中国仪仗队、日本欢迎队伍。安重根断定那个身材短小、黄面白发的老人就是伊藤博文，心中不禁怒火中烧："亡韩国者伊藤也。杀伊藤是报国仇并无他也，故我死可以无憾。"① 9时30分，检阅完毕，伊藤等人折返，距安重根5米左右，他们将要走过去时，安重根闪电般地抽出手枪，在敬持枪礼的俄国士兵的空当间，向伊藤射出了3发子弹。安重根怕打错了人，又向跟随伊藤的几个日本人开了4枪，其中一个日本人是南满铁路总裁中村是公，但子弹擦在其裤子上，没伤及皮肉；日本驻哈尔滨总领事川上俊彦、伊藤随行秘书森泰二郎、南满铁路理事田中清次郎，这3个人分别伤了右臂、腹部和左腿，全场顷刻大乱。这时，俄国宪兵冲了过来，安重根抛掉手枪，用俄语高呼三声："高丽亚乌拉！（Корея！Ура！）"（韩国万岁），然后从容被捕。

1909年10月26日，安重根被俄国移交给日本，监禁于日本驻哈尔滨总领事馆。10月30日，日本关东都督府地方法院检察官沟渊孝雄、书记官岸田爱文，还有从韩国统监府来的翻译官木未喜来到领事馆，对安重根进行了第一次正式审讯。为了不累及同党和家属，安重根说整个行动都是他自己所为。安重根在旅顺监狱被押期间列举了伊藤博文15条罪状，作为刺杀伊藤博文的正当理由："①暗杀王妃（闵妃）；②五条之协约（亡韩之约）；③十二条之协约；④废韩帝；⑤解散韩国军队；⑥杀戮良民；⑦掠夺韩国权利；⑧烧弃韩国教科书；⑨禁韩人购读新闻纸；⑩发

---

① 王用宾：《伊藤被刺详志》，载《晋阳公报》，1909年11月4日，第8版。

行银行券；⑪增重韩国三千三百万元之国债；⑫搅乱东洋之和平；⑬保护政策之名实不符；⑭日本之先帝弑逆；⑮蔽于韩国与世界。"①

1910年2月9日第三次公判进行到一半时，安重根借法官给他的陈述机会发表了观点："能杀伊藤者即为有韩国独立军中将资格之人，余抱此志死而后已。若伊藤来满之期或稍迟则将于哈尔滨派出独立队长率若干兵要击于道亦未可知……伊藤毙于余一发手枪之下，乃韩国独立战争之开幕也。今日之于法庭受此裁判亦与从事独立战争战士被捕而受敌军之询问相同耳。且日韩协约缔结后，义兵起于'北韩'各地，引及日本之讨伐军。毕竟韩国民对于日本必有为此独立战争之事，即我之杀害伊藤亦因前此所述为义兵中将而乃为此战争也"②。安重根还要讲下去，法官却大惊失色，宣布休庭。再审时已不许他人旁听，法官对安重根说："不许你说刚才的话！"安重根仍阐述了东洋要和平、日韩要友好、韩国要独立的观点："深愿旅顺开设日清韩三国联合和平会议，并设立大银行，发行三国共同纸币最为要务。"③ 1910年2月14日，日本关东都督府地方法院判决安重根死刑；判禹德淳3年徒刑，曹道先、刘东夏各1年6

---

① 汪彭年：《安重根自白之言》，载《神州日报》，1910年11月24日，第2版。
② 英敛之：《安重根之供状》，载《大公报》，1910年2月9日，第1版。
③ 《安重根狱中语》，载《吉长日报》，1910年2月22日，第4版。

个月徒刑。虽然给了5日的上诉权,但安重根只说了对死刑判决不服的理由,并没有上诉,他说:"我是战俘,应按国际公法处理……我是为东洋和平杀死伊藤的,我不怕死,所以不上诉。假如我有罪,就罪在我是个善良而弱小的韩国的国民!"他当庭写下了"天地翻覆,义士慨叹;大厦将倾,一木难支",表示他内心的无奈。行刑时徐徐向众人曰:"吾素抱东洋平和之见,自分不能达此目的,故迫为此次之变相,今日之事,吾何恨。唯愿在场之日本官长谅此微衷,将来与韩国协力共谋东洋之平和,此外囚重根最后之心愿也。旋上绞首台仰天默祷……从容就决。"①

安重根请求将他的刑期推迟一个月,以便写一部《东洋和平论》,法院院长答应了,可后来又食言了。这时,法院与监狱的许多官吏买来绢纸几百张,求安重根题词留做纪念,安重根每天都书写数小时。就这样,安重根在狱中留下200多个大字条幅,包括"予为韩人今幸为国复仇,既为国家雪恨,又为我不幸韩国之同胞复仇,何乐如之"②"为国献身军人本分""一日不读书,口中出荆棘""丈夫虽死心如铁,烈士当危气似云""人心惟危,道心惟微""人无远虑,难成大业""岁寒然后知松柏之不凋""国家安危,劳心焦思""见利思义,见危授命"等等,这些汉

---

① 《安重根狱中语》,载《吉长日报》,1910年3月30日,第5版。
② 于右任:《伊藤统监暗杀案》,载《民吁日报》,1909年11月4日,第2版。

字写成的作品不仅表现出安重根深厚的文化修养,还突出了他的爱国主义精神。他每写完一个书法条幅,就将自己断指的左手摁在作品上,落款都是"大韩国人安重根"。这个断指的手掌已经成为当代韩国民族主义的象征。周恩来曾说过,中日甲午战争后,中朝人民反对日本帝国主义侵略的斗争,是从20世纪初安重根在哈尔滨刺杀伊藤博文开始的。安重根的英雄义举,深深地触动了周楠内心深处的灵魂,革命的种子在心中茁壮成长。

六、异邦更思大革命

朝鲜义士安重根以伤残之躯袭杀伊藤博文,被捕后视死如归,面对日俄侵略者的百般威胁恐吓不卑不亢,始终以大韩国人自居,特别是身陷囹圄后所表现出来的强烈的民族主义和爱国主义精神深深地震动了周楠的赤子心。就这样,尽管身居异邦,在朝鲜工作薪资低微,食不果腹,饱受欺压和白眼,周楠却依然持续地关心祖国之前途,订阅了上海《申报》《东方杂志》,密切关注国内消息,经常想着要回国效力。那时的《申报》和《东方杂志》也是国内如火如荼的新文化运动的重要阵地,各种先进的思想不断涌出,宣传共产主义的文章连篇累牍,马克思主义思潮真正成为国内极有影响力的革命主义的代表与旗帜。特别是1924年1月在周楠家乡——广东召开的国民党第一次代表大会，国共合作共同开展民主革命。第一次国共合作实现后，全国革命形势日益高涨。在南方，广州国民政府进行了统一广东的战争，肃清了广东境内的大小军阀势力，成立了国民政府，组建了新型的反帝反封建的国民革命军。在北方，由于国共两党合作讨伐军阀，反"奉"倒"段"群众运动此起彼伏。与此同时，1925年5月30日爆发的全国规模的五卅爱国运动，不仅沉重地打击了外国列强在中国的统治，而且把全国革命运动推向了高潮。先前占据全国绝大部分面积的地方军阀，在轰轰烈烈的国民大革命面前如秋风扫落叶般接连被打倒，这使得周楠确定了前行的方向，那就是必须要学习马克思主义，必须回国参加国民大革命。

1927年，周楠怀着参加大革命、打倒帝国主义和军阀势力的崇高理想回到中国。可惜时运不济，由于1927年国民党内的右派顽固势力先后两次背叛革命，屠杀共产党人和广大革命群众，广东亦是主要阎罗场。此时的周楠虽然在组织上尚未入党，但思想上已然是坚定的无产阶级的先锋分子。周楠辗转于香港和中山，在艰苦的谋生生涯中，他经常受到地主、日本人、英国人及其走狗的欺侮，慨叹国力之衰弱，立志振兴中华，做一番救国事业。就这样，在恶劣的斗争环境和艰苦的考验中，周楠走上了奋斗终生的革命道路。①

1927年9月，周楠辗转到达香港，先后在香港的德邦小洋行、永耀电池厂做工人。在此期间，他刻苦读书，接受党的进步刊物影响，在大革命形势的影响下，他接受了党的教育。1929年夏秋间，周楠在香港光荣地加入了中国共产党，这时，正值大革命失败后中共党员大幅度减少，不少人害怕与共产党有牵连，不时在报纸上刊发主动退党和划清界限的通知，革命形势处于低潮。事实上，革命新生事物的成长从来都不是一帆风顺的，它首先要从旧事物中脱胎而出，然后还要不断遭受着旧势力的打压与迫害。然而，革命的新生事物代表的是先进的方向，只要没有完全被扼杀，就能够最终实现取代旧事物的胜利。"中国共产党和中国人民并没有被吓倒、被征服、被杀绝。他们从地上爬起来，揩干净身上的血迹，掩埋好同伴的尸首，他们又继续战斗了。"② 在大革命失败后，同样有一批人毅然决然地参加争取民族独立、人民解放的革命战线，加入中国共产党的党团组织，投入到第一次国内革命战争中去，以武装的革命反抗武装的反革命。周楠便是这种临危入

---

① 广州市政协学习和文史资料委员会主编：《广州文史资料存稿选编（一）》，中国文史出版社2008年版，第32—33页。以及参考了2020年7月笔者采访中共广东省委党校何锦洲教授时，他讲述1964年周楠在家中接受何教授采访的革命回忆内容。

② 毛泽东：《毛泽东选集》（第三卷），人民出版社1991年版，第1029—1100页。

党的杰出代表，他从此走上了马克思主义理论指导下的救国之路。

第二节　拔剑起香江

加入中国共产党后，周楠利用在永耀电池厂工作的机会，更加地深入群众，与工人一起上下班，同吃同住，将自身真正转化为无产阶级的先锋分子，在革命实践中向工人群众宣传马克思主义革命理论，不断提高永耀电池厂内工人的阶级觉悟，培养工人的革命意识。

一、香港革命渊源深

那时的香港正是热火朝天的革命熔炉。香港的中国海员受英帝国主义的直接压迫，生活非常困苦。由于他们经常到欧美各国航行，受到当时世界革命潮流的影响，所以有较高的觉悟。"1922年1月12日，香港海员要求增加工资，遭到英国资本家拒绝后，就在海员工人的工会组织——中华海员工业联合总会的苏兆征、林伟民等领导下，开始举行大罢工。到1月底，包括运输工人在内，罢工人数增至两三万人。在中国共产党领导的全国工人的支持下，香港工人的罢工斗争坚持了56天，使英帝国主义在华经济利益遭受巨大损失。"① 罢工期间，正值中国的农历年关，香港物价飞涨，很多商品来源中断，整个香港社会关门闭户，秩序混乱。3月8日，罢工谈判达成协约签字，港英当局被迫接受海员们提出的条件，命令取消于2月1日公布的封闭中华海员工业联合总会的反动命令，送还被拆除的工会牌子，释放被捕工人，并答应抚恤在沙田惨案中死难的工人，"港督致电陈炯明，答应将海员工资增加百分之二十五"②。至此，香港海员大罢工胜利宣告结束。这次罢工的胜利，鼓舞了武汉、上海、广州、澳门等各地工人群众的斗争，成为我国工人运动史上第一次高潮的起点。

香港海员大罢工只是香港工人反抗帝国主义压迫的一种不满和抗议，是其后更大规模革命工人运动的预演。此后，香港工人积极配合内地工人运动共同反抗帝国主义的血腥屠杀。"1925年6月19日为了支援上海人民五卅反帝爱国运动，广州和香港爆发了规模宏大的省港大罢工，此次罢工由共产党人邓中夏及苏兆征领导，历时1年零4个月，是20世纪80年代以前世界工运史上时间最长的一次大罢工。省港大罢工毋庸置疑是在中国工人运动历史乃至世界工人运动历史上最沉重、最成功的一笔，这次大罢工

---

① 《中华海员工会与香港海员大罢工回忆》，载《档案与史学》1995年第2期，第8-13页。
② 参见《民国日报》1922年2月28日。

有效地打击了英帝国主义在香港经济的统治,并且让广州的金融得到了保障。"①

"省港大罢工,不仅在政治上而且在经济上沉重地打击了英帝国主义。据统计罢工以来,英帝国主义平均每月损失达2.1亿元。"② 这次大罢工在全国人民的声援和支持下,坚持到1926年10月才结束。它沉重地打击了帝国主义,对巩固广东革命根据地和准备北伐战争起了巨大作用。省港大罢工历时1年零4个月,是世界工运史上时间最长的一次大罢工。罢工委员会采取罢工、排货、封锁三项措施同英帝国主义做斗争。工人纠察队在各海口驻防,东起汕头,西至北海,对千里海岸线实行封锁,使香港经济活动陷于全面瘫痪,航运停顿,进出口贸易锐减,商业萧条。仅11月、12月两个月,香港宣告破产的商店达3000多家,股票、地产急速贬值。港英当局财政收入萎缩,1925年财政赤字达58万英镑。罢工期间,港英当局每日损失180万元。省港罢工委员会还规定"特许证"制度,"凡不是英国货及英国船不经过香港者可准其直来广州"③。此举打破了各帝国主义一致对付广州的局面,并争取了广东商人的中立,稳定了广州金融。省港大罢工是第一次国共合作下,

---

① 曹平:《五卅运动与省港大罢工》,黑龙江人民出版社1984年版,第93页。
② 转引自《省港大罢工》,载中国网,2012年6月19日。
③ 曹平:《五卅运动与省港大罢工》,黑龙江人民出版社1984年版,第89页。

国共两党共同领导的一次成功的反帝斗争运动。1926年10月初，罢工工人代表大会决定停止罢工。10日，罢工委员会召集群众大会，宣告罢工胜利结束，并宣布停止对香港的封锁。这次罢工充分展示了中国工人阶级的力量，严重打击了帝国主义的嚣张气焰，大大推动了革命运动的前进发展；同时也增强了工人阶级的自信心，为周楠开展的工人运动创造了良好条件。周楠用阶级斗争的历史对电池厂工人进行革命历史观教育，激发工人的革命勇气，用工人阶级的先锋模范引领工人，发展和壮大党员队伍，增强党组织的力量。

二、只因艰难多壮志

"1929年冬，由邓发（时任中共香港市委书记、中共广东省委组织部部长）主持，成立中共永耀电池厂支部，周楠任支部书记。"① 电池厂的工人运动已经积蓄了不少力量，这些力量是可贵的，应该加以巩固和扩大。在国民大革命失败后，中国的革命进入低潮，中国共产党的主要工作应该放在发动群众、积蓄力量，迎接革命再一次高潮的到来。1928年6月，在苏联莫斯科近郊五一村召开的中共六大对这一问题有了不少正确论述，但是没有注意到党内

---

① 广州市政协学习和文史资料委员会：《广州文史资料存稿选编（一）》，中国文史出版社2008年版，第36页。

"左"倾情绪和"左"倾错误的蔓延，尽管这种错误倾向包含着党内同志对于革命胜利的渴望和对国民党反动派施行屠杀政策的愤慨等，但主要是"左"倾路线导致对中国问题和革命道路认识不清，只有科学的革命理论才能正确地指导革命实践。"左"倾路线带来的教训是惨痛的。周楠是在香港的血雨腥风的革命斗争中幸存下来的为数不多者之一。

1930年夏，由于受"左"倾盲动主义的影响，上级号召发动工人举行总罢工，周楠曾参加过会议。入党伊始，他就接受了一次考验。1930年夏，香港成立罢工委员会，上级号召发动工人举行总罢工，党组织交给周楠的任务是散发传单。他先在九龙的大角咀、旺角一带散发传单，4月30日在上海街散发传单，到发剩最后一张传单时，他被警探逮捕了。在警署，警探对他进行严刑拷打，但周楠坚称传单只是别人给的，始终不泄露党的秘密。后被押解到香港中央警署拘留所和华民署讯问，在九龙油麻地法庭过堂四次。最后在庭审时，周楠临危不乱，巧妙应对法官的盘问，法官最后只好以证据不足释放了他。

周楠获释后，经组织安排，任中共香港市委组织部干事，受郑仁波直接领导。到香港市委组织部工作前，邓发与周楠做了思想动员谈话，指出今后如何开展革命。郑仁波则给周楠布置了具体的工作任务，主要是和中共手车夫支部以及两个工人分别单线联系。周楠初到市委组织部工作，因缺乏工作经验而感到困难重重。组织对他进行教育指导，鼓励他克服缺点和困难，不断取得进步。在这段工作期间，他曾与共产党员李守纯进行单线联系，指导开展革命活动。后来周楠发现曾逮捕过自己的香港当局警探徐南和陈培知道自己的行踪，向组织请示调离组织干事的工作。后来组织安排他到赤色救济会工作，主要从事刻写蜡纸、油印资料、抄写文件，以及营救被捕同志、抚恤死难烈士家属等工作。周楠在这里工作一个多月后，认为不宜长期在机关工作，再向莫叔宝提出离开救济会，暂时回家。领导表示同意后，周楠返回中山故乡种地。1930年5月，周楠因郑仁波、莫叔宝被捕后叛变而与党组织暂时失去联系。①

三、磨难更知主义真

1928年后，革命处于极端困难的时期，这时在香港的党员有700多人，多是参加省港大罢工、参加广州起义失败后的工人同志和海陆丰等地农村革命斗争失败后被迫转移的同志。他们到了香港，由党组织设法安排，分别打入工厂、企业、商店里工作。有些人则到香港政府英籍官员

---

① 广州市政协学习和文史资料委员会：《广州文史资料存稿选编（一）》，中国文史出版社2008年版，第38页。

家里做"家庭工人",也叫"洋务工人",有部分人到洋船上去当船员。当时党员生活都非常艰苦。因为还不断有同志被迫由内地逃到香港来,因找不到工作而生活无法解决,那时党规定每个有职业的党员都要负责帮助解决失业同志的生活,发扬革命互助友爱精神。对党的这一规定,大家都能自觉执行,连有家属负担的人在内都无怨言。在轮船和酒楼饭馆里工作的党员,经常把顾客吃剩的饭菜收集起来,再煮热带回给失业的同志吃。有许多同志到湾仔黄泥涌开山推泥车做临时工,所得的工资非常低微,只能够到湾仔"会食街"吃便宜饭。所谓"会食街",完全是因用各大饭店的残饭剩菜汇在这条街的小食摊上,露天卖给穷人吃而得名的。"我们很多同志每天和穷苦人们一起到这里吃饭,五分钱就可吃饱,叫作吃'斗令'(即五分钱的意思)。这是广州起义失败后,到香港的大多数同志艰苦维持生活的办法。"①

周楠回忆说:"这时香港党组织利用一切公开合法的条件来掩护党的秘密活动。有一位香港大律师×××(英国人),家里雇用我们几个同志做工人,有工人房给他们住。因为是大律师的住宅,香港的侦探和警察是不敢轻易随便

---

① 据周楠、冯燊、冯扬武的回忆整理。参见中国人民政治协商会议广东省广州市委员会文史资料研究委员会编《广州文史资料(第二十辑)》,1980年版(内部发行),第60页。

进去的。我们就利用他的房子做文件保管机关和秘密印刷所，我们经常在他家里的工人房里开会。这个大律师每年都要回伦敦休假，在他休假期间，整座房子都交给这几位党员工人管理，我们党便在这里办训练班。在香港半山的皇家花园附近，住有另一个20多岁的香港政府女秘书。她用很低的工资雇用十多位中国人来侍候她，这十多位工人多是参加过省港罢工的党员，因此她的家也成为我党地下组织秘密活动的机关。"

1929年以前，香港政府的法律是：如捕了我们的同志，一般第二天报纸便发表消息。报馆记者可以到警探处采访警察捕人的新闻，所以捕人的消息往往第二天便被登载出来。对被捕的政治犯，当时一般多是罚款，有些可以找律师辩护担保释放，有些则被驱逐出境，有些也被判刑坐牢。香港英政府对政治犯一般不会判死刑。周楠从报纸报道上得知党组织受破坏的情况，对被捕的同志，也可以请律师进行辩护营救。而被香港英政府宣判为解送出境的，如送去广州，用火车解送到了深圳，多数被广州侦缉接去；如从海轮解送到上海、湛江（当时叫广州湾）或汕头的，周楠和其他同志就会设法在开船前，乘押解犯人的香港警察离船后，立即帮助他们乔装打扮，再用小船接他们逃走，多数能够安全脱险。

四、办报宣传为革命

周楠还帮助办了一家由谭天度做督印人、公开发行的《香港小日报》，李六如、潘梓年等共产党人都曾在那里做过编辑。该报经常报道各地工农红军和各苏区根据地消息。有了这样的报纸，许多找不到党、与组织失去联系的同志，都可以通过报纸找到自己的党组织，从而恢复组织关系。另外，周楠还参与秘密发行党中央出版的《红旗》杂志，以帮助宣传党的思想和提高革命队伍的思想和理论水平。后来，《香港小日报》被香港英政府查封了，谭天度也被捕，坐了几个星期的牢，之后被驱逐出境。周楠回忆，当时有一位越南的叫李志聪（后改名黄南）的同志，经常给《香港小日报》画讽刺漫画，对群众起到教育宣传作用。抗日战争期间，胡志明曾委任他做自己的代表和国民党打交道。中华人民共和国成立后他一直留在广州做教师，没有回越南去。在革命斗争年代里，不少越南同志与中国同志并肩作战，一起坐牢、牺牲，高度发扬无产阶级的国际主义精神。

五、"左"倾路线难统战

当时在"左"倾路线指导下，基层党组织难以执行统战工作，没能团结一切可以团结的人，甚至要求党员完全脱离家庭，不要有什么社会关系。

1929年中秋节，奉系军阀张学良等与苏联争夺中东铁路，引起一场中东铁路事件的战争。共产国际要求世界各国无产阶级"保卫苏联"，当时的党中央照搬共产国际的口号。但群众还不能理解这口号。反动派便抓住这些口号来污蔑共产党是卖国的。群众不了解情况，又受到反动派的造谣挑拨，便也有人起来反对共产党，以为张学良收回中东铁路是爱国的行动。国民党反动派借机通过报纸煽动反对社会主义苏联。当年的中秋节，香港许多卖月饼的商店老板搭起牌楼来宣传反苏，这些牌楼都画着"杀肥鹅"的图画，煽动反对苏联。① 当时在"立三路线"影响下，共产党没有采取较好的斗争方法来向群众宣传、揭露日本帝国主义的阴谋，只是用幼稚、粗鲁的办法向卖月饼的商店投掷污物。周楠认为用这样的办法来惩戒那些反对苏联的月饼店老板，其结果会引起群众误会，骂共产党，造成共产党的政治损失。"立三路线"经常要党员出来散发传单、搞"飞行集会"、示威游行；还在传单上预告我们游行集会的时间、地点，结果使香港的警探知道我们的行动计划，预先布置好埋伏，使革命群众和党员被捕。因此，群众便

---

① 饶卫华：《我参加革命的回忆》，1964年接待中国共产党广东省委党史研究委员会访问时的记录。参见中国人民政治协商会议广东省广州市委员会文史资料研究委员会编《广州文史资料（第二十辑）》，1980年版（内部发行），第63页。

不敢接近我们，后来连党员也不愿参加这样的游行了，这使党的领导陷入孤立状态。许多工厂的积极分子被暴露，不是被捕入狱，就是被开除工作。周楠后来回顾这些极"左"的幼稚行动，认为吸取教训、总结经验是很有益的。

六、港英帝国马脚现

香港英政府在这期间派了一个侦缉队队长谢安，专门来执行收买策反，破坏中共组织。他收买了一名叛徒（木匠工人），打进九龙区的一个党支部，因而逮捕了不少同志，后来此人终被党组织发现了。1930年，中共香港市委组织"打狗队"，专门对付这些叛徒，同时也对付那些无恶不作的特务。由在中央保卫局受训回来的邓发亲自带领"打狗队"的同志，在一家茶楼上处决了谢安。"打狗队"还镇压了另外一个混入青年团的叛徒。香港英政府和广州反动派早已互相勾结，共同镇压中国革命。周楠明显地感受到从这个事件以后，香港英政府和国民党更进一步勾结，他们到处搜捕共产党员和革命群众。当时，香港当局拘捕共产党员与革命群众，名为驱逐出境，实际是把他们解送到深圳便交给广州的侦缉队，假手国民党反动派杀害我们的革命同志，如广西红八军军长俞作豫、中共广州市委宣传部部长陈复，南方局遭到大破坏时被捕的几十位同志和中共两广省委书记蔡和森等，都是这样被杀害的。

"由于盲目行动,脱离群众,使大批同志暴露,机关连续遭到严重破坏,不但没有利用革命的好形势来扩大革命力量,反而使革命力量遭到很大损失。1929年,在香港还有八九百名党员。到1931年夏蔡和森被捕后,省委和下面的党组织基本都被破坏了。所以,'立三路线'在党内统治时间虽不长,但造成的损失是无法估量的。'王明路线'统治时期,广东的地下党又继续遭到破坏,因而1933年以后广东党的组织就残存无几了。"① 党的组织频遭突袭破坏,党员与党组织失去联系,在此期间,周楠曾两度被迫返回家乡中山务农,但他丝毫没有动摇坚定的革命信仰。

七、革命理论化实践

周楠以早年自身的生活境遇和自身感悟逐渐地向革命靠近,把自己生活的苦难升华到理论高度,认识到旧中国的时代问题和制度问题,使自身的前途命运与中国的民族独立和人民解放的历史任务相接轨,主动地亲近和学习马克思主义革命理论,最终踏上了中国共产党领导的以马克思主义理论为指导的中国革命的正确道路。应该说周楠从入党以后到抗战爆发以前,主要是负责城市的工人运动工

---

① 饶卫华:《我参加革命的回忆》,1964年接待中国共产党广东省委党史研究委员会访问时的记录。参见中国人民政治协商会议广东省广州市委员会文史资料研究员会编《广州文史资料(第二十辑)》,1980年版(内部发行),第64-65页。

作，将香港地区的工人运动重新唤醒，逐渐掌握城市工人运动的规律。一个优秀的马克思主义革命者，不仅要有对共产党组织的忠诚与信任，而且要有对革命理论的不断学习能力，将马克思主义理论与中国革命实际相结合。城市工人运动的历练使得周楠无论是在城市领导工人运动，还是在革命一线领导武装斗争都是胜任的，为日后完成更加艰险的革命任务奠定了厚实的基础。

第二章 抗日救国起 辗转沪穗邑

1936年5月31日至6月1日，周楠与石辟澜以香港"救国会"代表的身份从香港赴上海参加全国各界抗日救国联合成立大会。之后，石辟澜一直留在上海从事全国"救国会"秘书总干事工作，① 周楠则辗转上海、厦门、漳州、香港、广州、开平等地发动群众抗日救国以及开展工人革命运动等活动。1936年至1939年初，周楠先后任香港"救国会"代表、全国各界救国联合会委员②、华南"救国会"代表、中共广州市委职工部部长、中共粤西南特委组织部部长、中共粤中特委民运部部长等职，领导广大职工和农民运动，积极推动民族救亡运动以及民主革命运动的发展。

第一节 成立香港"救国会" 出席上海"全救会"

20世纪30年代的世界经济大萧条是一次全球性事件，

---

① 周天度、孙彩霞：《救国会史料集》，中央编译出版社2006年版，第1076－1077页。

② 周天度：《"中华民国"史资料丛稿：救国会》，中国社会科学出版社1981年版，第8页。

它深刻地影响了中国现代历史。① 香港当时已然沦为英帝国主义殖民统治之下，与世界经济的联系更加密切，在这一大环境下更无法置身于事外。民众失业、食不果腹是常有之事。周楠自1930年5月起一共经历了四次上法庭与提审，自己通过随机应变和缜密的自我辩护躲过了香港法院的定罪，但是无罪释放后找不到工作，只能数次返回家乡中山务农。其间，在一次看报时获知与自己联系较为密切的上级领导郑仁波、莫叔宝已经被捕并叛变了，周楠瞬间便意识到自己的党员身份已经被暴露，与党组织的联系也因此断开了。

一、坚定党的理想信念　提高马列理论水平

失去了与党组织的联系，没法正常地过组织生活。为了生计，周楠四处寻找工作，但恰逢1929—1933年资本主义历史上最严重的世界经济危机，在失业工人遍地的香港，找到一份工作极其困难。周楠利用曾在永耀电池厂工作时储备的一些知识，于1930年秋先后在香港、中山等地，通过出售自制的干电池等手工业品以维持生计。有时不好卖掉自制产品，亦曾经到过澳门一些小电器厂当工人，从事

---

① ［日］城山智子：《大萧条时期的中国》，孟凡礼、尚国敏、唐磊校译，江苏人民出版社2010年版，第1页。

制造干电池工作。① 在这期间，周楠经常处于失业、半失业状态，过着朝不保夕、有上顿没下顿的生活。

出身于华人劳工家庭，父亲在美国受尽歧视的悲惨工人生活经历，在父亲的日常言行之中体现出来，对周楠的童年产生了潜移默化的影响。少年时期在朝鲜寄读的生活经历和学徒经历，以及在此期间饱受日本帝国主义残酷压迫与剥削的经历，亦对周楠的马克思主义价值观的形成发挥了决定性作用。马克思主义理论一经与群众实践相结合，便产生对社会发展的巨大推动作用。周楠正是在大革命失败后人人都躲避共产党的恐怖日子里，毅然决然地加入中国共产党。因为其受尽压迫的阶级出身唤醒了他的阶级斗争意识，这种意识的产生使得他在后来失去党组织的领导下仍然保持党员的高度自觉性，这是马克思主义理论与党员实践相结合后所产生的一种高度自觉。尽管处于饥寒交迫的生存状态，但周楠只要找到工作或者得到亲戚资助，就不会放过购买书报，阅览了解时态发展以及理论学习的机会。对入党誓词"永不叛党""为共产主义理想奋斗终身"铭记于心。无论在什么样的困难情况之下，他都不会缺席党的组织生活、放弃对党的理论学习。虽然暂时联系不到党组织，过党组织生活，但是学习党的理论是可以做

---

① 广州市政协学习和文史资料委员会：《广州市文史资料存稿选编（一）》，中国文史出版社2008年版，第39页。

到的，并且周楠在不断的革命斗争中深感自己的马克思主义理论水平十分有限，对实践过程中遇到的问题以及对时局的分析时有力不从心之感，迫切需要提高。因此，他在生活没有保障的情况下，仍然不忘力所能及地购买或者租阅马克思恩格斯共同撰写的《共产党宣言》、列宁的《国家与革命》、艾思奇的《大众哲学》等等，增加对马克思列宁主义基本原理的理解。返回家乡中山亦不忘记向父老乡亲们、青年们宣传马克思列宁主义的思想。①

1935年，周楠再次到香港谋生，在九龙旺角一个叫甘棠的补鞋工人处住下。甘棠依靠多年补鞋收入的积蓄，开了一间专门补鞋的小店。周楠以这里为据点，联系一些印刷工人，充分利用印刷厂废弃的、剩余残存的材料，印刷宣传反对日本帝国主义、反对军阀割据的传单（册子）。这些活动获得工人们的支持和帮助。工人们看见周楠长期失业后十分同情，纷纷捐献几元不等给他作本钱。周楠在他们的资助和鼓励下自制印色油到各个商店兜售，虽然获利微薄，但还能勉强度日。渐渐地，周楠在香港的生活稳定了下来，有了更充裕的时间进行革命思想的传播。

---

① 广州市政协学习和文史资料委员会：《广州市文史资料存稿选编（一）》，中国文史出版社2008年版，第39页；以及作者偕课题组成员于2020年7月25日采访中共广东省委党校何锦洲教授口述内容综合分析所得（何锦洲教授曾于1964年5月到广州农林下路周楠家中采访过周楠，其手稿出版"三亲"史料，周楠亲述、何锦洲亲录、蔡洛亲审）。

与此同时，为了躲避日本帝国主义的侵略以及军阀混战等战乱，前往香港的上层人士越来越多，商界、航运界、文化界等各界精英云集香港，给香港的经济文化发展注入了新鲜的血液，经济文化繁荣盛极一时，关于国共两党最新态势的信息都能在香港较快获得。这对一直没法联系上党组织的周楠了解革命形势发展是十分有利的，最起码保证了自己的行动不会偏离党的大方向和要求。因此，周楠此时的革命斗争意识与理论学习没有被耽误，一直处在不断地发展与提高之中。

二、成立香港"救国会" 凝聚救亡图存力量

1931年九一八事变之后，东北三省沦陷在日本帝国主义殖民统治之下。1935年发生华北事变，华北各地区渐次沦陷。中华民族面临着亡国灭种的危机。救亡图存的思想意识成为全国人民尤其是有识之士的共识。此时在香港的周楠对这种民族危机亦感同身受，试图通过写作文章来向民众传播团结起来一起抗日的精神，讲清要英勇抗战的道理。于是，他每天坚持白天干活、晚上勤奋读书看报与写作，以犀利的文笔先后撰写了几篇有关抗日救亡的文章在香港《大众日报》上发表。《大众日报》是国民党内的爱国民主人士李济深、蒋光鼐、蔡廷锴、陈铭枢等人于1935年7月至8月间在香港成立的抗日反蒋组织"中华民族革

命同盟"① 创办的机关报,同盟的成员主要由曾参与"福建事变"的各党派人士和原十九路军中上层军官、国民党左派以及无党派人士组成。《大众日报》宣传反蒋抗日主张,谴责国民党政府打着"攘外必先安内"的旗号镇压抗日民主运动的行为。宣扬革命同盟以争取民族独立、建立人民政权为基本政治主张。《大众日报》不仅在广东、广西、上海、福建等地很有影响,而且在东南亚等海外的华侨中也拥有热心的读者,"该报当时销售量极大,民众极表达同情"②。

据周楠接受中共广东省委党校何锦洲教授采访时回忆说,周楠的文章发表后引起了许多读者的共鸣,他在往来的通信中结识了一批思想进步的教员、职员、工人、知识分子、青年、中学生等等,并且常常与他们聚集在一起议论抗日救国等问题。后来,周楠把他们组织起来,于1935年秋建立了由20—30人组成的读书会。该会主要宣传和研究如何开展抗日救亡活动,揭露日本帝国主义侵占我东北的图谋,以及侵占我华北的种种罪行,并与一些有托派观点的团体进行针锋相对的斗争。1935年冬,北平的一

---

① 关于中华民族革命同盟的成立时间说法不一,梅龚彬回忆为1935年秋,《蒋光鼐生平大事年表》认为是7月下旬,《陈铭枢生平事略》认为同盟成立于1935年8月,蔡廷锴则回忆同盟成立"时当夏令"。在此是综合蒋光鼐、陈铭枢、蔡廷锴三位当事人的说法。

② 蔡廷锴:《蔡廷锴自传》,黑龙江人民出版社1982年版,第439页。

二·九运动前夕,读书会已发展到100多人。① 在读书会的宣传活动中,周楠与各阶层人员来往密切,结识一批志同道合的革命志士,其中就有石辟澜(石不烂)、唐章(唐城)等人,并与他们结成知己,共同从事抗日救亡工作。周楠利用自己在香港长期做工人的经历以及工人支部书记的工作经验,带领他们深入到群众中去,开办工人业余夜校,组织时事座谈会、姐妹会、旅行团等群众活动。

经过一段时间的工作,大家有一个共识:开展抗日救国运动,必须要有一个统一的组织,统一领导,统一行动,步调一致,才能发挥巨大的力量。经过一些群众组织的协商,一致同意建立一个统一的组织机构。一二·九的学生运动加快了建立统一组织的步伐,抗日群众组织很快地推选出周楠、石辟澜、唐章、甘春和《大众日报》一位记者出来做筹备工作,草拟章程和宣言等文件。参加筹备工作的还有刘谈锋、袁玉銮、励滔、雷警冬、霍吕凡、王烈和曾眉等。1935年12月底,"香港抗日救国会"(以下简称"港救会")正式宣告成立,选出周楠、石辟澜、唐章为负责人。② 他们既不称正副会长,也不称正副主席、正副委员长。参加香港"救国会"的有郑敦、李果所团结起来的华

---

① 广州市政协学习和文史资料委员会:《广州文史资料存稿选编(一)》,中国文史出版社2008年版,第39页。

② 洪流主编:《石辟澜》,《广东党史资料丛刊》编辑部1993年版,第235 - 236页。

侨学院、华南学院的学生，有甘春所联系的制鞋工人，还有为数众多的纺织女工姐妹会和西门子等洋行的勤杂工人共200多人。由于"港救会"是一个群众自发组织的团体，没有经费收入，开支异常困难。周楠虽是该会最高负责人，但亦无工资，他们的伙食费、生活费由唐章等几个有工资收入的职工资助。[1]

"港救会"成立后，周楠和石辟澜、唐章等团结新闻界、文化界、教育界、文艺界、机关团体职员和青年学生，大力开展抗日和反对国民党反动派的活动。他们通过召开小型座谈会、写文章、口诛笔伐，强烈抗议日本帝国主义侵占我国东北、华北，反对国民党反动派的不抵抗政策。"港救会"以其鲜明的抗日救国色彩吸引各阶层人民群众参加，队伍一天天地壮大起来，很快就形成了一个能号召1000多人进行救亡活动的革命团体。其主要构成为：第一是工人，占的比例最大，有几百人，其中有码头、印刷、补鞋、纺织、汽车、勤杂、洗染、洋行等各行业工人；第二是学生，大专院校、中学师生，包括华南学院、华侨学院等校教职员和学生；第三是职员，其中有香港当局属下行政机构和商行等机构的职员；第四是店员，包括邹韬奋

---

[1] 广州市政协学习和文史资料委员会主编：《广州文史资料存稿选编（一）》，中国文史出版社2008年版，第40页。

在香港办的"生活书店"的店员。① 周楠善于开展对外联络，以"港救会"的名义与公开的团体惠阳青年会、孙大光组织的秘密团体联系，有时联合几个组织举行抗日活动。这样"港救会"与许多公开或秘密的群众团体建立关系，步调一致，遥相呼应。

以周楠、石辟澜、唐章为领导的"港救会"继续扩大宣传影响，办起了《偕行》杂志，通过油印发行，宣传抗日救国的道理，号召广大人民群众奋起抗日。同时，创办了一间名为"香港救国会书站"的书店，出售革命书刊。"港救会"宣传抗日的影响力与日俱增。周楠不满足于已有成绩，继续致力于扩大该会属下的读书会、姐妹会等团体，在《大众日报》副刊上陆续发表文章宣传抗日救亡运动，以提高广大群众对这一运动的认识，他积极扩大工人夜校规模，组织工人学文化的同时开展宣传抗日活动。通过新闻学院学生会在青年学生中开展抗日救亡活动；发动一些院校教职员，一边研究汉字拉丁化，一边进行救国活动；充分利用三八、九一八等节假日、纪念日召集"港救会"会员张贴标语、散发传单，以增强"港救会"的革命影响。随着"港救会"队伍的不断扩大发展，"港救会"的领导核心也在不断充实加强，至1936年上半年，"港救会"领

---

① 广州市政协学习和文史资料委员会主编：《广州文史资料存稿选编（一）》，中国文史出版社2008年版，第41页。

导成员增加了郑敦、李果、刘谈锋、霍吕凡、曾眉等人。

在以周楠、石辟澜、唐章为领导的努力下,"港救会"已经成为华南地区一股重要的抗日救亡力量。但三人此时仍不知道彼此是共产党员,都没能与党组织取得联系。① 周楠曾多次对石辟澜、唐章等人说,没有党的领导,就会迷失方向贻误工作。但对自称有组织关系的人,也不能轻信,以防上当。在他们几个人极力追寻党组织的时候,有一天,石辟澜给他们带来了党公开发表的文件:中共中央的《八一宣言》、保加利亚共产党领袖季米特洛夫在共产国际"七大"会上关于建立反法西斯统一阵线的报告等。周楠看到这些文件,心中豁然敞亮了,这些宣言不仅为"港救会"的活动指明了方向,大大增强了成员的活动信心,而且让正在奋斗中的同志们有了无穷的斗争力量。他迅速向会员传达《八一宣言》精神,提高大家的政治觉悟,鼓舞大家的革命斗志。有时,周楠把石辟澜转交的共产党在巴黎出版的《救国时报》以及在日本出版的进步刊物给会员们阅读,让大家知道共产党二万五千里长征途中与张国焘分裂主义做斗争的概况以及共产党抗日救亡的主张。积极把共

---

① 这里参照周楠本人于 1964 年 5 月接受何锦洲采访的记录以及唐章本人的回忆录综合分析而成。具体见广州市政协学习和文史资料委员会主编:《广州文史资料存稿选编(一)》,中国文史出版社 2008 年版,第 40-41 页;以及洪流主编:《石辟澜:唐章忆在香港救国会期间的石辟澜》,《广东党史资料丛刊》编辑部 1993 年版,第 80-81 页。

产党的主张作为"港救会"的行动纲领,与党中央的行动纲领保持高度的一致。同时,周楠继续撰写时局文章,宣传共产党的主张和要求,在群众中扩大党的影响力。

三、出席上海"全救会" 推动救亡运动发展

"港救会"的斗争及其活动,引起香港各界群众的重视,获得社会各界的支持和资助,已成为当时抗日救亡运动的一个重要组织。1936年是抗日救国运动的重要时期。这一年我国著名教育家陶行知从上海抵达香港,告诉周楠等人一个重要消息:全国各界"救国会"联合会(以下简称"全救会")代表会议即将在上海召开,要求广东救国团体选举代表参加。"港救会"领导成员对此高度重视,组织会员商议后决定"港救会"参加全国各界抗日救国联合会,并推选周楠、石辟澜两人作为"港救会"代表出席"全救会"的成立大会。① 由于"港救会"是自发性群众团体,没有经费来源和收入,他们依靠会员捐钱维持该会一切活动。周楠、石辟澜赴上海旅费,亦由会员中的工人、职员捐款。凑足路费后,他俩于1936年5月启程前往上

---

① 这里参照周楠本人于1964年5月接受何锦洲采访的记录以及唐章本人的回忆录综合分析而成。具体见广州市政协学习和文史资料委员会主编:《广州文史资料存稿选编(一)》,中国文史出版社2008年版,第42页;以及洪流主编:《石辟澜:唐章忆在香港"救国会"期间的石辟澜》,《广东党史资料丛刊》编辑部1993年版,第82页。

海，参与筹备召开全国各界"救国会"联合会议。在上海期间，周楠于同年5月以香港学生联合会代表身份，出席全国学生联合会代表会议，会上讨论和确定了在青年学生中开展抗日救亡活动，并与代表们一起选举了段君毅为全国学生联合会领导人，周楠当选为该会委员。与此同时，周楠还参加了中国新文学研究会并成为该会委员之一。

1936年5月31日至6月1日，周楠出席了全国各界抗日救国联合会在上海举行的正式成立大会，会议在上海租界秘密召开。第一天出席大会的有全国18个省市60多个抗日救国团体的代表50多人。[①] 大会听取各地重要团体的报告，计30多个单位。其中，以平津民族解放先锋队、南京救国协进会、上海各界救国联合会、厦门抗日"救国会"、香港抗日"救国会"、广东教育界代表、广西全省学联会、武汉文化界"救国会"、上海工人"救国会"、上海女工代表、上海农民代表、天津工人"救国会"代表等的报告最为重要，最为精彩。[②] 各地报告至夜晚8时终结。第二天（1936年6月1日）上午8时，大会继续进行，当时又增加刚刚赶到的江苏省无锡代表、泰安代表，以及十九路军代表等，大会气氛十分热烈。在大会代表们一致通过

---

① 周天度、孙彩霞编：《救国会史料集：全国各界救国联合会成立大会纪详（1936年5月31—6月1日）》，中央编译出版社2006年版，第95页。

② 周天度编：《"中华民国"史资料丛稿：救国会》，中国社会科学出版社1981年版，第95页。

政治纲领后，随即由十九路军将领蒋光鼐、蔡廷锴两位代表先后做报告，向大会提议号召全国人民团结一致，停止内战、齐心协力共同抗日。与会代表们讨论和表决了有关开展抗日救亡运动等问题，选举了著名爱国人士宋庆龄、何香凝、马相伯、邹韬奋为执行委员，推选了沈钧儒、章乃器、李公朴、史良、沙千里、王造时、陶行知等14人为"救国会"委员，以沈钧儒为组织部部长、章乃器为宣传部部长。周楠当选为候补委员。他暂时留上海从事抗日救国活动，1936年11月回到香港。

周楠、石辟澜赴上海出席"全救会"后，"港救会"的领导成员除了唐章留守外，增加了郑敦、李果、刘谈锋等人，"港救会"的救亡活动正常进行。其间，周楠还和"港救会"保持经常的联系，互相通报情况。据唐章回忆，"在这期间，'港救会'的一些重大活动和问题，我们都用密写的信件向他俩（指周楠和石辟澜）汇报。"① 周楠本人在接受何锦洲教授采访时亦提到，自己常与唐章、郑敦等人联系，指导"港救会"开展抗日救亡运动。1936年9月，"港救会"在香港湾仔举行九一八纪念集会活动，被警察逮捕了108人。唐章等人迅速写信把情况告诉周楠。周楠获悉后马上开展营救行动，请"全救会"领导人打电报

---

① 洪流主编：《石辟澜：唐章忆在香港救国会期间的石辟澜》，《广东党史资料丛刊》编辑部1993年版，第82页。

给香港总督,要求释放被捕人员。经过各方协同营救,被捕者陆续出狱。当这些人在香港坐牢时,曾被迫供出"港救会"负责人姓名。因此,周楠在上海向"全救会"负责人汇报了这个情况。"全救会"负责人认真做了分析,认为周楠重返香港工作已经不适宜,于是决定留周楠在"全救会"组织部工作。随后,周楠即与沈钧儒、徐雪寒等经常研究怎样开展抗日救国活动,交流工作经验,以推动全国抗日救亡运动的发展。当时"全救会"组织部只有3人:沈钧儒负责"全救会"的全面工作,徐雪寒负责指导上海方面工作,周楠负责与全国各地"救国会"、工人"救国会"、日本纱厂工人"救国会"等救国团体联系和指导开展活动。不久,全国"救国会"负责人提议,派同志到各地推动抗日救国活动,指定周楠到华南从事这项工作。①

---

① 广州市政协学习和文史资料委员会主编:《广州文史资料存稿选编(一)》,中国文史出版社2008年版,第43页。

第二节　淬火炼好钢　救亡厦漳香

"港救会"的建立、发展、壮大的过程也是周楠成长、成才、成熟的过程，而出席全国各界救国联合会并参与管理的经历，更使周楠在自己革命人生道路上实现了第一次飞跃，这一飞跃如淬火成就好钢，练就了周楠善于听取民主党派意见，统筹各方力量的领导才能。"港救会""全救会"这两个组织对于周楠而言，是人生中极其重要的成长平台，其间积累的工作经验和人力资源成为其人生中极其珍贵的一笔财富，为他日后领导的粤中地区、南路地区、滇桂黔边区革命斗争的胜利奠定了良好的基础。

一、香港"救国会"　练就硬本领

广东近代的历史亦是一部革命史。广东是中国近代革命的重要策源地之一。这里的革命氛围格外厚重与悠长，但与之相对的反革命形势也极为严峻。大革命失败后许多党组织遭到严重破坏，共产党员与党组织失去联系在广东是普遍存在的现象。周楠也不例外，他还常常遭遇失业困境，处于饥饿半饥饿状态，在此等情况下还能胸怀天下，一展救国救民之志，在一般人看来是不可思议的，但这恰恰就是一个共产党员的本色，在失去与党组织联系的时候仍然一丝不苟地按着党员的标准要求自己，一刻也没有放松党员的要求。一个心中时刻怀揣着国家、民族的命运与前途的共产党员，任何时候都不会沉沦。1935年秋，周楠建立的读书会从最初20～30人，经过他的积极推广，不久便发展到100人。到成立"救国会"时达到200人，再到后来发展至1000多人，并且富有组织力与行动力，与党中央的出发点和目标高度一致。在偶然中的必然下，周楠结识了陶行知，进入"全救会"，使"港救会"的发展更上一个新的台阶。"全救会"这个平台对周楠的影响是十分巨大的，结识"全救会"的领袖人物，使他的救亡运动不只限于香港这个弹丸之地，他的视野更加开阔，在能力与理论水平方面都得到了极大的提升。周楠的人生轨道由此发生了巨大的变化，他的能力与水平在"全救会"成立大会上得到充分的发挥与展现，其过硬的本领给在场的众多著名领袖人物留下了十分深刻的印象。

　　周楠、石辟澜、唐章所领导的香港救国活动得到全国各界救国联合会与会代表的高度评价。

据段君毅①、夏衍②、孙大光③在追忆石辟澜时必然提到周楠:"他与洪飙(周楠)、唐章同志等一起组织了香港'救国会',并成为主要领导人之一,很快形成了能够号召1000多人进行救亡活动的群众团体。"广东省原副省长兼暨南大学校长杨康华④在缅怀石辟澜时也提到了周楠,而且十分详细。"1936年夏,'全救会'在上海举行成立大会,华南前往参加的代表有何思敬、洪飙(周楠)、石辟澜、方少逸等同志。……1936—1937年之间,王新元同志作为

---

① 段君毅(1910年3月13日—2004年3月8日),男,山东省濮县白衣阁村(今河南省范县)人。中共中央顾问委员会常务委员、北京市委原第一书记、铁道部部长、党组书记,先后任中共重庆市委常委,市军事管制委员会委员,市财经接管委员会党委书记、主任,西南军政委员会财经委员会副主任兼工业部部长、党组书记。

② 夏衍(1900年10月30日—1995年2月6日),原名沈乃熙,字端先,浙江杭州人,中国近代著名文学、电影、戏剧作家和社会活动家,中国左翼电影运动的开拓者、组织者和领导者之一。

③ 孙大光(1917年1月7日—2005年1月13日),男,汉族,1917年1月7日生于安徽寿县。1932年参加革命,1933年加入中国共产主义青年团,1934年加入中国共产党;参加过一二·九抗日救亡运动;先后在广州、重庆、贵阳、长春等地从事党的秘密工作;1948年参加内蒙古土改工作,任区党委政研室主任;中华人民共和国成立后,曾任东北交通部秘书长,1952年调入国家交通部,1964年任交通部部长、党组书记;1979年任地质部部长、党组书记;1982年任地质矿产部部长、党组书记;1985年任中顾委委员,1995年离休。

④ 杨康华(1915—1991),原名虞焕章,浙江会稽县人,又名杨任康。出生于广州一个知识分子家庭。1936年加入中国共产党。同年毕业于中山大学。曾任中共广州市委、粤东南特委宣传部部长,香港市委书记,东江纵队、两广纵队政治部主任。历任广东省教育厅副厅长、中共中央华南分局宣传部副部长、中共广东省委文教部部长、中共广东省委委员、广东省人民政府副省长、中共广东省委统战部部长、广东省政协第一副主席、广东省副省长,并任中共广东省委党史研究委员会副主任。

'全救会'代表，到'南总'①组织部部长陈汝棠老先生处，商量组织秘密的'广州救亡协进会'，联系和推进各界各方面的救亡运动。职工、妇女、学生、青年、文化、教育等各方面的代表人物都定了。新元同志谈及'全救会'举行成立大会时，华南前往参加的广东籍代表中，有两个给他留下了较深印象，一个是洪飙（即周楠）同志，身躯魁梧，声音洪亮，是个工人，老同志，参加过1925—1927年的大革命（注：这里说的参加大革命可能有误，周楠1925年还在朝鲜，1927年9月才回来香港，1929年入党），很坚强果断，很有魅力和经验，推他为职工方面代表参加'协进会'了。"②王新元是参加"全救会"成立的在场见证人，参见"全国各界救国联合会成立大会纪详"第一天到会的体表五十余人中包括了王新元、洪飙（即周楠）。③

中共中央原对外联络部副部长连贯同志于1980年11月23日在北京回忆"救国会"时也提到，"1936年我返香港，找到中央南方工作委员会时，得知辟澜同志和周楠同志（原广省政协副主席，已病逝）曾在香港组织过香港抗

---

① "全国各界救国会华南区总部"，简称"南总"，是"全救会"在华南的一个分支机构，总部设于香港。由李章达、何思敬、吴涵真三人任常务理事。来源于周天度编，中国社会科学院近代史研究所、"中华民国"史研究室主编：《救国会》，中国社会科学出版社1981年版，第11页。

② 洪流主编：《石辟澜》，《广东党史资料丛刊》编辑部1993年版，第40页、63页、68页、82页、85页、88页。

③ 周天度编：《"中华民国"史资料丛稿：救国会》，中国社会科学出版社1981年版，第94页。

日救国会"①。吴大琨②在接受张洪兴（石辟澜的儿子）采访，谈到"在全国各界救国会联合会工作期间的石辟澜同志"时，也提到了"1936年5月31日至6月1日，全国各界救国会联合会在上海召开成立大会，辟澜同志作为华南华表之一出席了大会。周楠同志（当时名洪飙）也是华南代表之一。"③浙江省杭州市党的早期领导人之一、三联书店前身之一新知书店的主要创始人徐雪寒，④ 于1992年2月在回忆《悼念石不烂》一文时提到，"在1935年5月2日（注：时间可能有误，时间应该是1936年5月31日或6月1日）全国救国联合会成立大会上，当时华南区代表有何思敬教授、洪飙、石不烂等人。会后，洪、石留下来未走，但不久洪也回去了，不烂同志一人留会工作。"⑤吴华

---

① 洪流主编：《石辟澜》，《广东党史资料丛刊》编辑部1993年版，第62页。

② 吴大琨（1916—2017.3.12），江苏吴县人，曾任全国救国会宣传总干事，编辑《救亡情报》。中华人民共和国成立后为中国著名经济学家、经济史学家，中国人民大学经济学院资深教授。

③ 洪流主编：《石辟澜》，《广东党史资料丛刊》编辑部1993年版，第63页。

④ 徐雪寒（1911年8月28日—2005年4月27日），男，原名徐汉臣，曾用名徐梅君，浙江慈溪县河头市镇（现宁波市镇海区河头镇）河庄村人。著名的马克思主义经济学家、编辑出版家，资深的经济管理家、政策咨询家和外贸专家，国务院发展研究中心原顾问，国务院经济研究中心原常务干事，《经济研究》杂志原编辑，中央对外贸易部原副部长，中国国际贸易促进会原顾问，中国财政学会原顾问，中国金融学会原顾问，中国税务学会原顾问，中国合作经济学会原顾问，孙冶方经济科学基金会原理事，韬奋出版奖基金会原理事，享受正部级待遇离休干部。中国共产党优秀情报人员，杭州市党的早期领导人之一，三联书店前身之一新知书店主要创始人，孙冶方经济科学基金会创办人之一。20世纪80年代初，曾首先提议在上海开辟国家第二经济特区。

⑤ 洪流主编：《石辟澜》，《广东党史资料丛刊》编辑部1993年版，第68页。

胥在1982年8月3日《汕头日报》撰文悼念"优秀共产党员石辟澜"时，也提到"1936年夏，'全国各界救国联合会'在上海举行成立大会，华南前往参加的代表有何思敬、洪飙、石辟澜、方少逸等同志"。此外，方少逸①在怀念良友辟澜时提到周楠更加详细，"1936年5月间陶行知先生由沪经港来到广州，……传达了一个重要信息，就是全国各界救国联合会即将在上海秘密召开……，因此，要求广东选派代表参加。我们经过酝酿协商，决定推出5名代表，这5人就是：工人代表洪飙（即中华人民共和国成立后先后担任过广东省高级法院院长及省交通厅厅长的周楠），文艺界代表石辟澜，文化界代表何思敬（中华人民共和国成立后任人民大学哲学系教授、全国政协委员），学生界代表方少逸、吴超炯"②。

二、上海"全救会" 更上一层楼

周楠在上海全国各界救国联合会组织部工作近4个月（1936年6月至10月）。在"全救会"的历练，使得周楠的视野、思想境界、能力素养更上一层楼。

---

① 方少逸（1911年8月—2006年11月），广东中山人。杰出的爱国民主人士，中国共产党的亲密朋友，广东省第七届人大常委会副主任，民革广东省委会名誉主委、原主委，广州市人大常委会原副主任、民革广州市委会原主委。第三、四、五、六届全国政协委员，第七、八届全国人大代表。

② 洪流主编：《石辟澜》，《广东党史资料丛刊》编辑部1993年版，第88页。

沈钧儒是当时赫赫有名的大律师，也是后来新中国首任最高人民法院院长、大法官。周楠在这位全国各界救国联合会领头人的身边工作，是一个极其难得的亲密接触民主人士、开拓视野、增长见识的绝佳机会。周楠钦佩沈钧儒的法学思维与渊博知识、国际视野、大家风范

周楠（右一）与沈钧儒（右二，中央人民政府最高人民法院院长）等合影

与光明磊落等。他见证了沈钧儒、章乃器、陶行知、邹韬奋四君子署名的《团结御侮的几个基本条件与最低要求》（1936年7月15日）的形成过程，以及毛泽东对这个宣言回应的整个过程，民主党派与共产党领导人对时局的分析与政治立场上的一致性，对于当时正值青春年华、学习黄金时期的周楠，提高自己的政治觉悟与思想境界，无疑是最直接的推动力。"全救会"的四君子在《团结御侮的几个基本条件与最低要求》一文里，一开始就当时的局势在五个方面做了十分透彻的分析，提出救亡联合战线的正确立场包括五个方面：一要集合一切人力、财力、智力、物力，实行全面总动员才能取得最后的胜利；二是主张各党

各派各方面共同联合起来抗日救国，任何一个党一个方面的个体力量都无法独立取胜；三要大家相互宽容，公开、坦白；四要扩大救国的队伍，这队伍越大越好；五要坚定联合战线必胜的信仰，任何时候都不能动摇。包括对蒋介石及国民党当局、西南当局、宋明轩将军和华北其他将领、共产党及红军五个实力派的希望。① 在大法官身边工作的经历，让周楠在中华人民共和国成立后成为广东省高等法院首任院长奠定了良好的基础。

周楠在"全救会"工作短短的几个月中对"抗日民族统一战线的力量""从群众中来到群众中去""人民群众是历史的创造者"等理论观点有了进一步的认识。《全国各界救国联合会成立大会宣言》中指出："大会认为政治领导权之谁属，在平时要看谁能适应人民的要求，在目下要看谁能切实领导抗日战争。……大会认为中央（指蒋介石政府）已往的错误，是在政治上放弃了民族革命的任务，而只在武力上企图征服全国；中央（指蒋介石政府）目前的错误，是对外放弃了民族共同的大敌，而只对内消灭异己上面把国防力量作孤注之一掷。……只要中央（指蒋介石政府）能够纠正过去的错误，能够重新负起民族革命的任务，尤其能够赶紧切实领导起来一个抗日战争，它在军事和政治

---

① 周天度、孙彩霞：《救国会史料集》，中央编译出版社2006年版，第121—129页。

上的领导地位，是不必顾虑的；也只这样，才可能很自然的取得领导地位。"①谁能适应人民群众的要求，谁就能掌握政治领导权。人民群众的观点是历史唯物主义的一个基本观点，也是马克思主义政治观的一个最重要的观点。人民群众不仅是物质财富和精神财富的创造者，而且是社会变革的决定性力量。共产党员要深入人民群众中去，才能了解人民群众所需所想所忧所盼，读懂民心，顺应民意。1935年中共中央率领红军完成战略转移到达陕北以后，召开瓦窑堡会议，提出了建立广泛的抗日民族统一战线的方针，并且开展了广泛积极的统一战线工作。这是顺应全面抗战大局、顺应全国民心之所为，全国救国联合会宣言的观点与中国共产党的主张是一致的。因此，中共领导人毛泽东充分肯定了"全救会"的主张，在1936年8月10日《毛泽东致章乃器、陶行知、邹韬奋、沈钧儒函》中，对"全救会"的宣言和纲领，以及《团结御侮的几个基本条件与最低要求》一文，表示出极大的同情和兴奋，认为这是代表全国大多数不愿意做亡国奴的人民之意见与要求。毛泽东还向"全救会"及全国民众申明："我们同意你们的宣言、纲领和要求，并愿意在你们这些纲领和要求下面，同你们同一切愿意参加抗日救国的党派、团体和个人诚意

---

① 周天度、孙彩霞：《救国会史料集》，中央编译出版社2006年版，第97-101页。

合作与共同奋斗！"①

人民的伟大力量及其在抗日救亡中的作用，不仅在宣言中得到突显，在"全救会"成立大会上30多个救国团体的发言中也都得到体现。《全国各界救国联合会成立大会纪详》一文亦高度肯定了平津民族解放先锋队、南京救国协进会、上海各界救国联合会、厦门抗日"救国会"、香港抗日"救国会"、广东教育代表、广西全省学联会、武汉文化界"救国会"、上海工人"救国会"、上海女工代表、上海农民代表、天津工人"救国会"代表等12个代表的发言最重要、最精彩。②他们在大会上检讨救亡工作时亦都不约而同地提到这些优点，"各地同志在斗争开展以后，大家都感觉到唤起民众和组织民众的重要。在和民众接近之后，他们认识到民众力量格外地伟大，各地同志组织民众宣传队、农村宣传队和扩大宣传队，在冰天雪地中向民众宣传，指导民众组织"救国会"。同时，他们利用民众学校、识字学校、新文字传习班，以及各种各样的研究会，使民众能有永久性的组织，能够不断地受到训练。他们不但认识到民众组织是自己的外围，而且更进一步地认识到民众组织是救国势力的基础。这种种成绩是宝贵的，是值得赞许的。

---

① 中共中央文献研究室、中央档案馆编：《建党以来重要文献选编（1921—1949）》，中央文献出版社2011年版，第232页。

② 周天度、孙彩霞：《救国会史料集》，中央编译出版社2006年版，第95-96页。

这表示大家都已认识到个人不能救国，少数英雄也不能救国，而只有大众的奋起和团结一致才可以救国。"① 对于这一点，周楠不仅仅在"救国会"的实践过程中有深刻体会，在听取了"全救会"30多个代表的实践报告后也找到了共鸣，这是一个强烈的音符——民众的力量是伟大的，亦是不可阻挡的。

三、救亡厦漳香　开创新境界

当祖国遭受日本帝国主义侵略、面临亡国灭种之际，"救国会"以抗日救亡联合战线的鲜明立场，光明磊落、公平忠直的正确态度，主张停止内战、团结一致、共赴国难，对国民党"对外退让、对内用武、对民压迫""先安内，后攘外"的方针政策进行大胆批评与勇敢挑战，其鲜明的立场在国民党统治区起到了振聋发聩的作用，在中国各阶层人民中产生了重大影响。形势对共产党革命力量的发展壮大十分有利，而共产党人也适时地抓住了这个有利时机。由于国民党残酷的白色恐怖，以及王明第三次"左"倾机会主义路线错误，当时广东省包括香港的党组织几乎遭到彻底破坏，许多共产党员为了抗日救亡而自发地建立"救国会"或者自觉地参加各界"救国会"并且成为其中的骨

---

① 周天度、孙彩霞：《救国会史料集》，中央编译出版社2006年版，第110页。

干，他们把党的建立抗日民族统一战线的主张带进"救国会"，这样就大大加强了"救国会"的力量。

"全救会"成立后，上海几次大的群众示威游行的组织者都是共产党员。"全救会"成为共产党在国民党统治区团结广大群众进行抗日民主运动的最好组织形式，对党起到很好的保护作用。周楠于1936年10月离开上海，到福建厦门与抗日救亡团体及其领导人联系，介绍上海以及全国各地救国活动的经验，并虚心听取当地抗日救亡运动发展概况。在厦门期间，他曾与闽西南党组织和游击队干部尹林平取得联系，交换开展革命工作的经验。是年11月，他在厦门时听说"全救会"领袖沈钧儒、章乃器、史良、沙千里、王造时、邹韬奋等"七君子"被国民党反动派逮捕，非常愤慨，立即写信提议全国各地"救国会"要呼吁营救，并发动厦门等地的救国团体共同呼吁释放"七君子"。随后，他到漳州，亦与当地"救国会"联系，商议怎样进一步开展救亡运动及呼吁营救"七君子"。①

周楠以全国各界救国联合会组织部成员的身份到达厦门与"救国会"总负责人尹林平接头，并与尹建立了工作

---

① 广州市政协学习和文史资料委员会主编：《广州文史资料存稿选编（一）》，中国文史出版社2008年版，第43页。

上的联系。① 在此说明：周楠的访谈回忆中到达厦门是1936年10月，尹林平的访谈回忆录是1936年9月，在时间上虽有些出入，但两人从此认识并建立关系的事实是一致的。周楠到厦门"救国会"的工作调研有近1个月时间，两人在工作上做了许多经验交流，产生许多的共鸣。两人在抗日救亡运动中都取得了优异的成绩，而且都是在与党组织失去联系的情况下，一种发自内心的对党信仰的动力驱动所为。尤其值得一提的是，尹林平在妻子李素明牺牲，战友、上级领导也一个个地失散或者牺牲或者叛变，尹林平感到无比的悲愤与孤独无助的环境下，仍然做到挫而不折，积极寻找党组织，一次次失望又一次次奋起的精神，深深地打动了他的战友周楠。榜样的力量是巨大的，尹林平在厦门寻找党组织的革命经历一直激励着周楠在革命路上勇往直前、视死如归。尹林平的这段经历的确感人肺腑。那是1936年春，尹林平带着6名手枪队员到达厦门，刚刚找到的党组织却突然又遭到国民党的袭击被摧毁了，市委领导人或被捕或不知去向。尹林平又一次陷入了进退两难的困境。尹林平在一个熟人的家里住下，静心思考下一步的计划。他夜以继日地查阅大量杂志报纸等最新的书报刊物，

---

① 王曼、杨永著：《铁骨凌霜——尹林平传》，花城出版社1998年版，第83页；以及周楠于1964年5月在农林下路家中接受中共广东省委党校何锦洲教授采访的内容。

以期从中了解国内外形势,从蛛丝马迹中去领悟党的主张、政策,查询中央红军的去向和行踪,为自己下一步行动计划寻找客观依据和政策支撑,以不偏离党的指引方向。通过大量阅读厦门的报纸,三个问题给尹林平印象十分深刻:第一,各地抗日的情绪日益高涨,处处都有抵制日货、揭露日本的侵华野心与滔天罪行的消息报道;第二,民主的呼声遍及神州大地,尤其是青年学生及工人群众,要求废止独裁、实行民主、保障自由的呼声,常常诉诸报刊;第三,从敌人宣传内容中进行逆向思维与推理,获知中央红军已经到达陕北,另有一部分东渡黄河,在山西吕梁山区开辟抗日根据地。尹林平根据这些形势做出了一个判断:整个局势对共产党当前发展推动抗日救亡运动、武装斗争十分有利,而国民党反动派则变得日益被动。想到这里,尹林平不禁精神一振,近段时间的悲痛、忧患、疲累、迷茫等等都一下子烟消云散、无影无踪,希望之火再次点亮。①

尹林平随即召集随身的6名手枪队员在厦门与新结识的一些党员一起开会,对目前时局交流自己的看法和今后的设想。他说:"目前厦门及闽南的党组织已惨遭破坏,闽

---

① 参见王曼、杨永著:《铁骨凌霜——尹林平传》,花城出版社1998年版,第76-77页;以及周楠于1964年5月在农林下路家中接受中共广东省委党校何锦洲教授采访的内容。

南红军亦已失散,形势确实十分严峻。但是我们必须看到,中央红军已到达陕北,部分红军还已东渡黄河,开辟吕梁山根据地,全国抗日救亡的呼声日益高涨,对国民党反动统治日益不满。根据以上情况,我们必须满怀希望,发挥主动奋斗精神,通过各种活动,把群众团结在自己的周围,广造声势,促进救亡运动的蓬勃发展。"① 尹林平对时局的分析得到与会者的高度赞同与肯定,大家一致同意听从他的指挥,一起行动。

尹林平和几位党员都报名参加新文字拉丁化学习班,通过这个机构结识文化界的新朋友。到了1936年5月,尹林平结识的人越来越多。与此同时,尹林平根据来自上海、香港各地寄来的报纸、杂志等进行综合分析,了解文化界动态,敏锐地找到"民族革命战争的大众文学"与"国防文学"之争可以作为统一战线宣传的突破口,于是找来文化界几位党员商量,提供方向,让他们积极参加文化界的思想大辩论,把这"两个之争"与统一战线的大是大非问题相联系,并用统一战线的指导思想,尽可能地把大家团结起来、组织起来。尹林平在厦门文化界立稳脚跟后,又开始把发展方向瞄准音乐界。尹林平注意到厦门有一个群

---

① 王曼、杨永著:《铁骨凌霜——尹林平传》,花城出版社1998年版,第65-78页。

众性歌咏组织，平日里歌唱抗日救亡歌曲，深受群众喜爱。他让一些歌曲唱得好的党员，加入到这个群众性歌咏组织中去，并协助该组织做好具体的事务管理工作。但凡发现有声乐特长的党员都极力鼓励，要求其加入这个歌咏队伍中去，于是很快地就把音乐爱好者团结起来。尹林平通过这种"滚雪球"的发展方式，又团结了"实艺研究社"，壮大了党员在新闻舆论界的力量和影响力。尹林平不仅在厦门发展壮大这种抗日救亡统一战线的力量，还在闽南、漳州等地筹组了"闽南文艺协会""芗潮剧社""戏剧研究会""南天剧社""厦门互助会""台湾救国同盟协会"，将大众喜爱的戏剧安排到街头表演。厦门大学、双十中学、中华中学、吉祥小学、慈勤女中、毓德女中的业余剧团，也在党员组织下经常在校内外进行公演。至此，党员的队伍不断地壮大并建立了厦门工委。尹林平不仅注意和文化教育界及各阶层人士的联系，还派人做了国民党统治阶层的统战工作。① 这些革命活动都给周楠留下了极其深刻的印

---

① 王曼、杨永著：《铁骨凌霜——尹林平传》，花城出版社1998年版，第78-83页。

象，对尹林平的敬佩之情油然而生。尤其是薛尚实[①]赞扬尹林平的"在失去党组织联系后对革命工作的主动精神和创造性"这一点上，周楠与尹林平具有更多的亲身经历与共鸣，这种"独当一面、统揽全局"的工作魄力亦对周楠往后革命工作的开展产生了很大的影响。

第三节　赴粤促救国　羊城复党籍

《八一宣言》《毛泽东致章乃器、陶行知、邹韬奋、沈钧儒函》的公开发表，使得此时的周楠有了党的理论指导，对自己投身"救国会"组织活动更加坚定自信，这与党中央的要求是一致的，符合中华民族的共同利益，更坚定了其继续南下推动救国运动的决心。

一、辗转广州复党籍　投身工运新战斗

1936年11月，周楠离开漳州到达香港，与中共南方临

[①] 薛尚实（1902—1977），原名梁华昌，别名梁化苍、杨良、孔尚士、罗根、杨星祥，广东梅州市梅县区人。1938年中共广东省委建立前，薛尚实曾任中共南方临时工作委员会（以下简称"中共南临委"）主要负责人、中共南方工作委员会（以下简称"中共南委"）组织部部长，是抗战前后广东和南方地区党组织恢复重建的主要领导人。中华人民共和国成立前先后担任中共广东省委组织部部长、福建省委组织部部长、浙江省委组织部部长、浙江省委代理书记，东南分局宣传部长兼党校校长，苏中抗日联合总会主任，苏北城工部部长、苏北盐阜地委宣传部部长等职。中华人民共和国成立后先后担任青岛市军事管制委员会委员、中共青岛市委书记、上海市委委员、同济大学党委书记兼校长等职。

时工作委员会工作人员兼"救国会"华南总部干事的饶彰风取得联系，研究在香港开展抗日救国活动应该注意的问题，以便吸取教训。随后，周楠离开香港到达广州，与国民党左派、民主人士李章达、陈汝棠、王新元等华南"救国会"负责人联系，共同在我国南方地区进行救国活动。这时，他还与在广州担任教员的唐城取得联系，联络昔日香港"救国会"会员，广州进步工人、职员，号召大家坚决抗日救国。1936年12月，通过饶彰风的介绍，周楠与中共广州市委委员罗范群、麦蒲费取得联系，要求恢复党籍。罗范群当时任中共广州市委书记、组织部部长，[①] 麦蒲费任广州市委宣传部部长。[②] 罗、麦两人请周楠写一份自传，详细说明自己"与党组织失去联系"后的情况。周楠写好后立即交给他们。经过中共广州市委审查及与周楠谈话后，周楠于1937年4月恢复党籍。罗范群等介绍他和党支部书记谭本机（罗范群爱人、学校教员）联系，从此，周楠终于能重新过组织生活了，他特别兴奋，决心在党的领导下，把毕生精力献给党的事业。在支部会上，他曾听过麦蒲费等做形势报告，并介绍香港"救国会"一些积极分子、干

---

① 中共广州市委党史研究室编：《罗范群》，广东人民出版社1996年版，第354页。

② 这里引用资料：中共广东省委组织部、中共广东省委党史研究室、广东省档案馆合编：《中国共产党广东省组织史资料》（上册），中共党史出版社1994年版，第192－195页。

部参加中国共产党。①

1927年,广州发生四一五反革命政变后,广东到处都笼罩在白色恐怖之中,党组织遭到严重破坏,大批党员被杀害,革命处于低潮时期。直至九一八事变后,由于日本军国主义对中国的蚕食,东北沦陷继而发生华北事变,中华民族处于危亡时刻,民族矛盾已上升为社会主要矛盾,国共矛盾成为次要矛盾,广东的党组织才渐渐得以壮大,到了1938年基本上进入高潮。当时广东党组织主要有两条线:一条是1936年夏,北方局委派薛尚实在香港建立中国共产党南方组织临时领导机关,简称"南临委",成员主要有饶彰风,开始发展党员。另外一条线是原来在上海工作的党员王均予,于1935年底在广州建立"中青",即中国社会主义青年团,对外称"中国青年大同盟"。1936年王均予到天津找党组织时,已获知薛尚实到香港发展党组织。王均予从天津回到广州后,立足于广州发展党员。至1936年10月成立了市工委,书记是王均予。② 在广州市工委的统一部署下,周楠在工人特别是在印刷工人中开展革命活动,有时也到学校、各团体知识分子中开展抗日救亡宣传。

---

① 广州市政协学习和文史资料委员会主编:《广州文史资料存稿选编(一)》,中国文史出版社2008年版,第44页;以及2020年7月25日高良坚、殷宇冰等人采访何锦洲教授的口述材料。

② 中共广州市委党史研究室编:《罗范群》,广东人民出版社1996年版,第23页。

他把《救亡日报》《新华日报》带到群众中去，进行反抗日本帝国主义的宣传教育。这一年夏秋间，中共广州市委书记王均予邀请周楠参加中共广州市委委员会议，研究和开展市内各项工作。市委分配他着重在工人中建立阵地，开展新的战斗。

其时，中共中央北方局委派薛尚实、王均予前往广州恢复①广东省党组织，其要求是在救亡运动中吸收先进的、积极的、符合党员条件的分子入党，建立党组织。②王均予、薛尚实回到广东后不负使命，分别传达、贯彻北方局的指示，全力以赴发展党员，恢复和建立党的组织。周楠在王均予、罗范群、麦蒲费等人的领导和指挥下，积极发起工人运动，宣传抗日救亡活动，号召广大工人、职工团结起来，共同挽救民族危亡。那时，周楠对外公开的职业是广州黄埔开埠督办分署办事员，办理开辟黄埔港工程建设等事宜。他是在1937年3月通过该署秘书科科长郑保罗的介绍到那里工作的。他每天上班除了完成上级分配的应办事项外，还到工人中去宣传我党抗日救国主张，发动黄埔区工人参加抗日救亡活动。特别是在抗日战争爆发后，他充分利用报刊揭露日本帝国主义侵占华北、华东，屠杀

---

① 根据《中国共产党广东省组织史资料（上册）》，中共党史出版社1994年版，第139－146页，广东省委一直存在，领导着各地方党组织的活动。

② 中共广州市委党史研究室编：《罗范群》，广东人民出版社1996年版，第23页。

同胞的种种罪行，发动工人奋起抗日。他对黄埔工人们说："日寇已占我们祖国大片土地，不久即将南下攻打华南。为了保卫我们神圣的祖国，我们要行动起来，搞好生产，多出产品，支援前线抗战，务必把日本帝国主义赶出我们的国土。"① 这时，王均予等广州市委领导人分配他从事工人运动，充实工人革命运动的组织力量。不久，周楠根据中共广州市委部署离开郊区黄埔，在市内开展职工运动，带领工人开展革命斗争，不断地发展党员，在工人中恢复建立党组织。其间，"港救会"的骨干成员、老搭档石辟澜、唐城、郑敦、李果等都在广州工作。周楠常与他们联系，有时以"广东省御侮救亡会"的名义召集知识分子、职员、工人开小型会议，发动他们参加抗日救亡活动。

二、力推工运促救国　共商救亡谋宏略

1937年七七卢沟桥事变，日本帝国主义发动全面侵华战争。根据广东省、广州市等档案馆馆藏资料的综合统计显示，为了侵占广东，日军从1937年8月31日首次空袭广州起至1938年10月21日广州沦陷，共对广州市进行了长达14个月的狂轰滥炸，其轰炸密度仅次于当时的陪都重庆。空袭广州的日军飞机共有近百批900多架次，共炸死

---

① 广州市政协学习和文史资料委员会主编：《广州文史资料存稿选编（一）》，中国文史出版社2008年版，第45页。

居民6000多人，①砸伤近8000人，毁坏房屋4000多间，毁坏船只近百艘。其中，规模最大、使广州损失最为惨重的是1938年5、6月间的大轰炸，仅仅一个多星期，日军共出动飞机14批100架次，广州成为瓦砾与尸骸相互堆积的破烂城市。周楠化悲痛为力量，抓住这个时机更加积极地从事抗日活动。他每天到工厂、店铺及一些机关团体进行宣讲，把日本帝国主义炮轰北京郊区卢沟桥，侵占华北、华东的重大事件告诉工人；把广州被轰炸，造成大量平民死亡的人间悲剧告诉广大工人；把许多工厂、商店、学校、机关、民房被炸，居民无家可归、流离失所的真相告诉工人，指出日本帝国主义是中国人民不共戴天的敌人。我们必须有钱出钱，有力出力，投入到反抗日本帝国主义、保卫祖国神圣领土的斗争中去，号召大家团结起来结成统一战线，共同消灭日本帝国主义。

1937年8月22—25日，中共中央政治局召开扩大会议，通过《关于目前形势与党的任务》的决定。会议决定，为加强党对各地抗日运动的领导，应尽快恢复、健全被破坏的党的组织，重建各省省委领导机关。会后，张文彬受中共中央委派，于9月抵达广东，对广东的党组织进行整

---

① 何邦泰：《广州文史（第四十八辑）：广州抗战纪实》，广东人民出版社1995年版，第80页。

顿，调查和处理"南临委"与广州市委之间的矛盾。① 根据中共中央指示，撤销"南临委"，正式成立中共南方工作委员会（以下简称"南委"），张文彬任书记，薛尚实任组织部部长，饶彰风任宣传部部长，梁广为委员。"南委"领导广东、广西、香港、澳门、贵州、昆明等地的党组织工作。"南委"成立后，从组织上、思想上和政治上切实加强党的建设。主要措施是抓紧建立各级领导机关，建立、健全党组织生活，加强政治思想教育，转变斗争策略，克服关门主义，加紧训练、培养干部，并对各级党组织进行改组。1937年10月，广州市委改组为广州市工作委员会。②

周楠在积极推动工人抗日救亡运动的过程中，不失时机地发展、培养先进分子加入中国共产党，渐渐地，党员的队伍不断发展壮大，党组织机构的数量不断增加，党的组织力量不断增强。为了加强对党组织的领导与管理工作，1938年2月，周楠被广州市工委任命为中共广州市委委员、常委兼市委职工部部长。他常与时任中共广州市委领导的

---

① 1937年5月，王均予到延安参加白区工作会议，曾向张闻天、博古汇报广东党组织情况和"南、市委纠纷"问题。张闻天写信给王均予、薛尚实，嘱咐搞好团结，但问题未得到解决。9月1日，"南临委"向中央报告，要求将王均予调离广东，改组广州市委，并于9月11日下发关于改组市委的通知。广州市委"认为理由和事实，都不能成立""决定不予接受"[《中共广州市委对南委解散市委的意见》（1937年11月7日），见《广东革命历史文件汇集》甲39，中央档案馆1987年印，第39-40页]。

② 中共广东省委党史研究室著：《中国共产党广东地方史》（第一卷），广东人民出版社1999年版，第387-388页。

李大林、罗范群、吴超炯、梁嘉等一起商议如何进一步开展抗日救亡斗争和进行各项革命工作。1938年夏天，广州市委改组后，周楠又经常与中共广州市委书记罗范群、市委组织部部长杨康华、秘书长吴超炯、青年部部长张定邦、市委妇女部部长兼妇委会书记黄梅棣等一起研究和确定开展抗日斗争的各项措施。此时，周楠还兼任中共广东省委职工委员会委员。在中共广东省委书记张文彬的领导下，周楠经常与省委职工委员会书记梁广，委员冯燊、林锵云、曾生等人一起商议发动华南职工开展抗日斗争，制止日本帝国主义南侵等具体事宜。周楠还常常深入到榨油、手车夫、胶鞋等行业工人中去开展革命活动，鼓励他们劳动不忘抗日，做工不忘救国。他以印刷工人为重点，深入到广州印刷厂等工厂中去，培养工人积极分子，吸收新党员五六十人，壮大党组织。他还发动中山日报、民族日报等报社职工声援抗日战争，使抗日救亡运动声势浩大，鼓励了许多工人、青年、进步人士走上革命道路。[①]

三、前往中共长江局　训练学习增才干

中共历史上存在过多个长江局，在此指的是1937年组建的中共中央长江局。1937年12月南京沦陷前夕，武汉成

---

① 广州市政协学习和文史资料委员会主编：《广州文史资料存稿选编（一）》，中国文史出版社2008年版，第45-46页。

为全国抗日运动的中心。为了统一领导南方各省党的工作，发展长江流域和南方各省的抗日运动，中共中央决定在武汉设立长江局。同时组成中共代表团，负责与国民党的联系和谈判，继续推动国民党的改革和进步。不久，两个组织合并，对内称长江局，对外称中共代表团。1937年12月23日，中共中央长江局在武汉正式成立。由王明、周恩来、项英、秦邦宪、叶剑英、董必武、林伯渠7人组成，王明任书记，秦邦宪负责组织工作，周恩来负责统战和军事工作，董必武负责民运工作，叶剑英负责军事工作，邓颖超负责妇女工作，李克农任秘书长。长江局负责管辖云南、贵州、四川、湖北、湖南、河南、江西、安徽、江苏、浙江、福建、广东、广西等，并领导中共中央东南分局和新四军的工作。由于长江局及所属组织的努力工作，国共两党高层谈判顺利举行，抗日民族统一战线不断发展，南方各省党的组织迅速恢复重建，新四军改编及东进抗日任务圆满完成，以武汉为中心的湖北抗日救亡群众运动掀起高潮。在不到一年的时间里，长江局不仅为这一时期抗战新局面的开创做出了历史性贡献，而且为以后党在国统区的工作奠定了扎实的基础，对后来国统区爱国民主运动的发展产生了深远影响。

　　长江局在大力建立各级党组织、发展党员的同时，高度重视"提高党组织的质量"。长江局曾一度组织大批干部前往延安的中央党校、抗大、陕北公学等学校接受党的教育。随着形势的发展,中共中央书记处曾连续致电长江局,表示"现在大批青年去陕北,拒之则使青年失望",收则"能力不足"①。据统计,1938年初仅一个月,经武汉八路军办事处介绍经西安到延安的人数就有880多人。②董必武到达湖北后,随即提出要开办培训班,训练干部,"无论对恢复、发展中共各级组织,还是日后深入敌后发动抗日游击战争,都是非常重要的"。对于开办培训班,董必武指示陶铸要"以'抗大'为模式"③。随后,中央建议长江局在武汉设专门的训练学校,就地培养干部。为此,长江局通过决定向"各方交涉合办训练青年的机关"④,通过创办"训练青年的机关"来大力培养各级抗日军政干部,提高党员质量。以讨论决定、巡视审查、听取汇报等方式,加强对下级机关的指导和监督;争取陈独秀转变,反对张国焘叛变,以巩固党的组织。课程开设有"党的建设""军事理论""群众工作""党员修养""抗日民族统一战线"等。广东省委责成各市委、中心县委办训练班,"以训练区委领

---

① 中共江西省委组织部等编:《中国共产党江西省组织史资料(1922—1987)(一)》,中共党史出版社1999年版,第619页。

② 中共江西省委党史研究室:《中共江西地方史》,江西人民出版社2002年版,第471页。

③ 金正纯:《陶铸与汤池训练班:孝感文化研究》,社会科学文献出版社1999年版,第115页。

④ 《董必武年谱》编纂组编:《董必武年谱》,中央文献出版社2007年版,第125页。

导干部与支部书记为目的"，并聘请叶剑英、廖承志、潘汉年进行授课。①

1938年5月，周楠和冯燊、谢创、罗理实、吴超炯等按照省委的分配来到武汉，参加中共长江局举办的干部训练班学习。在学习期间，周楠担任党小组组长，曾聆听周恩来做政治报告，并听教员王明、博古、凯丰、叶剑英、董必武、王文杰等讲授理论课和有关革命斗争的课程。他长期从事实际工作，这次能有机会学习马克思列宁主义理论和实践知识，感到眼界大开，无比欢悦。他勤奋读书，刻苦钻研，不懂就问，知识日增。学习三个月后结业，于1938年8月返回广州，担任原职开展抗日斗争。②

第四节　奔赴粤西南　铁肩担道义

日本对广东的侵略始于1937年8月31日。这一天，日军持续不断地对广东各地（包括广州在内）的主要铁路干线、学校、繁华商业区域等进行轰炸，造成大量的人员

---

① 中共湖北省委党史资料征集编研委员会、中共武汉市委党史资料征集编研委员会编：《中共广东省委张文彬给中共中央长江局的报告》（1938年5月24日）、《抗战初期中共中央长江局》，湖北人民出版社1991年版，第350页。
② 广州市政协学习和文史资料委员会主编：《广州文史资料存稿选编（一）》，中国文史出版社2008年版，第46页。

伤亡和财产损失。1938年10月，日军大举进犯广东，同年10月21日广州沦陷。

一、广州不幸沦陷　工作重点转移

广东是祖国的南大门，通过南海与东南亚各国相连接，具有重要的战略地位。日本军国主义企图切断中国的外援物资与人力资源的运输通道，同时，利用广东一带经济发达、交通便利、物产丰富的条件，可以源源不断地为日军提供补给。

1938年7月8日，日本政府决定：举国家一切力量发动攻取武汉及广东的战斗。日军大本营下达《大陆作战令第201号》，规定："在进攻汉口以前，为夺取华南为主要基地，切断其主要的对外补给线，大本营企图占领附近要地。""第二十一军司令官海军相配合，进攻广州附近要地。"[①] 国民党当局对此形势判断为，广东省毗邻英帝国主义殖民统治下的香港，日本因避免与英国发生冲突，应当不敢进攻广东。于是，蒋介石把驻广东的6个师和几个补充团调赴淞沪、南浔和河南战场，调出部队的数量占广东驻军的一半左右。留守广东的只有7个师、两个独立旅共约8万人。10月初，国民政府军司令部仍然认为"敌最近

---

① 岛田俊彦等解说：《现代史资料9：日中战争》，みすず书房1964年版，第282页。

将来决（绝）无攻华南企图，万勿听信谣言"①。10月12日，日军第二十一军和海军陆战队组成日本南支派遣军，在惠阳大亚湾登陆，开始了对广东陆地的侵略。广东守军疏于防备，已无抵抗能力，使得日军入侵广东势如破竹，长驱直入。日军12日深夜占领淡水，接着兵分三路，15日占领惠州，20日占领广州，随后又占领从化、佛山、虎门及珠江三角洲一带。至此，广州及周边地区沦陷，广州成为日寇奸淫掳掠、杀人如麻、无恶不作的人间地狱。

广州沦陷前夕，中共广东省委对日军进攻广州的严重性未能给予高度的警惕和严密的防范。据罗范群②回忆，1938年10月18日，当广州即将沦陷时，省委才针对抗日战争形势的发展召开紧急会议，决定将多数干部撤离广州，分散到各地开展党和群众工作，将省委机关迁往粤北，成立中共西南特别委员会、东江特别委员会和东南特别委员会，在全省范围内发展党组织，开展前线和沦陷区抗日游击战争。③ 此时，省委书记张文彬在延安出席党的六届六中全会，李大林代理省委工作。紧急会议决定各领导的分工

---

① 参见国民政府军令部在吴铁城电报（10月4日）上的批示。军令部战史会档案，中国第二历史档案馆藏。以及中共广东省委党史研究室著：《中国共产党广东地方史》（第一卷），广东人民出版社1999年版，第409页。

② 罗范群，1938年夏中山大学毕业，广东省梅县人。1938年1月，任中共广州市委组织部部长、中共广东省委候补委员；6月至10月，任中共广州市委书记、中共广东省委委员。广州沦陷后任粤西南特委书记。

③ 中共广州市委党史研究委员会：《罗范群关于广州党组织恢复和重建的回忆：广州外县工委史料》，广东人民出版社1988年版，第36页。

安排。李大林到西江，尹林平到东江，梁广到香港，加强对各地党组织和抗日活动的领导。1938年10月20日，中共西南特委成立，由罗范群任书记，周楠任组织部部长（后任中共中区特委民运部部长），下辖新会、台山、开平、恩平、阳江、阳春、鹤山、高明等县的党组织。随后不久，中共东南特委在香港成立，由梁广任书记，下辖中山、番禺、南海、顺德、惠阳、东莞、宝安、广州、香港、澳门等地党组织。省委安排留守广州工作的人员，在广州沦陷后急促撤离，党在广州的工作暂时陷于停摆状态。

广州沦陷后，中共广东省委的工作重点实行大转移。中共中央组织部根据中共广东省委上报的情况，进行全局性的工作安排，指出此后广东党组织的工作任务有三个方面：第一，在广州及其他敌占区进行秘密工作；第二，在广州及其他敌占区组织游击队，开展游击战争，广泛组织自卫军；第三，在东江、海陆丰等地建立抗日根据地。① 据此，广东省结合本省的形势发展情况，决定把党建工作、抗日救亡运动、统一战线、军事斗争等工作重点，从城市转移至农村，向全省广大农村发展。为了进一步贯彻落实中央组织部的工作指示，1939年1月1日，中共广东省委在韶关召开第四次执委扩大会议。张文彬主持会议，博古

---

① 中共中央组织部《对广东党统战、群众工作的意见》（1938年11月1日），出自中央档案馆。

代表南方局在会议上传达中共中央六届六中全会会议精神。会议决定省委今后工作的基本方针是，随着抗战形势的发展，党组织必须向全省范围发展，必须向工厂、农村发展。党组织应在战争过程中积极培植自己的力量，准备将来在抗战的最后阶段中，能在华南战场上发挥出决定性作用。①这次扩大会议确定党组织的任务是：第一，广泛发展敌后游击战争，配合正规军打击敌人；第二，扩大动员组织群众；第三，建立统一战线精诚团结的范例；第四，建立强大的党的基础。1939年1月，由周恩来担任书记的中共中央南方局在重庆成立，广东省委归属南方局领导。②

二、领命赴粤西南　助建粤中特委

广州沦陷前一天，即1938年10月20日，西南特委主要成员已经确定：书记罗范群，副书记冯燊，组织部部长周楠，宣传部部长杜俊君，武装部部长冯扬武，青年部部长张靖宇，妇女部部长谭婉明（女）。③特委成员一同坐船前往江门，辗转开平赤坎和恩平县城。据罗范群回忆，那时四邑工委在开平，谢创在赤坎，冯燊在恩平。特委机关

---

① 中共广东省委党史研究室著：《中国共产党广东地方史》（第一卷），广东人民出版社1999年版，第411页。

② 中共广东省委党史研究室著：《中国共产党广东地方史》（第一卷），广东人民出版社1999年版，第412页。

③ 广东省档案馆：《广东区党、团研究史料（1937—1945）》（下册），广东人民出版社1986年版，第279页。

设在哪里需要慎重考虑。初时建议设在恩平县城,后来特委成员到恩平县城视察,觉得那里交通不便,而且党的主要组织关系都在前头,机关缩在后面不行,就由恩平县城返回赤坎,最后决定西南特委机关设在赤坎。西南特委领导西江以南至合浦一带地区的党组织。这个特委的领导班子以当时广州市委为基础,吸收四邑工委部分成员组成。

周楠在西南特委的领导下,和其他特委成员密切配合,相互支持各项工作,为粤西南地区的党组织发展、干部培养、抗日救亡运动、武装力量、统战工作等几个方面做出了重要的贡献。

首先,全面恢复、重建党的组织,培养和造成了一批干部。西南特委从成立之日起,就把建党列为第一要务。罗范群牵头,周楠组织配合,其他党委委员各司其职。经过一段时间的艰苦努力,各县党组织有较大发展,党员人数成倍增加。如开平县由1938年的三四十人,发展到1940年初的180人,党支部由几个增加到19个。省委、特委都十分重视对干部的培训,并做了大量工作,努力提高党员干部的思想政治理论水平,以适应新形势发展的需要。1938年初,上级决定调派中共开平县特支书记谢创和委员关山赴香港,参加干部训练班。1938年6月再派谢创到武汉参加中共中央长江局举办的干部训练班。与此同时,在西南特委范围内也开展区级党员干部训练班,学习有关统一战线的方针政策以及党建、群众运动、牢狱斗争、游击战争等课题。参加这些学习班的干部结业后回到各自的岗位,又以各种形式开办了地方干部、武装干部、妇女干部学习班等各类训练班,或分成小组传达所学过的课程内容,使受教育面进一步扩大,帮助广大干部武装思想、提高政治理论水平。① 除了举办训练班外,特委还着重从革命斗争的实践过程中选拔和培养干部,如在建党组织过程中、在抗日斗争的群众运动中以及在完成各项或秘密或公开的战斗任务中培养和锻炼干部,大大促进干部队伍的成长和壮大。特委在这期间培养和造就的一大批干部,是党的一笔宝贵财富,对党的发展具有深远的、决定性的意义。

其次,加强党对抗日群众团体的领导,把抗日救亡运动推向新高潮。西南特委(后改为中区特委)成立后,在巩固原有抗日群众组织的基础上,致力于壮大抗日群众组织的规模,把群众运动推向更广泛、更深入的新高潮。1938年10月底,特委指派陈能兴(特委委员)到各县组织青年抗日先锋队(简称"抗先")工作。自11月起,新会、恩平、台山、开平、中山等相继成立了"抗先"大队,到1939年5月"抗先"队中区总队成立时,"抗先"队人数已发展到5000多人,各县"抗先"队均建立了中共支

---

① 中共广州市委党史研究室编:《罗范群》,广东人民出版社1996年版,第322-323页。

部，加强了党的领导。这支队伍成为中区规模最大、组织性最强和工作最活跃的一个抗日救亡团体。抗日救亡运动中的重大行动一般都通过特委青年部、妇女部或通过各县委统一布置，各团体互相配合、遥相呼应，声势宏大。①

最后，加强统战工作，掌握武装力量。在特委领导下，粤中地区各县委广泛开展统战工作，积极团结，争取地方实力派上层人物和开明绅士联合抗日，帮助国民党地方团队加强政治工作。当时在全区范围内，确定以国民党第一区行政专员兼保安司令部司令古鼎华、国民党挺进第五纵队司令周汉铃、国民党新会护航部队支队长赵其休等为重点统战对象，争取到古鼎华担任省"抗先"队中区总队队长。共产党委派一批党员到周汉铃和赵其休部队担任政治工作。1938年底，中共新会工委书记陈翔南应国民党鹤山抗日自卫团第九大队的请求，组成一支以共产党员为骨干的12人政工队，对该自卫团官兵进行爱国主义和民族独立的思想教育。中共新会、台山党组织的负责人也应邀多次深入到广东省保安第七团驻防阵地给连队官兵发表演说，配合部队政治教育和战前动员，极大地激发了官兵们的抗日意志。② 1939年春，省委在韶关召开工作会议，决定把

---

① 中共广州市委党史研究室编：《罗范群》，广东人民出版社1996年版，第324－325页。

② 中共广州市委党史研究室编：《罗范群》，广东人民出版社1996年版，第326页。

西南特委改为中区特委，将南路分出去，成立南路特委，由周楠任特委书记。陈春霖接替周楠当组织部部长，陈能兴接任青年部部长（张靖宇调去阳江）。①

三、奔赴北海合浦　筹建合浦工委

周楠与北海合浦的革命工作联系的时间较早，大约是1937年，从认识一位自北海到广州寻找党组织、并于1937年1月加入共产党的赵世尧开始。赵世尧是一位北海进步青年，是北海地区领导抗日救亡运动的主要学生领袖之一。赵世尧在广州一直是与他的入党介绍人符荣业单线联系。符荣业因工作需要离开广州到上海后，与赵世尧的联系人改为周楠。周楠向赵世尧传达了抗战形势和广州工运意见，并在合浦同学会主持建立临时党小组，推选赵世尧任组长。②

根据中共南方工委的指示，党员回到各自基础较好的原籍开展抗日救亡工作，重建各地党组织。1937年11月，赵世尧从广州回到北海，开展抗日救亡和重建北海党组织的活动。赵世尧过去在北海青年学生中做过大量工作，享有极高的威信，重返北海继续救亡运动和从事党建工作，

---

① 中共广州市委党史研究室编：《罗范群》，广东人民出版社1996年版，第22－23页。

② 中共北海市委党史研究室著：《中国共产党北海历史（1926—1949）》，广西人民出版社2005年版，第114－117页。

深受青年学生和其他社会团体的热烈欢迎，工作很快就打开了局面，发展势头良好。1937年底，赵世尧由周楠介绍，经中共广州市委外县工委的推荐，前往香港参加党的学习班。赵世尧在香港两个月的学习，马克思主义的理论水平有了进一步提升，对抗日战争新形势、民族统一战线、群众工作和党建问题有了更深入的了解，这对他后来返回家乡进行革命工作奠定了良好的基础。

1938年3月，中共南方工作委员会（1938年4月改为中共广东省委员会）① 委派周楠到北海、合浦检查工作，主要是了解北海地区重建党组织工作和开展抗日救国群众运动的情况，并传达中共中央《关于大量发展党员的决议》精神以及发展抗日统一战线、开展抗日救国群众运动、建立党的组织等问题的意见。② 周楠的到来，无疑代表了中共南方工委对南路地区钦廉四属的亲临指导，对革命工作起到了鼓舞和振奋的积极作用。1938年4月，根据中共广东省委指示，在合浦廉州的阜民南路"有生"号召开会议，会上正式宣布成立中共合浦特别支部。不久，北海党组织

---

① 中共广东省委党史研究室著：《中国共产党广东地方史》（第一卷），广东人民出版社1999年版，第390页。特别说明，这里"中共南方工作委员会"与中共北海市委党史研究室著的《中国共产党北海历史（1926—1949）》（第一卷）第118页提到的"中共广东省委"一说有出入，本书以中共广东省委党史研究室著的《中国共产党广东地方史》（第一卷），广东人民出版社1999年版一书为准。

② 中共北海市委党史研究室著：《中国共产党北海历史（1926—1949）》（第一卷），广西人民出版社2005年版，第118页。

又发展一批新党员，建立了北海、龙潭和合浦一中3个党小组。廉州地区建立了廉中、廉城两个党小组。随后建立了合浦一中学生支部、廉州支部、公馆支部、西场支部等；同年8月增建了廉中党支部和北海党支部。

1938年10月广州沦陷后，中共广东省委面对新的形势迅速制定了对策：①省委机关撤往粤北；②成立中共西南特委（后改为中区特委，书记罗范群，副书记冯燊）；③常委分赴各地分片领导。南路地区党组织归中共西南特委领导（部分市县如合浦等地仍由省委直接领导）。这时，日军再次封锁涠洲海面，烧毁附近海面渔船数百艘。南路形势日益紧张，钦廉地区面临更加危险的局面。中共广东省委根据抗战形势的重大变化，需要迅速开辟南路钦廉地区抗日游击根据地。为了加强北海地区党的领导力量，开辟钦廉地区抗日游击根据地，中共广东省委指示尽快成立中共合浦县工作委员会，并派中共西南特委组织部部长周楠到合浦组建中共合浦县工委，又从广州派邹贞业、张世聪、陈业昌等回合浦工作。中共合浦特支派张世聪回白石水任党支部书记，大力发展农村党员。陈业昌任寨圩党支部书记，领导寨圩简易师范师生开展抗日救亡活动。①

1938年11月，周楠受省委之命抵达北海，筹建合浦工

---

① 中共北海市委党史研究室著：《中国共产党北海历史（1926—1949）》（第一卷），广西人民出版社2005年版，第119页。

委。周楠在合浦找到张进煊、何世权、陈任生等党员。根据当时合浦地区的实际情况,周楠对合浦地区展开了详细调研。经过调查发现,合浦地区已有了一个支部(合浦特支),书记张进煊、组织部部长陈任生、宣传部部长何世权、青年学生工作韩瑶初、统战群众工作赵世尧,而且全县共有"抗先"队员1800人(各地"青抗"不包括在内)。周楠立足于合浦当地革命实际,以原特支人事安排为基础,组建合浦县工委。① 在北海中山东路朝阳里"桂圆"(今朝阳里18号之一)主持召开了中共合浦特支扩大会议。张进煊、陈任生、赵世尧、韩瑶初、李英敏、张世聪、郭芳、张书坚、王文崑、张九匡、利培源、林朗天、罗刚、伍雍娴等出席会议。会上,张进煊、赵世尧和韩瑶初分别做了工作汇报。周楠传达了中共中央和中共广东省委指示,指出日军可能随时在广东沿海登陆进犯华南粤西地区,合浦有沦为敌占区的危险,必须迅速准备建立抗日游击根据地,决定成立中共合浦县工委以加强党的领导。会议选举了第一届合浦县工委,书记张进煊、组织部部长陈任生、宣传部部长李英敏、武工部部长赵世尧、青年部部长韩瑶初、妇女部部长伍雍娴、候补委员张世聪等。县工委机关

---

① 中国抗日战争军事史料丛书编审委员会编:《周楠:我在中共南路特委工作期间(1939—1945)的几个片段回忆,1978年12月31日.华南人民抗日游击队回忆史料3》,解放军出版社2015年版,第120页。

驻地设在廉州阜民南路"有生"号。①

合浦县工委成立后,派出一批党员骨干加强山区农村党组织的工作,以便开辟钦廉地区抗日游击根据地,增建了国民党一五九师政工队党支部和合浦一中高中学生恩平集训队党支部。至1938年底,全县共有廉州、北海、廉中、合浦一中、西场、公馆、白石水、寨圩、一五九师政工队、合浦一中高中学生恩平集训队10个党支部和若干党小组,党员发展到100多人,以往学生读书会的骨干和抗日救亡活动的积极分子几乎都加入了党组织。这标志着合浦、北海党组织的恢复和重建已取得很大的成就,已建立起完整的集体领导机构和遍及全县重要点线的党群组织。

1939年1月,中共广东省委第四次执委扩大会议决定成立中共高雷工作委员会。会后不久日军占领了涠洲岛,并在岛上修建飞机场,作为进犯中国华南和西南地区的空军基地。中共广东省委根据抗战形势的发展需要,加强党对钦廉地区的领导,决定把合浦县工委扩建为合浦中心县委。中共广东省委还通过中共东南特委派出中共东莞中心县委书记李士洋(李永泉、姚永光)回合浦筹建合浦中心县委,以便进一步发展钦廉地区党的组织。由合浦工委发展到合浦中心县委,标志着钦廉地区重新建立了一级党委。

---

① 《六万山烽火》编委会编:《六万山烽火(1925—1945)》(上),中共党史出版社2002年版,第127页。

曾经遭受国民党反动派严重摧残的钦廉地区党组织得到了恢复和发展，填补了土地革命战争后期以来，钦廉四属各地抗日救亡运动缺乏统一领导核心的政治空白，结束了此前地区和县两级领导机构不稳定、不健全的状况，大大加强了党的领导力量。

广东中区特委的成立及工作变动。随着广州等地的沦陷，广东党组织在全省抗日斗争中，面临着越来越艰巨的任务。为此，中共中央于1938年11月1日及时向中共广东省委发出秘密工作、游击战争、建立抗日根据地以完成"利用政府的命令到处组织自卫军"①的指示。

为贯彻中共中央上述指示，1939年1月1日，中共广东省委在韶关黄田坝（现韶关市青少年宫）召开第四次执委会扩大会议。会议由省委书记张文彬主持，博古代表南方局出席会议，并传达中共中央六届六中全会精神。会议总结省委成立以来的工作，提出党组织必须向全省范围发展，必须面向工农、面向农村，大力开展农村工作，提高广大农民的觉悟，加快党在农村的发展。会议分析了广州沦陷后全省的抗日斗争形势，会议对发展党领导的全省抗日游击战争做出了新的部署，以适应发展全省抗日游击战争和建立抗日游击区、根据地的需要。中共广东省委决定

---

① 何虎生、韩宇编著：《抗日战争之中流砥柱》，中国工人出版社2015年版，第129页。

调整各地区的党组织及其管辖范围，将中共西南特委改为中共中区特委，将新会、鹤山、台山、开平、恩平阳江、阳春（初期还包括南海、顺德、番禺、中山）等县作为一个游击区域，由中区特委统一领导。原西南特委管辖的其他各县，分别划给西江、南路等地区党组织管辖。① 会议决定成立东江特委、北江特委、西江特委和高雷工委。②

中共西南特委认真贯彻落实省委会议要求，1939年1月改称为中共中区特委。领导成员做了相应调整：罗范群任特委书记，冯燊任副书记，周楠（1939年3月周楠任高雷工委书记）担任民运部部长，陈春霖担任组织部部长，邓健今担任宣传部部长，陈能兴担任青年部部长，冯杨武担任武装部部长，谭本基担任妇女部部长等；同时设立了特委妇女委员会，书记谭本基负责妇女的发动组织工作；另将原西南特委委员张靖宇调整到"两阳"地区，任中共"两阳"特派员。从此，以中共中区特委管辖的新会、鹤山、台山（含赤溪）、开平、恩平、阳江、阳春等县为基本地域，逐渐形成为一个统一领导的战略单位，被划为华南、广东党组织几个发展抗日游击战争的战略地区之一，统称为粤中区。

---

① "中国抗日战争军事史料丛书"编审委员会编：《中国抗日战争军事史料丛书：八路军新四军驻各地办事机构11》，解放军出版社2016年版，第101页。

② 中共广东省委党史研究室、韶关市史志办公室编：《广东省革命遗址通览第16册韶关市》，广东人民出版社2016年版，第33页。

第三章 创建南路武装 夺取抗战胜利

中共广东省委根据高雷城乡抗日救亡运动正在逐步发展、各县党组织陆续重建扩建的有利形势，决定成立中共高雷工作委员会（以下简称"高雷工委"），任命周楠为工委书记，以加强对高雷地区的统一领导。不久后的1940年2月，中共南路特委成立，周楠任南路特委书记。1939年3月，周楠由粤中到达高雷，开始担任长达6年多的高雷工委书记、南路特委书记的领导职务，与南路地区人民一起勠力同心，开展抗日救亡运动、发展党员队伍、建立抗日武装力量和抗日根据地等一系列的革命活动。

第一节　建立各界统一战线　推动抗日救亡运动

1937年七七卢沟桥事变后，日本发动了对中国的全面侵略战争，南路人民在中共广东省组织的领导下掀起抗日救亡运动，广州沦陷后越来越多的南路爱国进步青年响应党的号召，纷纷回到家乡，积极唤醒民众起来抗日救国。于是，南路地区的救亡运动组织如雨后春笋般拔地而起，生机勃勃。规模较大的主要有"遂溪青年抗敌同志会""香港学生赈济会回国服务团""合浦青年抗日先锋队"

"南路抗日学生队""廉江青年抗敌同志会"等等。周楠领导高雷工委、南路特委,把抗日救亡运动推向高潮。

一、遂溪青年抗敌同志会

根据抗战初期中共广东省委确定的工作策略要求主要有:"党的群众工作以合法方式进行;不以争取地方党的政治号召为主,而以争取党的顺利工作条件为主,党不成立单独的群众团体,以积极参加当局领导的团体及所号召的运动为主,在这些团体中掌握实际的领导权。"① 根据中共广东省委的这些工作策略要求,1938年7月,在广州江村师范学校读书并加入中国共产党的黄其江、陈其辉按照中共广东省委指示返回家乡遂溪县,在原抗日救亡宣传工作队(以国民党遂溪县抗敌后援会和统率会的名义创办)的基础上,发展到一个80人左右的抗日救亡下乡巡回工作队,带领其全体成员深入乡村、学校以及各行各业的群众中去,宣传抗日救亡思想和共产党的团结抗日主张。该组织不断发展壮大,日益成为雷州半岛声势浩大、功勋卓著的抗日救亡组织。

1938年8月25日,黄其江、陈其辉等人在原抗日救亡宣传工作队的基础上正式成立遂溪青年抗敌同志会(以下

---

① 张文彬:《关于广东工作的综合报告(1938年).广东革命历史文件汇集(甲36)》,中央档案馆、广东省档案馆1987年印,第312-316页。

简称"青抗会"），以适应新形势的发展。"青抗会"拥有鲜明的章程和宣言，开宗明义，目标明确为团结合作、拥护国共合作、拥护统一战线，共同致力于保家卫国，打倒日本帝国主义。该会分工具体，是一个由11人组成的干事会和总干事的执行机构，下设总务、组训、宣传、筹募、慰劳5个小组；拥有共产党员执掌的领导权，确保"青抗会"在党的领导下沿着正确的政治方向发展，执行党的基本路线。由于黄其江、陈其辉、唐才猷等人出色的组织能力与执行力，赤坎高州会议后，他们根据形势发展的变化，快速改变过去流动宣传的方式，决定用定居扎根的深入宣传方式，以"青抗会"的名义组织7个以上战时乡村工作队，分赴各乡开展抗日救亡宣传。1938年11月底，"青抗会"派出的第一批乡村工作队在农村兴办夜校，由此拉开了乡村农民读书学习、立志于抗日救亡运动的序幕。

王均予回忆说"青抗"由南路特委领导。[①] 1939年3月，周楠到达高州任职高雷工委书记后不久，先后到化县、梅箓、遂溪检查指导工作。据周楠回忆说："在遂溪，七七后已有一些党员在当地工作，并成立了一个'青抗会'，会

[①] 王均予是当时中共粤南省委组织部部长，主管南路革命工作。本文出处：中共湛江市委党史研究室编：《抗日战争时期中共广东党组织的片断回忆（节录）——王均予．南路人民抗日斗争史料》，广东人民出版社1996年版，第94页。

员五六千人，发展了一批党员，百多人。"① 曾是"港救会"负责人的周楠对这些组织活动的工作相当内行，给出了十分宝贵的工作意见和方法。在遂溪主持召开的党员干部会议上，他指出如何开展农民工作、统战工作，并就在农村发展党组织、加强学校工作等问题做出了正确指示。"青抗会"在以周楠为书记的南路特委的指导和支持下，扎根农村，白天与农民一起耕种田地，晚上给农民上课，宣传抗日救国道理，使共产党的抗日主张深入农民的心坎。同时，乡村工作队真心实意为农民群众办好了一件又一件的实事、好事，共产党在遂溪农民心中拥有极高的威信，群众拥护、支持共产党抗日的热情十分高涨。至 1939 年底，"青抗会"先后派出了 300 多名工作队员，一共办起 80 多间民众夜校，极大地推动了乡村农民抗日救亡运动的发展。"青抗会"及其抗日救亡爱国运动在遂溪以及周边地区无人不知晓，吸引了一批又一批追求进步、立志抗日救亡的年轻人入会。至 1939 年间，"遂溪'青抗会'组织迅速发展，先后在杨柑、洋青、豆坡、乐民、黄略、大埠、陈村、支屋、界炮、泮塘和广州湾的赤坎、东海岛下社、太平等地成立了数十个分会（通讯站），会员发展到 1 万

---

① 中共湛江市委党史研究室编：《我在中共南路特委工作期间（1939—1945）的几个片断回忆——周楠．南路人民抗日斗争史料》，广东人民出版社 1996 年版，第 100 页。

多人。"①

青年抗日救亡运动的蓬勃发展也带动了广大妇女的觉醒和参与，使抗日救国运动更加深入和广泛。遂溪"青抗会"成立时也有一批女青年参加。为了发动遂溪广大妇女参加抗日救亡运动，党组织指示张雪馨、支秋玲等人筹组遂溪妇女抗敌同志会（以下简称"妇抗会"）。经过两三个月的发展，由200多人组成的遂溪各界妇女代表，于1938年冬在遂溪县城宣布成立"妇抗会"。②"妇抗会"与"青抗会"密切配合，到农村去发动妇女上夜校，向妇女宣传抗日救国、争取民族独立和妇女解放的革命道理，号召农村妇女投入到抗日救国的民族解放事业中去。至1939年底，遂溪全县各区普遍办起了妇女夜校，并以此为契机成立了妇女会、婶嫂会、姐妹会、同心会等妇女组织机构，教会她们读书识字、宣传抗日救国道理等。"妇抗会"的成立不仅极大地推动了抗日救亡运动的发展，也大大地解放了农村妇女的封建思想。

二、香港学生赈济会青年回国服务团第一团

据周楠回忆："1939年春（约3月），广东省委书记张

---

① 中共湛江市委党史研究室著：《中国共产党湛江历史（1921—1949）》（第一卷），中共党史出版社2011年版，第180页。
② 中共湛江市委党史研究室著：《中国共产党湛江历史（1921—1949）》（第一卷），中共党史出版社2011年版，第182页。

文彬从延安回到粤后,到粤中开平赤坎召开会议。会后派我和陆新及陆新妻子小周到高雷工作,建立高雷工委,我当书记……当时高州已有香港学赈会青年回国服务团第一团,服务团里也有几位党员,如团长刘谈锋等。……据我所知,香港学赈会是我党在香港领导学生工作的组织。"①那么,香港学赈会是如何进入南路开展抗日救亡运动的呢?

1938年10月,广州沦陷后南路形势岌岌可危。"香港学生赈济会"②应著名抗日爱国将领张炎的邀请,组织了"青年回国服务团(第一团)"[以下"香港学生赈济会"简称为"学赈会","青年回国服务团(第一团)"简称为"服务团"]到南路开展抗日救亡运动。服务团以茂名(今高州市)为中心,活动于电白、信宜等县,宣传共产党的抗日主张,团结推动张炎坚持抗日,发动群众,组织民众抗日武装。服务团是由中共粤东南特委负责青年工作的钟明主持组建,团长、副团长均由党员骨干担任,共有党员

---

① 中共湛江市委党史研究室编:《我在中共南路特委工作期间(1939—1945)的几个片断回忆——周楠. 南路人民抗日斗争史料》,广东人民出版社1996年版,第100页。

② 香港学赈会是七七卢沟桥事变爆发后,香港和澳门同胞在抗日民族统一战线的旗帜下,广泛地建立抗日救亡团体中的一个群众性团体。成立于1937年9月13日,由600多所大中小学的学生参加,实现了全港学生大团结。主要开展抗日救亡宣传,进行募捐筹款,救济受难同胞,支援抗日前线。香港学赈会从1938年12月至1940年2月,先后组织了4个回国服务团,共242名团员回国,分别在广东各地开展抗日宣传,建立救亡团体和民众抗日武装,开展战地救护和战地服务,还协助各地中共地方组织开展工作,有力地配合和支持了广东抗日游击战争的开展,为中国抗战胜利做出了重要贡献。

14名，由东南特委直接领导。该服务团原先准备服务的对象是宝安抗日前线的国民党九一三团，但到达宝安10多天后，九一三团被日军击溃失去了联系，服务团被迫撤回香港。此时出任第十一区游击指挥官的张炎到达香港寻找曾振生（即曾生），请曾振生派人到南路做政治工作（张炎出国考察归来途中认识了曾振生）。但曾此时已到东江打游击，八路军驻香港办事处的廖承志、连贯接见了他，答应派干部给他。后由中共粤东南特委把从宝安撤回的服务团加以充实派到南路。①

1938年12月28日，服务团由团长刘谈锋率领，从香港乘"大宝石"轮船经过广州湾（湛江市）于30日到达茂名县城高州。第一批到达茂名的有26人。服务团在南路的任务是：第一，推动张炎坚持抗日，发动群众，开展抗日救亡运动。第二，恢复重建当地党组织，开展农民工作，建立人民武装，开辟抗日根据地。第三，在日寇打到南路时，张炎打，服务团一起打；张炎不打，服务团也打。②服务团到达高州时受到张炎的热烈欢迎。张炎安排服务团在高州城西的益寿庵设立团部。服务团的活动具有一定的独立自主性，团长刘谈锋等驻团部，负责做张炎和上层人物

---

① 高州市党史地志办公室著：《中国共产党高州地方史（1925—1949）》（第一卷），中共党史出版社2006年版，第45-47页。

② 中共湛江市委党史研究室编：《南路人民抗日斗争史料（1937.7—1945.9）》，广东人民出版社1996年版，第386页。

的统战工作,其余领导和团员组成分队,深入农村发动群众,开展抗日救亡运动。① 1939年春,中共高雷工委筹备期间,周楠、陆新等领导就住在服务团的团部——高州城西的益寿庵,进行秘密的筹建工作。到正式成立中共高雷工委时,高雷工委统一领导高雷地区(包括香港回国服务团)的党组织,开展抗日救亡以及党的恢复重建工作。②

1940年2月,中共高雷工委改为中共南路特委,继续领导和推动服务团的抗日救亡运动,恢复重建党组织。根据有关党史资料记载,"3月,周楠由粤中到达高雷,接收高雷各县党组织和香港学赈会回国服务团特支的组织关系"③。"3月,中共广东省委派周楠到高州建立中共高雷工作委员会。工委书记周楠,秘书陆新,参加工委的还有刘谈锋、黄其江。"④ "(三十二)高雷工委(1939年3月—1940年2月)书记:周楠;委员:周楠、陆新、刘谈锋、黄其江。"⑤ 可知,香港服务团一直在以周楠为书记的高雷工委、南路特委的直接领导下,对推动南路地区人民抗日

---

① 高州市党史地志办公室著:《中国共产党高州地方史(1925—1949)》(第一卷),中共党史出版社2006年版,第48页。
② 高州市党史地志办公室著:《中国共产党高州地方史(1925—1949)》(第一卷),中共党史出版社2006年版,第36页。
③ 中共湛江市委党史研究室著:《中国共产党湛江历史(1921—1949)》(第一卷),中共党史出版社2011年版,第188页。
④ 中共湛江市委党史研究室编:《中共南路党史大事记》,广东人民出版社1996年版,第93页。
⑤ 中共广东省委组织部、广东省委党史研究室、广东省档案馆:《中国共产党广东省组织史资料》(上册),中共党史出版社1994年版,第286页。

救亡运动发展发挥着积极的重要作用。主要表现在以下几个方面。

首先，深入农村宣传抗日，唤醒群众救国觉悟。服务团翻印传播共产党抗日主张的书籍刊物，激发群众爱国热情，坚定抗战必胜信念。以农村宣传为重点，以小分队的形式，深入典型的、容易打开局面的村庄，先后以茂名的柘村、塘口、去潭、分界、根子、沙田和信宜的钱排、合水等地为工作蹲点，积极宣传抗日救亡的思想。白天与农民一起下田劳动，晚上到农民家里访问、谈心、调查，了解农民的思想状况，引导农民由爱家推及爱国救国的革命道理。服务团采取灵活多样、生动有趣的形式进行抗日救亡思想的传播。通过讲故事、演抗战题材的戏剧、教学唱歌、自编通俗教材等多种形式，揭露日寇侵华罪行，激发农民的爱国热情，动员群众积极投入到抗日救国的运动中去。持续不断的宣传运动，使农民懂得民族危亡人人有责的爱国道理，大大提高了其抗日救亡的积极性。在坑口、板桥、云潭、分界、根子等服务团的工作蹲点，农民抗日救亡的积极性得到极大提高。有些村的农民为了更好地与日寇进行斗争，自发地组织大刀队，开展练武活动。①

其次，赈济农民生活，纾解农民困难。岂曰无衣，与

---

① 高州市党史地志办公室著：《中国共产党高州地方史（1925—1949）》（第一卷），中共党史出版社2006年版，第48-50页。

子同袍；岂曰无粮，与子同食。这是香港服务团与南路农民关系的最生动写照。赈济工作是服务团进行抗日救亡的重要工作。南路地区地处粤西南，经历过20世纪30—40年代的军阀混战，地主恶霸官僚土匪横行，农民穷困饥饿、缺医少药、民不聊生是普遍现象。香港服务团的到来，无疑是雪中送炭。服务团的每个分队配备药箱和常用药物，在宣传抗日救亡运动中遇到生病的农民马上给予治疗。"当时农村常见的病是发冷（俗称'打摆子'，即疟疾）、烂脚、生疮、肚子痛等。服务团的同志对这些疾病几乎是药到病除，深得群众信赖。"① 其中，服务团赠送的"金鸡纳片"家喻户晓，广为流传。与此同时，服务团还积极帮助农民解决生活上的困难。日寇对广东持续不断入侵，掠夺大量粮食与钱财作为军队后勤补给，对贫穷落后的南路地区人民也不放过。春荒期间，南路人民的生活因此更是雪上加霜。而当地的地主恶霸更是囤积居奇，抬高粮价，致使农民买不到粮食。"服务团把在塘口储备的以应付日寇进犯时打游击用的一批粮食，低价卖给了当地农民，帮助农民度过粮荒。"② 1939年夏，高州云潭也出现粮荒。"当时日寇的军舰停泊在电白海面上，汉奸和反动地主勾结，将

---

① 高州市党史地志办公室著：《中国共产党高州地方史（1925—1949）》（第一卷），中共党史出版社2006年版，第50页。

② 高州市党史地志办公室著：《中国共产党高州地方史（1925—1949）》（第一卷），中共党史出版社2006年版，第51页。

高州的粮食从云潭偷运出境，卖给日寇。云潭本是产粮区，因此反而缺粮，造成粮荒。"① 服务团针对这种资敌卖国的现象，对农民群众进行了一次极为深刻的爱国主义教育。号召群众敢于揭发汉奸的罪行，但汉奸仍然暗中组织武装力量，在夜间偷运谷米给日寇。于是，服务团进一步组织农民武装力量，严守各个交通路口，截回大批粮食以低价卖给农民，消除粮荒，纾解民困。此举深得农民的称赞，农民也在抗争中得到了锻炼，增强了农民保家卫国的信心与意志。

最后，秘密开展建党活动，恢复重建三县党组织。自从1928年中共南路特委机关遭受严重破坏后，茂名、电白、信宜等县的党组织活动已经中断多年。服务团先后根据东南特委、高雷工委、南路特委的指示，在抗日救亡工作过程中不失时机地寻找和恢复在大革命失败后失去联系的党员，发展新党员，恢复和重建基层党组织。同时，组织民众抗日武装，做好长期抗战的准备；也为张炎将军抗日救亡提供了大量的政治领导骨干、学生队员，有力地推动了爱国民主人士抗战运动的发展。远道而来的服务团舍弃城市舒适的生活、温暖的家庭，其抗日救亡活动足迹遍布茂名县、信宜县、电白县，影响范围广、覆盖面大，使

---

① 中共湛江市委党史研究室编：《南路人民抗日斗争史料（1937.7—1945.9）》，广东人民出版社1996年版，第389页。

得抗日图存、保家卫国的民族大义思想深入广大民众内心深处,影响深远。正如周楠对服务团做出的评价所说:"在高州六属以茂名为中心,则有香港学赈会回国服务团开展各种抗日救亡工作,并推动张炎成立了700多人的学生总队。经过这些组织,南路人民紧紧团结在我党的周围,提高了抗日的信心与情绪,从而奠定了以后南路人民武装抗日的雄厚基础。"①

三、合浦青年抗日先锋队

在讲述合浦青年抗日先锋队时,先从北海抗日救亡群众运动开始,因为北海在抗日战争时期是合浦县属下的一个镇,为合浦县第五区署(区政府)所在地②。北海抗日救亡群众组织有"青年抗敌同志会"即"青抗会"和"青年抗日先锋队"即"抗先队"。

北海救亡运动肇始于1938年初,1938年底至1939年底处于高潮时期。1938年3月,北海民众抗敌后援会成立以后,为了深入发动各界民众支援抗战,北海地下党员骨干分别成立北海"青抗会"、北海"工抗会"、北海"妇抗会"等组织。

---

① 高州市党史地志办公室著:《中国共产党高州地方史(1925—1949)》(第一卷),中共党史出版社2006年版,第57页。
② 见庞自著《九秩忆往》,第26页。

北海"青抗会""工抗会""妇抗会"的救亡运动。"1938年初，中共合浦特支建立以后，派出一批党员骨干参加县属各地民众抗敌后援会，以党员或进步青年为核心组成'青抗会''妇抗会'等团体。①"北海地区组成的各种抗敌同志会多达10个以上。中共党员罗刚、王文崑、李梓明等组织青年在北海文明路市场商店楼内成立"青抗会"，成员主要来自合浦一中毕业学生、青年教师和社会青年等200多人，党内设有青年小组。"青抗会"主要是组织宣传队在市区街头进行抗战宣传，教群众唱抗战歌曲、演出抗战话剧等。逢学校放假便联合合浦一中学生组成宣传队到郊区农村进行抗战宣传。没有演出活动时则由党组织安排集体学习，召开时事和政治座谈会，探讨抗战形势和统战问题等。中共党员张书坚等组织店员工人、理发工人、手工业工人等在北海文明路市场商店（"青抗会"楼下）成立"工抗会"，参加"工抗会"人数达100多人，主要教育动员工人起来支援抗战，参加救亡运动。中共党员何醒予、卢冠群等组织青年妇女在北海吴家园成立"妇抗会"，参加的成员达200多人。"妇抗会"的活动主要是深入各阶层妇女中宣传抗战道理，发动妇女起来支援抗战，

---

① 中共湛江市委党史研究室编：《南路人民抗日斗争史料（1937.7—1945.9）》，广东人民出版社1996年版，第377-378页。

进行各种战地服务活动。①

基于日本对北海的不定时轰炸造成的民众伤亡和财产损失，北海民众抗敌后援会还组织了救护队、募捐队和壮丁队。救护队平常学习战地救护知识，训练抢救技能，紧急时奔赴事发地点抢救伤亡群众。当时日军飞机轰炸大水沟造成群众死伤数十人，救护队及时赶到进行抢救护理，得到各界民众的好评。募捐队则到各商户和群众中发动民众捐衣服钱物，救济涠洲岛及其他沦陷区逃来的难民，慰问边防战士。有时根据需要发动群众协助驻军部队构筑防御工事，支援前线抗战。壮丁队由各团体的男女壮丁组成，由北海党组织委派李梓明担任队长，对壮丁们进行政治教育，提高他们的思想觉悟。并从中挑选一部分人，组成约有30人的大刀队，给予特别的训练，以备日军从涠洲岛方向登陆北海时与之血战。大刀队在敌情紧张时数次巡逻海防线，掩护群众有序疏散隐藏。②

与此同时，北海民众抗敌后援会也成立了一个附属机构——对日经济绝交委员会，下设调查组和鉴定组，成员多为北海工商界人士。该组织负责查缉日货，如果发现确

---

① 中共北海市委党史研究室著：《中国共产党北海历史（1926—1949）》（第一卷），广西人民出版社2005年版，第140页。
② 参考庞自著《九秩忆往》第25页、29页、30页、34－36页（庞自，1919—2014，广西北海人，中国劳动部原副部长。1938年2月满18岁参加共产党），以及中共北海市委党史研究室著：《中国共产党北海历史（1926—1949）》（第一卷），广西人民出版社2005年版，第140－141页。

认是日货商品，由北海民众对日经济绝交委员会全体会议讨论通过予以没收，所没收的货款全部作为抗日经费。其间对日经济绝交委员会查获一批进口改装的"碟牌硫化石"日货，货主是一个来自合浦的大地主、大资本家。北海民众抗敌会获悉便发动群众游行示威，争取国民党驻军和地方政府的支持，给北海对日经济绝交委员会施加压力，最后由对日经济绝交委员会宣布对上述货物予以没收。货主不服，《北海日报》刊登文章严厉抨击货主的错误思想行为，北海商界人士也指出这时候进口日货是助长日本力量，没收日货并将货款作为抗战经费是爱国行为。北海民众抗敌后援会通过诗歌朗读、时事座谈会、"纪念鲁迅晚会"等活动大力弘扬抗日救国精神。

在合浦青年抗日先锋队成立前有一个合浦民众抗敌后援会，也组织成立"青抗会""工抗会""妇抗会"，深入发动合浦各界民众支援抗战。较早的是1938年6月在廉州镇组建的合浦妇女抗敌后援会，是由中共合浦特支委派的党员伍雍娴、李华良分别在廉州镇、廉州中学宣传抗日、发动群众参加抗日救国运动联合而成，下辖妇女救护队、妇女壮丁队，共有300多名成员。还有7月由中共合浦县西场支部组建的青年抗敌同志会等，[①] 都对抗日救亡运动发

---

① 中共北海市委党史研究室著：《中国共产党北海历史（1926—1949）》（第一卷），广西人民出版社2005年版，第142页。

挥着积极的推动作用。

1938年8月，由中共广东省委派出的广东青年抗日先锋队驻南路办事处主任陈任生回合浦工作。陈任生回来后通过合浦党组织开始筹建合浦青年抗日先锋队（以下简称"合浦抗先"）。9月11日，涠洲岛遭到日军侵占后不久沦陷，日军对岛民实行烧杀、奸淫、掳掠，数千同胞流离失所，大量难民逃往北海、合浦。日军的暴行进一步激发了合浦青年的爱国热情，保家卫国、赶走日本鬼子的群众呼声持续高涨。在中共合浦特支的领导下，廉州、均安（今总江口一带）、乾体（今乾江）、石康、公馆、白沙、小江（包括廉中、合浦一中分校）、寨圩、龙门等地的青年抗日先锋队迅速建立起来。12月，合浦县青年抗日先锋队总队在廉州中学正式成立，领导全县（含北海）的"抗先"组织。此时全县"抗先"队员发展到2000多人。① 合浦"抗先"队严格按照《广东青年抗日先锋队组织大纲草案》执行，以军事训练为中心。依据"'抗先'是一个实行高度民主集权制的半军事性质的队伍，队员必须随时随地学习军事知识和技能，并要武装自己及武装群众"。

1938年冬，周楠受中共广东省委组织部部长李大林委

---

① 中共北海市委党史研究室著：《中国共产党北海历史（1926—1949）》（第一卷），广西人民出版社2005年版，第144页。关于合浦县青年抗日先锋队成立时间，《中共南路党史大事记》第85页提到是11月，与这里时间相差1个月。本书以中共北海市党史研究室最新的考证内容为准。

派到合浦检查工作，了解指导先前回到合浦的一些党员开展的工作情况。据周楠回忆说："我到合浦找到张进煊、何世权、陈任生等。这时合浦地区已有一个支部（合浦特支）的组织，书记张进煊，组织陈任生，宣传何世权（中华人民共和国成立后叫李英敏），……党员100多人（一说七八十人），还有抗先队组织七八千人。① 于是我就在特支基础上成立县工委（成立县工委是李大林交代的）。"② 合浦县工委的成立对推动合浦地区的抗日救亡运动发挥着极其重要的作用。不久，于1939年1月成立中共合浦中心县委，更增强了党的领导组织力量。在中共合浦中心县委的组织和领导下，合浦、北海的群众性抗日救亡运动蓬勃发展。日军的野蛮侵略行径促使社会各种进步势力（含国民党中的一些进步力量）更趋向团结一致，因此抗日的力量不断扩大。1939年5月，合浦县抗日青年代表大会在张黄初级农业职业学校顺利召开。参加会议的成员来自合浦、北海、钦县、防城、灵山以及广东廉江、遂溪的抗日救亡团体、学校、乡镇等单位青年代表共100多人。合浦中心县委领导和党员骨干、国民党合浦县党政军的上层人物也应邀出

---

① 周楠在此说的七八千人不仅仅是包括合浦扩先队的成员，也包括北海的"青抗会""妇抗会""工抗会"的成员，还有合浦的"青抗会""妇抗会""工抗会"的成员。

② 中共湛江市委党史研究室编：《我在中共南路特委工作期间（1939—1945）的几个片断回忆——周楠. 南路人民抗日斗争史料》，广东人民出版社1996年版，第99页。

席会议。

抗日青年代表大会实质上是宣传中共关于团结抗战、反对投降分裂等政治主张的大会，会议通过了军民合力惩办贪污、严惩走私、防奸和保卫北海等决议。向各县市、乡镇青年发出通电，号召全体青年坚持团结抗战、反对投降分裂，有力地推动钦廉地区抗日救亡运动的发展。本次大会是一次具有积极意义的团结抗战盛会，是在中共合浦地方组织的精心准备和领导下取得的成果，使党的积极抗日政治主张深入人心，极大地推动钦廉地区以"抗先队""青抗队"等为主体的青年抗日救亡活动发展。不久后，国民党一七五师在南康的驻军联合当地抗日救亡团体，一起成功截获奸商从石头埠外运资助日军的一船大米，① 反对奸商运米资敌的群众斗争首次达到数千人规模，声势十分浩大，极大地鼓舞了人心，抗日救亡的呼声遍及乡村田野与穷乡僻壤。

北海学生抗日武装自卫队的成立。1939年6月，由于合浦中心县委领导机关遭到国民党顽军的破坏，合浦"抗先队"被迫取消。但是，南路特委领导下的合浦党组织并没有因此停止活动，只是以另一种极为隐蔽的方式继续活动。

1939年11月，日军入侵钦县进攻广西南宁。中共南路

---

① 中共北海市委党史研究室著：《中国共产党北海历史（1926—1949）》（第一卷），广西人民出版社2005年版，第149页。

特委抓住这个有利时机指导中共廉北区委和北海党组织，积极筹建北海学生抗日武装自卫队。在党员骨干李梓明、郭兆荣的积极活动下，充分利用自己的人际关系和社交能力，获得国民党上层的同意，于1939年11月正式成立北海学生抗日武装自卫队，称为合浦第五区抗日武装自卫团学生队，隶属合浦县武装自卫团。由李梓明为队长，林振仁（国民党党员）为副队长，庞自为政治指导员，郭兆荣为宣传员。为了加强党对这个武装组织的领导，该团也成立了一个学生党支部，由庞自兼任支部书记。党组织是学生队的领导核心，学生队的主要活动计划都由党组织决定。因此，北海学生队是自中共北海地方组织成立以来，第一支由北海党组织领导的爱国进步武装队伍。据庞自本人回忆，"学生队分驻三处：总队部在俾路楼（今北海第二小学），负责宣传、联络、市区内的防盗防特、指导群众疏散等，遇有敌机空袭则参加救护伤员。此外，还负责本队的思想政治工作。第一分队在外沙鲁班庙负责监视敌舰动向，以及沿海一线的巡逻警戒，防盗防特；第二分队在奶奶沟，……这个队的工作重点是做好群众工作，搞好群众关系。这里办有识字班、少年儿童歌咏队，学生队队员经常深入农户交友谈心，进行宣传教育。这几处学生队队员，都过集体生活,有严格的组织纪律。"①

合浦战地服务团的成立。日军占领钦县、南宁,国民党军队基本撤出合浦、北海等地,恐怖的战争阴霾弥漫着廉州、北海大地。群众四处躲藏,商店关门、学校停课、工厂关门。合浦一中党支部为了安抚民众,稳定人心,安定秩序,准备在敌后开展斗争,通过秘密开会研究决定成立战地服务团。集中青年、学生进行政治学习、军事训练。宣传抗日救亡的民族大义思想,培养抗日骨干力量。这一决定传到北海后,在北海的 30 多个合浦一中学生立即赶往集结地,加入合浦战地服务团,不久服务团发展到 100 多人。② 战地服务团参照抗日军政大学进行学习和生活。设立组训、宣传、救护、战地服务等机构,过着军事化生活。在日军大肆入侵钦县和南宁、国民党军队逃跑、人心惶惶的恐怖环境之下,服务团无疑是老百姓心中的一束星光,是黑夜中的一盏明灯,给人以莫大的鼓舞和信心。同时,服务团也培养了一批抗日的中坚力量,为夺取北海地区抗战胜利打下了牢固的根基。

---

① 庞自著:《九秩忆往——革命斗争回忆录(内部资料尚未出版)》,第 33-34 页。

② 中共北海市委党史研究室著:《中国共产党北海历史(1926—1949)》(第一卷),广西人民出版社 2005 年版,第 155 页。

四、南路抗日学生队

南路抗日学生队又是另一个别开生面的抗日救亡群众性团体，其全称是南路特别守备区学生队，是共产党支持的爱国将领张炎于1939年在南路地区建立的一支抗日武装工作队伍。它以团结抗日为宗旨，凝聚南路广大爱国青年，接受抗日救亡的教育和武装训练，为南路抗战和解放战争时期培养了一批干部，在南路抗战和革命斗争史上建立了光辉的业绩。

中共高雷工委在周楠书记的领导下，遵照党中央的"发展进步势力，争取中间势力，孤立打击顽固势力""争取中间势力是我们在抗日统一战线时期的极严重的任务"[①]的统一战线方针，决定大力支持张炎建立抗日武装队伍，组织各种抗日群众团体，从中广泛宣传共产党的团结抗日主张和统一战线的方针政策，扩大我党的政治影响力，并积极发展党的组织，逐步在南路各抗日组织中发挥共产党的领导作用。张炎领导的"南路抗日学生队"先后在中共高雷工委和南路特委的帮助下不断发展壮大。

张炎（1902—1945），字光中，出生于越南，民国初年（1912年）随父归国，回到家乡广东省吴川县樟山村。

---

① 中共中央文献研究室、中央档案馆编：《建党以来重要文献选编（1921—1949）》（第十七册），中央文献出版社2011年版，第198-201页。

1920年投军后,随张世德参加孙中山先生在广东建军政府时期的粤军。大革命时期积极参加东征、南征、北伐,作战英勇,屡立战功,由勤务兵渐次升至排长、连长、营长。"中国共产党领导八一南昌起义时,他在国民革命军第十一军辖下的第十师(师长蔡廷锴)当营长,参加南昌起义的行列。起义大军南下,蔡率领该师离南昌后,便转向进贤县,脱离起义队伍跑到河口,后入福州。"① 淞沪抗日战役中,张炎担任国民革命军第十九路军第122旅旅长。淞沪之战四战四捷,迫使日寇三易其帅。

1938年,张炎先后出任广东省第十一区民众抗日自卫团统率委员会主任兼第十一区游击区司令,1939年3月担任广东省第七区行政督察专员兼保安司令。张炎对抗日救亡的决心和意志一直都坚定不移。在广州沦陷、合浦涠洲岛沦陷之时他更是心急如焚,誓死拼搏驱逐日寇,已把个人的仕途升迁和生命安危置之度外。因此,他对共产党的抗日民族统一战线十分支持,积极与共产党合作抗日。"他真诚拥护中国共产党关于团结合作抗日的主张,'确信国共和各党派切实合作,才能挽救中国的危亡'②,号召各县成立民众抗日自卫团。为了筹集抗战经费,张炎先变卖自己在香

---

① 广州市政协文史资料研究委员会、广州市荔湾区政协文史资料研究委员会合编:《广州文史资料 第三十五辑 选辑》,广东人民出版社1986年版,第13页。
② 参见《华商报》,1946年3月28日。

港和广州湾的部分房产，还亲自多次到广州湾募捐。"① 1938年11月初，张炎在高州城郊西岸红花庙成立广东省第十一区游击司令部抗日救亡乡村工作团，招收社会进步男女青年共300多人，团部下设6个队。1939年2月，张炎按国民政府的战时体制，把"乡村工作团"改为"七区战时工作团"，下属6个县团队基本上不变。1939年7月，南路抗日学生队正式成立，学员将近1000人，学生队设总部，总部下设中队和小队，共有10个中队。②

学生队的抗日救亡活动。学生队办学管理参照抗日军政大学，以"坚定正确的政治方向，艰苦朴素的工作作风，灵活机动的战略战术"以及"团结、紧张、严肃、活泼"的方针进行学习和训练。课程主要分两大类：一类是关于形势报告、抗日民族统一战线、中国革命问题、政治经济学、群众运动等政治理论；另一类是抗日游击战争的战略战术以及军事训练等军事方面的内容。学生队在高州学习训练期间广泛参加社会上的抗日活动。除此之外，张炎还组织了妇女队、正气剧团等，他们经常走上街头高唱抗战歌曲，演救亡戏剧，抗日标语刷满城墙，举行歌咏、演剧、体育、讲演、科技竞赛等智能活动。1939年10月，学生队

---

① 高州市党史地志办公室著：《中国共产党高州地方史（1925—1949）》（第一卷），中共党史出版社2006年版，第58页。
② 中共湛江市委党史研究室编：《南路人民抗日斗争史料》，广东人民出版社1996年版，第402-403页。

还参与由张炎亲自指挥的平息云潭的壮丁暴动事件,维护团结抗战的局面。处理好云潭暴动后,学生队又举行了一次长途行军,由张炎率领,从高州出发,途经化县、廉江、遂溪到达广州湾。

陈超[①]将军对张炎率领学生队途经遂溪时的情景仍然记忆犹新、历历在目。他说:"1939年11月,国民党广东省第七区行政督察专员、第四战区南路特别守备司令部副司令张炎率领守备区学生队(又称'学生军')到遂溪开展军事演习。张炎是吴川县塘㙍镇樟山村人,是原国民党第十九路军爱国将领,他积极抗日救国,同情和支持进步力量。为了支持张炎的抗日爱国行动,中共遂溪县党组织决定以'青抗会'的名义,组织遂溪、广州湾的青年和群众,在南强中学门前的寸金桥广场(现湛江市教育局附近)召开欢迎大会。当天,遂溪、广州湾的抗日团体、南强中学等学校的学生共1000多人参加了欢迎会,我跟随本村派出的40多名代表前往参加,并把群众捐献的鸡蛋、甘蔗等送给张炎的学生队。我兴奋地参加了这次大会。陈川济村的陈其辉("青抗会"总干事)致欢迎词,接着请张炎发表演说。张炎的声音很洪亮,做了慷慨激昂、鼓舞人心的演

---

① 陈超,1930年生,广东省遂溪县人。1947年1月加入中国共产党,参加粤桂边区人民解放军,先后任班长、教育员、副指导员、连长、指导员、副营长、营长等职。中华人民共和国成立后他先后任参谋、少将、中将,是广东南路革命目前尚健在的将领。

讲，誓言只要一息尚存，必定同高雷人民一起抗日，与国土共存亡。当时，会场上多次响起热烈的掌声，群情十分高涨。张炎绕场一周，一边向群众挥手致意，一边高呼：'我是张炎，我是张炎'。他演讲结束之后，第八行政区专员邓世增也登台发表讲话，由于讲的大多是顽固派的陈词滥调，会场以沉默做了回应。这次欢迎大会开得很成功，对推动南路地区广大人民坚定抗日的决心起到了很好的作用。会后，遂溪'青抗会'安排七七剧团在露天剧场为张炎一行演出《死里求生》《夜之歌》等独幕剧。欢迎活动结束后，学生队分开宿营，大概有一个中队进驻陈川济村，他们一般是在祠堂前的大榕树下露营，下雨时才住进祠堂里。他们在村住了十天八天，其间与村民校的学员开展联欢活动。陈川济有一个叫陈赤霞的年轻人与学生军比赛唱抗战歌曲。当时我们会唱的抗战歌曲比学生队要多，受到学生队的赞扬。"①

1942年3月，庞自②受命于中共广东省南路特委到电白县工作，他回忆当时南路抗日学生队在电白的抗日救亡运

---

① 陈超：《回眸往事（一）》，中共党史出版社2014年版，第43—45页。
② 庞自（1919.1—2014.11），广西北海市人。1935年就读于北海中学时便参加学生进步组织，从事抗日救国活动。1937年抗日战争爆发后，积极参加抗日宣传、锄奸、反资敌等斗争。1938年2月加入中国共产党。历任中共北海中心支部宣传委员、廉（州）北（海）区委宣传委员、钦县特支书记、防城特支组织委员、电白县特支书记、越南华侨独立中团政委、文山地委副书记。中华人民共和国成立后曾任国家劳动总局副总局长、党组成员。

动的情况时说:"抗日战争初期,即张炎任广东省七区专员那个时候,电白县抗日救亡运动曾经搞得轰轰烈烈,我党抗日救国主张和马列主义思想得到比较广泛的传播,在群众中有一定的影响,还发展了一批党员。"① 由于张炎与我党通力合作,高州六属的抗日救亡运动得到蓬勃发展。

五、廉江青年抗敌同志会

廉江青年抗敌同志会简称"廉江青抗会",其运动在南路地区也颇具规模,1939年冬,参加的人数达到1300多人。② 在南路地区的各个抗日救亡团体中,廉江青抗会颇具亮点的是有6位大学生成员均出自延安抗日军政大学。民国时期,廉江地区也是个读书人较多、人才辈出的地方。早在1935年北平一二·九爱国学生运动席卷全国时,在广州等外地读书的廉江籍进步青年学生,纷纷利用寒暑假机会组织队伍回乡宣传救亡图存的爱国思想,开始对民众抗日救国运动的思想启蒙。抗日战争全面爆发后,这种思想启蒙得到进一步发展,许多进步青年迫切盼望有一个组织能把大家的力量凝聚起来,壮大抗日的力量。1938年6月,毕业于延安抗日军政大学的洪劲夫、陈哲平、梁锡琼、董

---

① 中共湛江市委党史研究室编:《南路人民抗日斗争史料》,广东人民出版社1996年版,第303页。

② 中共湛江市委党史研究室著:《中国共产党湛江历史(1921—1949)》(第一卷),中共党史出版社2011年版,第181页。

世扬、马特士、张惠良6人受广东省委派遣前往廉江,开展乡村抗日救亡运动和发展党组织工作。他们通过梁锡琼父亲(时任国民党廉江县县长梁麟)的关系,在一定的工作岗位上任职,以合法职业掩护所开展的活动。6人中有4人是共产党员,因而建立了一个党支部,由陈哲平、洪劲夫负责。

6人团的党支部成立后,积极与廉江本地进步青年林敬文、黄存立取得联系,共同谋划与筹建廉江青抗会,以领导全县的抗日救亡运动。此时全国人民抗日救亡的呼声日益高涨,国民党当局迫于压力,对各地抗日群众团体持睁一只眼闭一只眼的态度。加之团体成员有正当的职业,廉江青抗会在国民党当局注册很快获得通过。6人团经过两个月的筹备,于1938年8月在廉江县城正式成立廉江青抗会,并通过《廉江青年抗敌同志会章程》,推选林敬文为总干事,黄存立为组织干事,刘华章为财务干事。成员来自廉江中学、廉江师范学校的学生以及小学教师和外地读书回乡的进步青年共50人。① 从此,廉江的进步青年有了自己的领导组织,可以开展轰轰烈烈的抗日救亡运动。共产党员以普通爱国青年身份出现,在形形色色的合法组织中进行抗日救亡活动,并争取掌握领导权。他们一边做好

---

① 中共湛江市委党史研究室编:《南路人民抗日斗争史料》,广东人民出版社1996年版,第372页。

抗日救亡工作，一边积极宣传党的全面抗日主张，发展壮大共产党的革命队伍。

在以周楠为书记的中共高雷工委，对推动南路地区抗日救亡运动发展发挥着重要的作用。廉江青抗会成立后在高雷工委的指导下积极开展有效的抗日救亡运动工作。初期工作主要集中在以学校为据点开展宣传教育活动。1939年夏，廉江青抗会、廉江中学、廉江师范和县城小学师生组成廉江县战时宣传队，在廉城设四个分点演出，以"大家唱、大家听、大家看、大家做"等方式，张贴时事新闻、抗日救亡漫画和教唱抗日救亡歌曲等。[①] 此举深受师生欢迎与喜爱，许多青年学生纷纷要求加入"青抗会"组织。至1939年底，廉江县城"青抗会"员发展到300人。[②] 1939年春夏之交，"青抗会"组织逐步向乡村小学方向发展，成果显著的有以石角小学为中心建立的石角区"青抗会"，辐射周边的石角地区、石岭、青平、三合、太平、山底等乡村，会员达到400多人；以石岭小学和龙湾小学为阵地分别组织建立的"青抗会"、读书会，会员有200多人；以青平小学为中心建立的各界人士联合的青平"青抗会"，会员有300多人。从县城到各个乡镇中小学，抗日救亡宣传教

---

① 廉江县地志编纂委员会编：《廉江县志》，广东人民出版社1995年版，第633页。

② 中共廉江市委党史研究室著：《中国共产党廉江县地方史（1919—1949）》（第一卷），中共党史出版社2009年版，第101页。

育运动开展得如火如荼。

随着运动的不断深入,"青抗会"认识到应该把工作方向从校内转向校外的农民群众中去,团结广大农民群众,凝聚广大人民群众的力量才能持久抗战,坚持到最后的胜利。

1939年初,县"青抗会"分成6个抗日宣传工作队,由县"青抗会"负责人和骨干分子担任队长、副队长,分赴各地宣传抗日。他们深入农民家里,白天与农民共同劳动,帮助农民排忧解难,晚上向农民宣传抗日救国道理,通过集会演讲、公演抗日救亡戏剧以及其他文艺节目,吸引父老乡亲驻足聆听观看。各"青抗"分会和进步师生也组织宣传队,逢圩日和节假日,通过演戏、歌咏、晨呼、书写标语、演街头剧、出墙报、画漫画等各种形式宣讲抗日救国主张,揭露日军侵略罪行,激发人们抗日救国的决心与斗志,教育效果良好。另外,县"青抗会"还成立了下乡工作队,与乡村中的石岭"青抗会"联合组成一个宣传队,宣传的效果也十分好。至1939年底,廉江"青抗会"发展进入高潮,全县建立了13个"青抗会"分会,会员发展到1300人(不包括读书会的成员)。① 会员以青年学生为主体,商人和开明绅士也有部分参加。各"青抗"分

---

① 中共廉江市委党史研究室著:《中国共产党廉江县地方史(1919—1949)》(第一卷),中共党史出版社2009年版,第104页。

会除了演戏、教唱抗战歌曲外,还翻山越岭深入农村办夜校,组织读书会,向农民宣传抗日救亡的道理,在10多个村庄相继兴办夜校,并根据情况成立读书会、读书小组等。县"青抗会"还办起杂志,不定期出版《青年之路》《反汪特刊》等期刊。

廉江青年抗敌同志会下设的廉江图书供应社和廉江孩子剧团,是区别于南路其他县市的优势所在,也是该县抗日救亡运动中一道极为亮丽的风景线。毕业于延安军政大学的6人团党支部充分发挥其知识文化的优势,积极倡议和指导县"青抗会"筹建廉江图书供应社,为觉醒起来的人们提供抗日救亡的精神食粮,极大地推动家乡抗战文化的发展。廉江图书供应社设在县青年抗敌同志会总部内,采取合股经营,股东来自上层人物、商人、其他群众,每股1元,共有400多股。设有经理、供销、财务等机构,每个机构都有专人负责。所购图书报刊主要有《新华日报》《解放》《群众》《青年导报》《大众哲学》《论持久战》《论新阶段》等等。① 廉江图书供应社俨然成为一个传播马列主义的思想阵地。"青抗会"成员借此在廉江中学、廉江师范等学校成立一个读书会,广泛搜集进步书刊以交换传阅和交流读书心得,及时学习共产党抗战的最新主张和了

---

① 中共廉江市委党史研究室著:《中国共产党廉江县地方史(1919—1949)》(第一卷),中共党史出版社2009年版,第105页。

解形势发展。在廉江县立的女子初级小学和其他中小学为周边群众办起了民众夜校班或识字班,让更多的人识字,学文化论时事,理解和支持抗日救亡的义举。廉江图书供应社的建立和发展,直接辐射至其他"青抗会"分会。不久,龙湾圩、石岭圩、青平圩等地纷纷仿效县"青抗会"的做法,串联发动捐款购买进步新书,逐步筹备创建抗日救国的流动图书社或图书供应社。进步学生、知识青年争取购买阅读进步书籍,在"青抗会"的推动下形成了一股浓烈的学习风气。由于群众阅读需求量巨大,而图书供应资金十分有限,"青抗会"的成员常常节衣缩食,最大限度地省吃俭用,把钱凑起来满足群众的需求。尤其是购书负责人关锡琪、叶增荣两人为了省钱,不但要求自己徒步往返廉江、广州湾(现湛江)之间,还要求自己来回路程中只能吃一顿饭,经常处于半饥饿状态。

廉江孩子剧团也在抗日宣传中发挥了重要的作用。国家危亡时期,抗战是全民族的抗战。"青抗会"在广泛发动各个阶层群众团结起来抗战的基础上,还组织廉江孩子剧团。孩子剧团是党组织领导下的一支抗日文艺宣传队伍,是街头传播、乡村流动传播抗战文化的儿童团队。剧团成员有40多名,均来自廉江县城各小学,最大的13岁,最小的 6 岁。① 设有团长和指导员，有专门为儿童谱写的歌曲和诗歌。剧团早上走街串巷，晨呼、高唱抗日救亡歌曲和口号，以唤醒民族觉悟；晚上高唱歌曲和演出抗日短剧；节假日集中在广场演出。孩子们演唱的《大刀进行曲》《保卫中华》《打杀汉奸》《军民合作》为大家所熟悉，广为传唱。

六、南路抗日救亡统一战线的作用

抗日战争时期，广东的抗日民族统一战线得到了蓬勃发展，广东一度被称赞为"统一战线的模范省"②，南路作为广东的一个重要组成部分也发挥了积极的作用。1939年春至1940年，南路地区在以周楠为书记的高雷工委和南路特委的领导下，"遂溪青年抗敌同志会""香港学生赈济会回国服务团""合浦青年抗日先锋队""南路抗日学生队""廉江青年抗敌同志会"等各个抗日救亡团体，为本地统一战线的建立发挥了重要的作用。这些救亡运动的领导团体都在中共高雷工委或南路特委的直接或间接领导下，充分调动本地各行各业、各个阶层人士的积极性，有钱出钱、有力出力，众志成城、团结一致抵抗日本帝国主义的侵略，谱写了许多可歌可泣的爱国诗篇，把抗日救亡运动推向了高潮。

---

① 中共廉江市委党史研究室著：《中国共产党廉江县地方史（1919—1949）》（第一卷），中共党史出版社2009年版，第106页。

② 莫岳云、肖莉、周建华编：《广东统一战线史（1921.7—2011.7）》，中共党史出版社2018年版，第99页。

南路的抗日救亡统一战线最大的亮点是团结张炎抗日，坚决执行了中共广东省委的关于军事工作的统一战线，团结和推动国民党军队的爱国将领积极参加抗日战争，支持民主运动。周楠出任高雷工委书记和南路特委书记时，高度重视中共广东省委的这项指示。中华人民共和国成立后在他为数不多的回忆录中，对团结张炎结成抗日统一战线的工作印象极其深刻。

南路抗日统一战线工作主要是和群众性的抗日救亡活动结合起来，利用各界的积极因素，掀起抗日救亡运动高潮。共产党员以普通爱国青年的身份出现，在各种合法组织中活动并争取到领导权，不断宣传党的抗日主张，执行党的路线、方针、政策，扩大党在群众中的影响力，既做好了抗日救亡工作，又发展了一大批党员干部，壮大了党组织的力量，在合法的救亡运动中培养了许多军事作战队伍和基层管理队伍。

第二节　发展党组织　纯洁党队伍　　　　北上重庆受令建立武装

中共高雷工委、南路特委在周楠的领导下，抓住抗日救亡合法运动的有利时机，大力发展党员，壮大党组织。一手抓抗日救亡群众运动，一手抓党组织的发展扩建和党员队伍的审核，抗日救亡群众运动与发展党组织两不误。1942年5月，"南委"和粤北省委事件发生，南方工作委员会和广东党组织遭受严重破坏，中共南路特委与上级领导机关失去联系。1943年春，周楠受中共南方局指示，北上重庆汇报工作。

一、受命前往高州　深入各地调研

自从1927年广州发生四一五反革命政变之后，高雷地区所属各地党组织均遭到严重破坏。1928年12月，南路特委书记黄平民被捕牺牲，各地党组织停止活动，幸存的党员分散隐蔽。全面抗战爆发后，党组织在抗日救亡运动中逐步得到恢复重建。为此，上级党组织委派周楠前往高州统一领导。

周楠到达高州后随即通过当地的党员干部了解一般工作情况，获知"这时高雷属国民党广东省第七区行政专署，专员是张炎。张炎是吴川人，原是国民党十九路军的一个旅长，参加过淞沪抗日战役，十九路军在福建反蒋，成立福建人民政府，张炎也参加了。抗日战争爆发后，张炎被任命为七区专员。张炎是拥护中国共产党团结救亡的抗战政策的，他担任七区专员后，在高雷地区进行过不少团结救亡的抗战工作，对香港学赈会青年回国服务团第一团的工作也很信任、支持。所以当时高雷地区的工作环境是比较好的。据我所知，香港学赈会是我党在香港领导学生工作的组织"①。

之后,周楠深入化县、梅菉、遂溪、广州湾等地调查了解、检查工作情况。在广州湾,周楠找到林林。林林在1938年10月,由中共西南特委根据中共广东省委的指示委派到南路地区开展抗日统战工作,建立党组织。林林于1939年4月在菉塘村建立了广州湾党支部,成员由林其材、陈以大、林熙保组成。在遂溪,周楠了解到七七卢沟桥事变后已有一些党员在当地工作,并成立了一个"青抗会"的抗日救亡群众组织,会员发展已达到五六千人,发展了一批党员,有百多人。在周楠到达之前,省委已委派巡视员温焯华到达遂溪检查工作,并已经成立中共遂溪工作委员会。周楠回忆说:"我到后就成立县委,主要成员有黄其江、支仁山、唐才猷、陈华、邓麟章等。黄其江任书记,唐才猷任组织部部长。此外,主要干部还有陈其辉、支秋玲、殷傑、周文熙等。检查了几个县的工作之后,回到高州(当时茂名县城叫高州),这时已经是8月间了。"②

---

① 中共湛江市委党史研究室编:《我在中共南路特委工作期间(1939—1945)的几个片断回忆(节录)——周楠,南路人民抗日斗争史料(1937.7—1945.9)》,广东人民出版社1996年版,第100页。

② 中共湛江市委党史研究室编:《我在中共南路特委工作期间(1939—1945)的几个片断回忆(节录)——周楠,南路人民抗日斗争史料(1937.7—1945.9)》,广东人民出版社1996年版,第101页。特别说明:关于中共遂溪县委是周楠还是温焯华主持宣布成立,在此史料有出入。但没有最新史料证实支持哪一个,在此尊重周楠本人的回忆录。

二、发展各地组织　加强基层领导

广州沦陷前,中共广东省委在思想上就已认识到应将党的工作向全省扩展,高度重视到农村开展建党工作。"在去年(1937年)12月敌占南京后扩大向华南扰乱时,我们即有一战时工作布置的初步计划和紧急的指示,提出各地党对于游击战争的准备和注意按这一准备方针去开创党的组织基础。"① 周楠在省委这一思想指导下,在高州党组成员会议上传达并制定贯彻农村建党的工作布置,传达广东省委第一至第四次执委会扩大会议确定的"以建党为中心,切实做好建党工作。由点到线到面地发展,使广东党组织发展成为强大的群众性的党;大力开展群众运动,争取群众团体的合法地位或派人到以当局名义组织的群众团体中去任职,以便有利于开展抗日工作和掩护党的发展……"②。"长期积蓄力量,准备在抗战最后阶段起决定作用"的工作方针,大力发展党员为开展抗日游击战争、建立抗日根据地做好充分准备。

1939年5月,周楠到达遂溪检查指导工作,并主持召开党员干部会议,宣布成立中共遂溪县工作委员会(以下

---

① 张文彬:《关于广东工作的综合报告(1938年).广东革命历史文件汇集(甲36)》,中央档案馆1987年印,第334页。

② 中央档案馆编:《中共中央文件选集(11)》,中共党史出版社1991年版,第466页。

简称"遂溪县工委")。在会上,周楠对如何开展农民工作、统战工作,以及继续在农村发展党组织、加强学校工作等问题做了指示,同时指示遂溪县工委选派党员到海康、廉江、吴川等地协助开展建党工作。随后,遂溪县工委加强对"青抗会"在农村工作的领导,进一步开展农民工作、统战工作,继续发展党组织,并举办几期党员学习班,帮助青年党员学习党组织建设理论和青年运动等知识。1939年10月成立中共遂溪中心县委,辖东区、中区、西区三个区委会,党员发展到450人。①

随着遂溪党组织的发展和壮大,海康、徐闻两县的中共党组织也得以建立。1939年6月建立了海康党小组、中共雷州师范支部等。同年冬天,徐闻县籍党员林飞雄由遂溪县中心县委派遣,返回家乡开展建党工作。他以下洋中心小学为阵地开展抗日救亡运动,深入农村办抗日夜校,传播抗日救国思想,积极培养党员。②

1939年7月,中共高雷工委决定成立廉江中心支部,9月从遂溪抽调党员骨干唐多慧、廖铎、莫怀、罗培畴等人到廉江加强党的领导力量,至1940年2月,廉江全县共有党员50多人。广州湾的党组织的发展也较快。1939年5

---

① 中共湛江市委党史研究室著:《中国共产党湛江历史(1921—1949)》(第一卷),中共党史出版社2011年版,第188页。
② 中共湛江市委党史研究室著:《中国共产党湛江历史(1921—1949)》(第一卷),中共党史出版社2011年版,第189页。

月，中共遂溪县工委除了委派人去附近农村发展党员外，还派沈斌返回东海岛建立了中共东海岛支部。这些基层党组织成立后，在积极开展广州湾的抗日救亡运动的同时加紧发展党员。至1939年底，仅东海岛支部的党员就达到40多人。

1940年6月，中共南路特委①派遣叶信芳到化县组建中共特别支部。8月，中共化县特别支部在合江狮子墩健朴小学正式成立，这是自1929年以来化县重建的第一个领导全县工作的党组织机构。1940年8月，中共黄槐支部成立，它是抗日战争时期化县恢复党组织、在农村建立的第一个中共支部。中共化县特别支部成立后，在叶信芳的领导下积极开展纯洁党员队伍的资格审查、清理和整顿工作。②1940年9月，中共化县特别支部决定成立狮子墩党支部，在化城、合江一心、林尘、山西三所小学建立党小组。至此，化县党组织得到恢复和发展。

1939年11月至12月，中共高雷工委先后安排三批次党员骨干进驻信宜发展党组织。第一批派遣张昌仁回信宜建党，第二批委派共产党员曾旭涛、马冰心、梁毅等6人，

---

① 说明：1940年2月中共高雷工委改为中共南路特委。见中共湛江市委党史研究室著：《中国共产党湛江历史（1921—1949）》（第一卷），中共党史出版社2011年版，第211页。

② 中共化州市委党史研究室著：《中国共产党广东省化州历史（1926—1949）》（第一卷），中共党史出版社2018年版，第51-53页。

由支部书记曾旭涛带队,以香港回乡服务团的名义到信宜协助重建党组织。同年12月,由张炎组织的学生队第三中队中,以陈有臣为支部书记的6名共产党员到达信宜开展抗日救亡工作,这是第三批党员到达信宜发展党组织。1940年1月,中共信宜县特别支部成立,共有党员14名。1940年7月,为了巩固和增强新生的中共信宜党组织力量,中共南路特委派王国强到信宜任特支副书记。① 至1943年5月,信宜全县党员在20人基础上增加到74人,建立起9个基层党支部,党员遍及水口、镇隆、东镇、北界、怀乡、茶山等地的学校和乡村。②

高雷工委的建立推动了茂名县党组织的发展,到1939年底,茂名全县共产党员已达100多人。③ 为了进一步地发展、管理党员组织,高雷工委决定成立中共茂名县工委。1940年2月,由周楠主持会议,调整了茂名县工委领导成员,加强了对包括香港青年回国服务团特别支部和张炎学生总队在内的茂名县支部的领导。1940年5月,由茂名县工委改为茂名县委,下辖高州中学党支部、德明中学党支部、云潭珍珠垌党支部、企水党支部、茂名新生活合作社

---

① 中共信宜市委党史研究室著:《中国共产党信宜地方史(1925—2004)》,中共党史出版社2006年版,第50-51页。

② 中共信宜市委党史研究室著:《中国共产党信宜地方史(1925—2004)》,中共党史出版社2006年版,第53-54页。

③ 高州市党史地志办公室著:《中国共产党高州地方史(1925—1949)》(第一卷),中共党史出版社2006年版,第36页。

党支部、驻茂名县的省第九救济队党支部、琼崖难民救济队党支部，以及茂名县妇女会工作党小组、高州民国日报社党小组等9个基层组织。至1944年11月，又先后增加了几个党支部：高州中学调研级党支部、高州中学高一党支部、高州女师党支部、茂名中学党支部、广南中心学校党支部、茂南烧酒党支部等。① 这些党员组织成为抗日武装起义的核心力量。

1939年3月，中共高雷工委派遣陆新到电白霞洞，在电师附小代表工委宣布成立中共电白县中心支部委员会，至9月初发展党员共有20多人。这标志着中共电白县组织在抗日救亡运动中恢复重建。经过几年的发展，电白县党组织得到了巩固和发展，在县特别支部领导下建立了羊角党支部、实践中学党支部、南强中学党支部、电城党支部，以及沙琅党小组、电师党小组等，至1945年7月，全县发展党员共有40多名。②

1940年2月，中共高雷工委改为中共南路特委，原隶属中共广东省委领导的钦廉四属党组织改由南路特委领导。是年5月，中共南路特委决定将合浦工委改为合浦中心县委，委任黄其江为书记指导全面工作。其间由于日军占领

---

① 高州市党史地志办公室著：《中国共产党高州地方史（1925—1949）》（第一卷），中共党史出版社2006年版，第37-39页。
② 电白县党史地志办公室著：《中国共产党电白历史（1924—1949）》（第一卷），中共党史出版社2011年版，第39-44页。

钦邕线，钦廉四属和南宁地区成为敌后区。中共广东省委为了开辟粤桂边抗日游击区，决定建立中共粤桂边工委以加强领导，调整时任南路特委书记的周楠为粤桂边工委书记（1940年8月至1941年1月，未到职），① 工委机关设置在合浦县白沙宏德小学，直属中共广东省委领导，管辖钦廉四属和桂东南党组织。中共合浦中心县委根据中共南路特委的指示，认真执行中共中央的隐蔽斗争方针，先后把一批已暴露的党员调离到南路特委属下的其他地方另行工作。选派一批党员干部分别到防城、钦县、灵山等县发展党组织，开展抗日救亡工作。其中，罗永瑛等6人建立了中共灵山特支；庞自、岑月英等12人到国民党钦县南路第九游击区司令部的政工队工作，建立中共钦县特支。中共寨圩特支发展为中共寨圩区委，建立白石水大队党支部。② 1941年1月，中共广东省委根据日军从钦邕线上撤离的形势变化，决定撤销中共粤桂边工委，钦廉四属党组织仍归南路特委领导，周楠由粤桂边工委书记改任南路特委书记。

1940年7月到8月间，谭思勉受中共广东南路特委派遣到达东兴，传达上级党组织关于当前形势和任务的指示。谭思勉到东兴来指导工作，进一步加强了东兴支部的领导

---

① 中共广东省委组织部、广东省委党史研究室、广东省档案馆：《中国共产党广东省组织史资料》（上册），中共党史出版社1994年版，第301-302页、387页。
② 中共北海市委党史研究室著：《中国共产党北海历史（1926—1949）》（第一卷），广西人民出版社2005年版，第167-168页。

力量，促进中共东兴地方党组织的发展。直至 1940 年底，支部先后发展了巫海秋、郭兆华、钟恒骧、潘兆伦、程敏德等共 18 名党员。1941 年 6 月发生了吴南山国民党特务渗透中共党支部的问题，中共南路特委及时委派李康寿前往东兴整顿清理，经严格筛选审核后重新组合东兴党支部。整顿后的东兴党支部以全新的姿态开展工作，党组织不断发展壮大，牢牢地巩固了中共防城县特别支部的堡垒。1941 年初，中共合浦中心县委为进一步加强防城县的党组织力量，准备开拓与建立十万大山抗日游击根据地，将从合浦撤离的庞自、卢传义、郭兆荣等 67 名党员的组织关系转到防城县东兴支部，[①] 分别隐藏于东兴、江平、防城、企沙、那良、那梭、扶隆、那勤、大直和越南芒街等地，以各种公开的职业为掩护，开展抗日救国活动，为东兴、防城两地方培养、锻炼了一大批革命骨干，发展了一大批党员，壮大了党组织的力量。

三、整顿各地组织　纯洁党员队伍

全面抗战爆发后，中共中央为适应形势变化和抗日斗争的需要，制定了大力发展党员的方针，党员队伍迅速发展壮大。但是有些地方为了追求新党员的数量，采取突击

---

① 中共东兴市委党史研究室著：《中国共产党东兴历史（1923.9—1949.12）》（第一卷），中共党史出版社 2009 年版，第 129 页。

运动，集体加入或不经过详细审查即吸收为党员，使得一些普通分子或党的暂时"同路人"加入共产党，甚至一些异己分子、投机分子以及汉奸也乘机混入党内。与此同时，1939年底至1940年初，日渐高涨的国民党反动派的反共高潮很快波及南路，"青抗会"、学生队等抗日群众团体被迫强行停止活动，在抗日救亡运动中表现突出的骨干、共产党员被列入黑名单，被通缉，生命安全受到严重威胁。为了巩固党的战斗堡垒，保护党员干部，积蓄革命力量，中共中央和南方局及时发出了《关于在国民党统治区保存党员的决定》《关于党员被迫加入国民党问题的决定》《关于巩固党的决定》《关于组织问题的紧急通知》等等一系列方针指示，指导全党整顿党组织、纯洁党员队伍以提高党的战斗力，应对国民党反共高潮的到来。《关于巩固党的决定》明确指出："估计到党的组织的现状与目前环境，党的发展一般的应当停止，而以整理、紧缩、严密和巩固党的组织工作为今后一定时期的中心任务；为着巩固党，必须详细审查党员成分，清算混入党内的异己分子（地主、富农、商人），投机分子，以及敌探奸细；巩固党的中心一环，就是加强党内马克思列宁主义的教育、阶级教育与党的教育，使党员认识马列主义与三民主义、民族统一战线与阶级斗争、民族立场与阶级立场的正确关系；为着巩固党，必须加强对党的各级干部的教育工作；为着巩固党，必须加强党的保卫工作和反对奸细的斗争，党内的锄奸教育与党的警惕性必须大大提高，使保卫党的任务与反奸细的斗争成为全党的工作；为着巩固党，必须加紧党的秘密工作，使秘密工作与公开工作有正确的联系；为着巩固党，必须提高党的纪律和加强党的团结。"①

1940年4月，党中央指示中共广东省委："必须认识时局的严重性，纠正对广东环境特殊的乐观估计，迅速采取办法以保存党的力量，缩小各级领导机关至短小精干的程度。""对青抗（会）抗先（会）之已暴露的党员或非党员积极分子，""对一切已暴露或可能被破坏之干部和党员以及'左'倾文化人，均须决心调开或隐蔽，宁肯牺牲或缩小一部分工作，但必须首先保护干部。""领导机关要隐蔽起来，干部要职业化，隐蔽在群众中。"②等等。作为高雷工委、南路特委书记的周楠，把如何团结党委成员以及全体党员，在思想、政治、组织等方面巩固党的领导作为党的工作中的重中之重。特委在全区范围对干部进行调整，党员以各种职业为掩护深入乡村，占领农村阵地，巩固老区，开辟新区，为后来开展武装斗争打下牢固的群众基础。

---

① 中共中央文献研究室、中央档案馆编：《建党以来重要文献选编（1921—1949）》（第十六册），中央文献出版社2011年版，第579-581页。

② 南方局党史资料征集小组编：《中共中央书记处关于时局逆转与党的应付措施给粤委的指示（1940年4月1日）.南方局党史资料（二）》，重庆出版社1990年版，第17页、18页。

以周楠为书记的中共高雷工委、南路特委坚决贯彻执行中共中央、广东省委的指示，于1938年底到1940年期间进行了抗战爆发以来大规模的整党审干，以清理整顿在抗日高潮中迅速扩大的党组织，进一步克服党内存在的、妨碍党的正确路线和政策贯彻执行的各种非无产阶级思想和作风，纯洁和巩固各级党组织，迎接更艰苦复杂的斗争。1940年3月，中共南路特委委派梁嘉副书记到信宜指导工作，具体审查党员履历，并对党组织进行整顿。这次整党，重点对党员进行思想政治教育，加强党的纪律和保密教育，以确保党组织的纯洁和安全。

整党审干是通过开展思想教育活动，由各地各级组织以开办培训班的形式进行，以"四查""五教育"为主要内容，以审查干部为重点。"四查"是指查出身成分和社会关系、查入党动机、查入党后的思想意识、查工作表现。"五教育"是指形势教育、阶级教育、纪律教育、气节教育和秘密工作教育。主要目的是在政治上弄清每个党员是否可靠，对党是否忠诚，是否符合党员条件；弄清各级领导干部的政治历史情况，保证各级领导机关权力掌握在政治上可靠的人手里；把不符合党员标准条件的秘密放弃，并把个别政治不纯、品质不好的清除出党。整党审干工作取得了明显的成绩。第一，发现并开除了个别内奸、投机分子及蜕化变质分子，处理了一些严重个人主义或严重违反纪律的分子，清除党内隐患；第二，放弃了一批只有抗日热情但无共产主义觉悟的"同路人"，提高了党员队伍的整体素质；第三，严格审查各级干部，提拔了一批立场坚定、觉悟较高的新干部，加强了区委级领导；第四，使全体干部、党员对当时的政治形势和中国革命发展规律有比较清晰的认识，树立坚持革命气节、应付突然事变、准备长期艰苦斗争的思想；第五，批判了自由主义、宗派主义和个人英雄主义等错误思想，提高了党员的纪律性，加强了党员间的团结，巩固了党的组织，提高了党员的综合素质，使党组织的战斗力大大地增强。

四、组建南路特委　北上重庆受令

中共高雷工委改为中共南路特委。1939年冬，周楠到韶关向中共广东省委汇报高雷地区工作情况。由于反共形势日益严重恶劣，中共广东省委决定把钦廉四属纳入高雷工委统一起来管理，建立中共南路特委，指派周楠任书记。周楠于1939年12月底回到高州，温焯华于1940年1月也回到高州。[①] 1940年2月，中共高雷工委由周楠主持在高州召开扩大会议。会上周楠传达了省委关于撤销高雷工委、成立中共南路特委的指示。同时，决定把南路特委搬到广

---

① 中共湛江市委党史研究室编：《南路人民抗日斗争史料（1937.7—1945.9）》，广东人民出版社1996年版，第101页。

州湾，在广州湾建立地下机关，指导南路各县工作。至南路特委成立时，整个南路地区的党员发展到约2000人。此次扩大会议强调了党的任务要以巩固党的组织为中心，指示党组织在国统区要坚决执行"长期埋伏、积蓄力量、以待时机"的方针。讨论具体如何贯彻党中央的指示，及时做出了如下决定："①发动群众开展反逆流斗争，同时逐步撤退转移暴露干部以保存力量；②转变活动方式，以社会化、群众化形式作掩护，并认真做好上层统战工作；③传达学习广东省委关于加强革命气节教育的决定，对全体党员进行形势、党性和革命气节教育；④审查干部，纯洁组织，严防内奸破坏。"①

日军在侵占合浦县属涠洲岛的基础上，又在钦州湾登陆，占领钦州。中共南路特委周楠等领导人立即进行紧急动员，组织抗日团体，反击日寇的侵略。鉴于钦州地区成为敌后，中共广东省委做出决定，由周楠担任中共粤桂边区工委书记，开辟十万大山抗日游击根据地，开展敌后工作。但不久日军从南宁、钦州地区撤退，粤桂边区的战局转向缓和，中共粤南省委②就撤销了这个决定，周楠仍担任

---

① 中共湛江市委党史研究室编：《中共南路党史大事记》，广东人民出版社1996年版，第103－104页。

② 说明：1940年底广东省委成立南委、粤北省委、粤南省委，中共南路特委归属粤南省委管辖，机关地址设在香港。参见中共湛江市委党史研究室编：《抗日战争时期中共广东党组织活动的片断回忆（节录）——王均予. 南路人民抗日斗争史料（1937.7—1945.9）》，广东人民出版社1996年版，第92页。

中共南路特委书记，留在雷州半岛工作。1941年秋，周楠到香港，向中共粤南省委书记梁广、中共南方工作委员会副书记张文彬等领导进行汇报和请示工作。同年12月，日军占领香港。周楠被困在孤岛上，直到1942年1月才离开香港本岛，经九龙到达东江地区，3月回到南路，向干部党员传达了粤南省委会议精神，带领群众继续开展内外斗争。1942年5月，东江军政委员会派人到广州湾通知南路特委：中共南委、粤北省委已被国民党顽固派破坏。周楠立即布置南路各地党组织隐蔽，停止公开活动。周楠仍坚持在南路工作，开展游击战，打击日本侵略者，屡挫日伪进攻。①

  1942年5月粤北省委被破坏后，中共中央决定撤销粤北省委、粤南省委，成立广东临时省委。广东省临时省委成立于1943年1月，但由于当时形势危急，南路地区收到信息迟滞，周楠没能及时获知。周楠在回忆录中说："临时省委是什么时候、在哪里成立的，由谁负责，事先我们一点也不知道。"② 当时，粤南省委组织部部长王均予正在广州湾检查工作。粤北省委、粤南省委被撤销，他也与上级

---

  ① 中共湛江市委党史研究室著：《中国共产党湛江历史（1921—1949）》（第一卷），中共党史出版社2011年版，第215-217页。
  ② 中共湛江市委党史研究室编：《我在中共南路特委工作期间（1939—1945）的几个片断回忆（节录）——周楠. 南路人民抗日斗争史料（1937.7—1945.9）》，广东人民出版社1996年版，第108页。

组织失去了联系。在失去上级指挥的情况下,王均予与周楠商定,由王均予先到重庆向中共中央南方局汇报请示,如果南方局需要周楠上去汇报工作,到时周楠再前往。1943年7月,王均予携同妻子蔡萍由陈方陪同离开南路前往重庆。1943年冬,陈方根据南方局指示返回南路,准备给周楠上去重庆时带路。1944年3月,周楠安排好南路的各项工作、做好路上的安保事务以及筹足经费等,由陈方带路前往中共南方局汇报工作。

据周楠回忆:"到了重庆八路军办事处,很快找到南方局,由董老(董必武)接见我。我向董老汇报工作后,董老找我谈两次,两个半天。他着重讲统一战线问题,怎样扩大宣传动员,搞统一战线和发动群众,等等。然后由南方局组织部张部长①(现名刘少文)安置我住在董老隔壁的房间里。听说这个房子是周恩来同志住的,他返回了延安,叫我住进去,并交代我写书面报告。我写了两个报告,一个是我的自传,一个是南路武装斗争的情况。这时恰好王若飞同志和林伯渠同志来到重庆。董老对我说,党中央派王若飞同志来重庆,是有公事要来办的,办完以后便要回去,你最好直接向他汇报,他是毛主席的重要助手,更

---

① 张部长的提法有争议。根据中共中央组织资料显示,当时南方局的组织部部长是孔原,周楠到达重庆时恰逢离开,由张明(刘少文)代理负责接待。周楠以为是组织部张部长,包括湛江市委党史研究室也是叫张部长。

好让中央了解你们的情况，（也顺便）把中央的精神向你们传达。于是我又向王若飞同志汇报，并把写好的两份书面材料交给他。王若飞同志很忙，他只能约我晚上谈，一连谈了两晚，从天黑谈到半夜一两点钟。他怕我困倦，还买了一条好烟放在桌上，对我说：'你想打瞌睡就抽烟吧！'王若飞同志谈得很多，林老只是听，没讲什么。王若飞同志说自传看过了，检讨了'立三路线'情况，能够自己检讨，总结经验教训是好的，不过当时立三领导的错误，组织上亦有责任，其他不谈了。"

"关于南路工作问题，他重点谈的是：第一，我们在雷州半岛敌后，当前最紧要的是要建立一个由共产党领导的独立自主的武装力量。在谈到我的报告说和铁胆（即戴朝恩）合作建立联防队问题时，若飞同志说，为着搞好统一战线，和那些对敌抗战的人搞统战是可以的，但有一条，西区联防区主任、副主任谁做都不成问题，但我们自己的部队绝对不能给西区联防总队指挥，否则，总有一日被他们吃了你的，我们的部队绝对不能加入联防队，你回去马上要把我们派去的中队撤出，如不撤出，总有一日被吃掉（我回到南路立即找陈恩研究撤出问题，陈说'刚刚还在打，国民党要缴我们的械。若飞同志的指示非常正确、及时'）。第二，你们雷州半岛最好的据点是哪个地方，贫雇农最多,有党员、干部,能掌握武装的?我回答说是老马村,我们团有300多人,都是贫雇农,地主势力不大,我们有个党支部,30多个党员,有武装可以掌握,也有干部,有个马如杰同志很有威信,在那里教书的,武装有二三十支枪,自卫队可以掌握,我曾经去看过。若飞同志说这个据点是比较好的,你回去以老马村为中心,集中力量先成立一个大队,找强的干部去当大队长、中队长,以后再成立第二、第三个大队(我回去后就成立大队,由唐才猷当大队长)。"

"谈到敌后国民党武装怎样处理时,若飞同志说凡是敌后的国民党部队,如不抗战,又和敌人能相处的都是汉奸;抗战的当然打敌人嘛,那些不抗战,和敌人和平相处、勾勾搭搭的,当然是汉奸嘛。解决的办法很多,如坐车(他拿了一张长凳来,自己坐下)。比如人家两个人同坐一凳,你坐不下怎么办?你就逼下去(他站起来作逼下去坐状),先坐半个屁股,再坐一个位置,逐步把他们逼走(自己坐了整张长凳),不用画出肠(太直白),你就懂得了(他不叫通通打,使我们体会即可)总之方法很多,最根本一条是在敌后建立党领导的独立自主武装,统一战线一定要搞好,但武装不能听别人指挥,否则人家是要吃掉你的。……方式方法很重要,举个例子你听。你听讲过湘西有个叫作'叫驴子'的人吗,是一个土匪头的花名,他控制了湘西的几个县,蒋介石多次派兵去剿,派成师军队去都无法消灭他,我们是共产党,能团结人民,怎么坚持不下去呢?是可以做到红色割据的,这个道理你懂得啦。后来,我们就按照王若飞同志指示进行。这是雷州敌后建军的开始。"

"南方局同志告诉我,王均予夫妇调去延安学习,陈方留办事处工作。办事处张部长布置我回南路,他说敌人准备打通湘桂线,通到越南,支持日本在东南亚的侵略活动,太平洋上日本海军比不上英美,海上运输靠海军靠不住,所以要打通湘桂线。他还解释给我听,说这个行动很快就会实现,如果打通湘桂线,广东及广西的很大一部分地区就处于敌后了,你赶快回去大力发动武装斗争。他派一名地方干部护送我到贵阳。我到贵阳后找到陈方的弟弟陈湖,他答应带我回南路。"

"陈方是共产党员,他弟弟是群众,广州湾郊区人,他们两兄弟筹集一笔资本,买了两部货车,搞运输业务,行走于重庆、贵阳、柳州一线,办事处设在贵阳,关系好,没有暴露。五六月间,我回到广州湾。"[1]

---

[1] 中共湛江市委党史研究室编:《我在中共南路特委工作期间(1939—1945)的几个片断回忆(节录)——周楠. 南路人民抗日斗争史料(1937.7—1945.9)》,广东人民出版社1996年版,第109-112页。

第三节　发展南路抗日武装
　　　　领导创建人民解放军

　　1942年春,中共粤南省委组织部部长王均予到达南路指导工作,与周楠及南路特委其他成员分析南路的抗战形势,认为日军曾在南路发动"雷州方面切断作战",南路沿海的阳江、电白、海康、北海等地曾被日军短暂占领过,太平洋战争爆发后日军加紧南进,不久将会入侵雷州半岛。因此,指导中共南路特委把集中在广州湾的特委领导成员分散转移各地,并布置各地党组织加紧进行武装抗日的准备。①

一、从香港返回广州湾　秘密筹建游击小组

　　1941年9月间,周楠遵照粤南省委通知到香港开会,住进省委招待所撰写工作报告,等待开会。12月8日,日军"南进"进攻香港,港岛被封锁没法出来,直至12月25日,港督奉英女王命令投降。1942年春,粤南省委布置周楠撤离香港到东江纵队,在东江纵队驻地住了一段时间。时任南委书记张文彬指示,要求周楠带王均予一家经东纵

---

① 中共湛江市委党史研究室编:《湛江党史资料系列:5 高雷抗战纪事》,中共党史出版社2016年版,第157页。

地区绕道回南路，让王均予留在南路协助特委工作。1942年春，周楠和王均予回到广州湾。

据周楠回忆："我和王均予回到南路后，估计日军一定要进攻雷州半岛及广州湾，因此特委做了动员布置，在各县尤其是在遂溪有支部组织和群众基础的地方组织秘密游击小组，准备武器，并设法掌握各乡村的自卫队（公开的）武装，派黄景文到遂溪主持秘密游击小组的组织和训练，做了武装斗争的准备。"但是，不久中共南委和粤北省委遭到严重破坏，1942年7月至8月，临时省委传达指示，要求南路党组织停止工作，防止事态进一步恶化。周楠认为这事情关系重大，不能轻率进行，于是和特委其他成员、王均予以及有关干部开会进行讨论。周楠回忆说："大家认为这个决定不但很难执行，而且不应该这样决定，因为：第一，我们在南路尤其遂溪一带已经有比较强大的基础，群众能掩护我们；第二，南路属粤南省委领导，粤北距离我们很远，并无组织联系；第三，日军已经'南进'，占领香港，雷州半岛将成为敌后，我们应该坚持发动游击战争，而且当时广州湾还是法国统治区。因此决定坚持下去，没有执行临时省委的决定（临时省委是什么时候、在哪里成立的，由谁负责的，事先我们一点也不知道）。"① 南路特委

---

① 中共湛江市委党史研究室编：《广东革命史料丛刊：南路人民抗日斗争史料（1937.7—1945.9）》，广东人民出版社1996年版，第107－108页。

虽然没有按照临委的要求停止活动，但根据本地实际情况积极采取应变措施，改变领导方式，对各地党组织实行特派员制，单线管理，并把特委机关从广州湾移至廉江。

1943年2月，日军占领雷州半岛，覆盖广州湾，整个局势发生重大变化。雷州半岛已成敌后，廉江、化县、吴川等已成为前线。周楠在组织部部长王均予的指导下，与南路特委全体委员召开会议，加紧研究最新局势。研究认为，从敌、我、友三个方面的态势看，建立抗日武装力量的时机已到，各级党组织要迅速行动起来，肩负起领导人民群众开展抗日武装斗争的历史使命。不久，特委对南路地区做出具体明确的工作部署，主要有以下四点：第一，向广大党员进行紧急动员，揭露日本帝国主义侵占雷州半岛的图谋和国民党地方当局放弃抗战的丑行，号召全体党员坚守岗位，以"联防自卫、保卫家乡"为口号，广泛发动群众，大力发展人民抗日武装力量。第二，以武装抗日为南路党组织的中心任务，加强敌后和前线地区的领导。南路特委移到廉江县后，由周楠、王均予负责主持南路各县工作。温焯华从高州移驻吴川县，以加强对吴川、梅菉、化县等前线地区的工作领导。陈恩全面负责雷州半岛各县和广州湾的工作。唐才猷、陈醒吾等一批骨干调回雷州半岛，以加强敌后武装斗争的领导。第三，非沦陷区的党组织要广泛发动群众，大力组建地下游击小组和群众抗日武装,相互间要密切配合,做好支援前线和敌后的抗日斗争。第四,加强抗日民族统一战线工作,推动张炎将军组织南路地区的原第十九路军旧部共同抗日。① 根据中共南路特委的部署,南路地区各县党组织普遍建立秘密游击小组,广泛收集民间枪支,准备开展抗日武装斗争。

高州六属地区,茂名党组织根据上级指示,深入农村、城镇和学校,加紧扩大发展游击小组,严密组织地下党领导的地下军。制定参加游击小组的条件,具体有以下六个方面:第一,绝对服从中国共产党的领导和指挥,要做到召之即来,来之能战。第二,严格保守组织秘密和遵守纪律。第三,要有坚贞不屈的高尚革命气节,永不投敌叛变。第四,深入调查研究情况,随时搜集敌情,及时向组织反映汇报。第五,广泛宣传(党的革命精神和为人民服务的宗旨。史料没有记述,笔者根据上下内容做出的可能性判断)团结教育广大人民群众。第六,坚决完成组织分配的筹集枪支、弹药、粮食钱物等任务。经过严格筛选,参加游击小组的人员中高州中学有 15 人,茂名师范有 20 多人,茂北有 4 人,等等,而后不断扩大发展。截至 1944 年 9 月,茂名县秘密吸收参加游击小组的骨干已有 1000 多人,为抗日武装力量初步做好了组织准备。与此同时,茂名党

---

① 中共湛江市委党史研究室著:《中国共产党湛江历史(1921—1949)》(第一卷),中共党史出版社 2011 年版,第 221 页。

组织广泛筹集抗日武器和财物。①

在化县,党组织的抗日武装更是紧锣密鼓地秘密进行。化县特派员陈醒亚已及时调整党组织的工作重心,以建立武装力量为工作重点,广泛组织秘密农会和地下军、游击小组等,并进行军事学习和训练,秘密发动群众建立武术馆、冬防队、抗日自卫队、巡更队等,柑村还成立以叶致英为组长的妇女游击小组,成员约有30人。秘密农会有严格的入会章程,主要有6条。第一,打倒日本帝国主义,保卫家乡;第二,实行"二五"减租减息;第三,严格保守农会、地下军的秘密;第四,秘密调查、登记地方上的公枪、民枪和弹药;第五,为国家、民族不怕艰苦、不怕牺牲;第六,同心协力,同甘共苦共患难。截至1944年底,党组织和武装队伍不断发展壮大,整个化吴廉边组织起来的农民地下军和游击小组已有千人以上,学生地下军、游击小组也有100多人。化北农民武装有300多人,学生武装四五十人,共产党员发展到100多人。② 中共信宜特派员陈志辉向在信宜的党员传达南路特委指示,不久便建立了6个游击小组,队员达到90多人。同时还秘密集资购买

---

① 高州市党史地志办公室著:《中国共产党高州地方史(1925—1949)》(第一卷),中共党史出版社2006年版,第82-83页。

② 中共化州市委党史研究室著:《中国共产党广东省化州历史(1926—1949)》(第一卷),中共党史出版社2018年版,第82-84页。

了手榴弹等一批军火，以及筹集了一笔经费。①

中共廉江县特派员余明炎根据形势发展和上级指示，布置县内党组织以共产党员为骨干，广泛发动爱国分子和工农群众，组建地下抗日游击小组，搜集民间武器、弹药，筹款购买武器，学习军事技术和开展军事训练，建立群众性地区联防武装，渐进式地形成共产党领导下的抗日武装。党组织建立或与当地政府联合的抗日联防队主要有良村仔抗日联防队、横埇抗日联防队、廉吴边抗日联防队、安张抗日联防队，建立了博教、金屋地、烟塘、三合、白鸽港、东桥、鹤山、平坦和廉江师范等一批抗日游击小组。② 中共电白特别支部积极贯彻落实南路特委指示，很快在全县各地建立和扩大抗日游击小组。至1944年秋冬期间，电白特支在霞洞、羊角、马踏、华楼、沙琅、南海、林头、旦场、陈村、观珠、南强中学、实践中学、沙琅、木院、红袍岭、下龙塘、赤岭等地先后建立了一批游击小组。至1944年底，全县抗日游击小组成员发展至300多人，③ 为抗日武装起义创造了条件。

雷州三属党组织以"联防自卫，保卫家乡"为口号，

---

① 中共信宜市委党史研究室著：《中国共产党信宜地方史（1925—2004）》，中共党史出版社2006年版，第60-61页。

② 中共廉江市委党史研究室著：《中国共产党廉江县地方史（1919—1949）》（第一卷），中共党史出版社2009年版，第146页、148页、150页。

③ 电白县党史地志办公室著：《中国共产党电白历史（1924—1949）》（第一卷），中共党史出版社2011年版，第67页、69页、70页。

采取多种形式组织群众武装，开展敌后抗日武装斗争。在日伪控制地区以党支部、党小组为核心，建立游击队、游击小组；在日伪控制区外围及其力量薄弱地区，以共产党员、进步分子为骨干，发动各阶层群众建立抗日联防区，组建抗日联防队、自卫队；布置党员、进步分子推动国民党地方武装积极抗战；挑选干部打入伪军内部进行分化瓦解工作；从广州湾、遂溪等地抽调党员骨干加强海康、徐闻的工作。① 至1943年夏，在遂溪西北部的山家、山内、老马、金围和中部的深泥塘、百桔仔等村先后建立起抗日常备队、自卫队、联防队等民众武装。此外，还在连山、文相、竹山、泮塘、下溪仔、布政塘、龙湾、后田等村分别成立了一批抗日游击小组。其中，深泥塘村村民卜炽赤手空拳，以自己的机智灵敏夺得日军曹长身上的军刀，并转身重砍日军曹长，此事大大激发了高雷人民武装抗日的热情。海康县党组织在土角、塘仔、英岭、下坑等村庄组建抗日游击小组和秘密交通站，至1944年上半年，海康县游击小组人数多达2000多人。②

徐闻党组织积极开展统一战线工作，组织群众联防自卫，抗击日伪军的进犯。共产党员林飞雄在下洋地塘村一

---

① 中共湛江市委党史研究室著：《中国共产党湛江历史（1921—1949）》（第一卷），中共党史出版社2011年版，第221页、222页。
② 中共湛江市委党史研究室著：《湛江党史资料系列：5 高雷抗战纪事》，中共党史出版社2016年版，第157页。

带组织了抗日游击小组。一年多后下洋区相继成立了16个抗日游击小组，共有队员200多人，遍布下洋镇83个村庄。在下洋地区的带动下，曲界、前山、龙塘、新寮、和安以及徐闻北区等地也先后建立了抗日游击小组。① 中共广州湾党组织先后在赤坎河清、培才、赞化等中学和国技小学，以及郊区菉塘、新村、陈铁、调罗、调熟、祝美等村庄建立抗日游击小组。东海中心支部在觉民中学和西山、东参、调文、三盘、什二昌、拾石、调市等20多个村庄，相继建立抗日游击小组。②

在钦廉四属地区，周楠委派阮明为钦廉四属党组织的联络员兼军事特派员，负责建立钦廉地区的武装力量。不久，组建游击小组工作全面展开。在防城东兴一带，建立了那良游击小组、沿海游击小组、那天游击小组、那良中学游击小组、北仑北基游击小组等，收集轻机枪、步枪、弹药以及一批物资。③ 1944年12月下旬，周楠通知钦廉四属党组织联络员阮明和公馆区特派员谭俊到南路特委办事处，亲自部署举行钦廉地区抗日武装起义等工作。周楠指出，日军已打通湘桂线，湘桂线以南的广大地区已沦为敌

---

① 中共湛江市委党史研究室著：《中国共产党湛江历史（1921—1949）》（第一卷），中共党史出版社2011年版，第224页。

② 中共湛江市委党史研究室著：《湛江党史资料系列：5 高雷抗战纪事》，中共党史出版社2016年版，第158页。

③ 中共东兴市委党史研究室著：《中国共产党东兴历史（1923.9—1949.12）》（第一卷），中共党史出版社2009年版，第157-158页。

占区，人民群众处于水深火热之中。南路国民党顽固派不仅消极抗日，而且对日妥协，积极反共，镇压抗日人民和抗日武装队伍。抗战的任务落到共产党身上。因此，南路要组建党领导的人民武装队伍，多渠道筹集武器，建立以白石水老区为中心的抗日游击根据地。周楠同时宣布，由于发生合浦永信烟庄事件，南路特委决定停止钦廉四属党组织生活，进行审查，但仍保持上下级联系，继续工作。所有共产党员都要参加武装起义，接受武装斗争的考验，以便恢复组织生活。周楠指派阮明在发动武装斗争中审查党员；谭俊协助阮明传达贯彻特委指示，并负责钦廉四属与特委的交通联络工作。由于此时北海和廉州是国民党的中心城市，国民党的势力十分强大，故合灵的武装起义主要在广大的农村和山区进行。①

二、重庆归来谋新局　领导老马村起义

前面提到南委和粤北省委遭到敌人的严重破坏后，南路特委失去了与党中央的联系。王均予前往重庆寻找党中央，中共中央南方局接见王均予后同意暂时接管南路特委，要求周楠前往重庆汇报工作。周楠于1944年3月启程前往，同年五六月返回南路。有了党中央的指示，周楠开始

---

① 中共北海市委党史研究室著：《中国共产党北海历史（1926—1949）》（第一卷），广西人民出版社2005年版，第239–241页。

大力发展抗日武装力量。据周楠回忆:"我回到南路就向特委和有关干部传达王若飞同志和南方局指示,一方面集中力量以老马村为中心成立第一大队,以后陆续在雷州半岛及廉江、化县、吴川等处建立其他大队;另一方面布置高州地区的茂名、信宜、电白和合浦地区各县做好武装起义的准备,起义时间大致是在春节期间或春节后。对张炎,我们也派人去和他联系,推动他,派出陈信材作为特委代表,联系一批进步分子,对张炎做工作。在此以前,我们在雷州半岛敌后已组成了许多分散的游击队,进行过无数次的英勇抗敌斗争,取得多次胜利。为适应雷州边沿地区的抗战形势,我们还成立了吴、廉边区工委,由黄景文同志负责并组织了和掌握着当地的群众武装二三百人,对日军打了一场胜仗。"①

1944年7月,周楠来到老马村,召集支仁山、唐才猷、马如杰、陈兆荣等人开会,传达南方局董必武和中共中央驻重庆代表王若飞等领导的指示和南路特委的决定,指出:"我们应立即砸掉国民党的招牌,摆脱他们的指挥,迅速建立独立自主的抗日武装队伍,公开打出共产党的旗号。"周楠总结了前段抗战工作的经验教训,明确了当前南路工作的方针和雷州半岛敌后斗争的紧急任务,强调必须迅速建

---

① 中共湛江市委党史研究室编:《广东革命史料丛刊:南路人民抗日斗争史料(1937.7—1945.9)》,广东人民出版社1996年版,第112–113页。

立独立自主的武装队伍，在遂溪西北地区建立一个大队。周楠对举行起义和建立大队等相关工作做出指示。会后，支仁山、唐才猷立即领导开展各项准备工作：一是加紧筹集枪支弹药，扩充各游击小组、自卫队、联防队的武器装备；二是派骨干人员到界炮、山家、豆坡等联防队去控制武装，待机率队参加武装起义；三是加紧筹集其他各种军用物资。①经过一个多月的紧张筹备，起义的条件日臻成熟。

1944年8月9日凌晨，游击队首先把界炮联防队杨起德手下的枪全部缴获，运到老马村。与此同时，遂溪县中部、西部地区及廉江县良村仔村的抗日武装按计划集中到老马村，随即进行武装整编，分成三个中队，共有200多人。上午10时左右，武装起义誓师大会在老马村祠堂前举行，由支仁山同志宣布"遂溪抗日联防大队"成立。不久，南路特委指示该大队改称为雷州人民抗日游击大队，由唐才猷任大队长。②这是雷州半岛著名的老马村起义暴动，是我党在广东南路地区领导的第一支抗日武装力量，公开打出了中国共产党的旗号，标志着党在雷州地区领导的抗日武装斗争，已从联防自卫的隐蔽队伍转变为公开由中共直接领导的武装队伍，南路地区由此开启了独立自主进行游

---

① 中共湛江市委党史研究室著：《湛江党史资料系列：5 高雷抗战纪事》，中共党史出版社2016年版，第235页。

② 中共湛江市委党史研究室著：《中国共产党湛江历史（1921—1949）》（第一卷），中共党史出版社2011年版，第237页。

击战争的新征程。

老马村起义后的第三天，国民党"铁胆"戴朝恩挺进队和杨起德的反动武装，连续三次对该村进行疯狂"扫荡"，妄图把这支新生的抗日武装力量扼杀在摇篮中。在粉碎顽军三次"围剿"后，支仁山、唐才猷等认为起义部队不宜在老马村一带同敌人拼消耗，而应该离开老马村去谋求更大的发展空间，因此决定率部撤出老马村。起义部队抵达卜巢山做短期休整，当地有一批青壮年踊跃参军，部队不断发展壮大。同年10月初，起义部队到达遂溪吾良整编，宣布正式成立雷州人民抗日游击队第一大队，下辖3个中队和1个政工队，共200多人。吾良整编后，陈恩把活动于遂溪西区、中区、南区的几个游击中队和由共产党掌握的联防队、自卫队、游击小组等抗日武装集结起来，成立雷州人民抗日游击队第二大队，下辖3个中队和1个政工队，共约250人。另外，吾良整编余下的100多人与西区的杨柑、东区的抗日游击中队合编为雷州人民抗日游击队第三大队，200多人。① 至此，党在雷州地区直接领导的人民抗日武装由老马起义时的1个大队200多人，迅速发展到3个大队，人数壮大到原来的3倍以上。这是周楠直接领导下在南路地区创建的一支主力部队，这支部队由

---

① 中共湛江市委党史研究室著：《中国共产党湛江历史（1921—1949）》（第一卷），中共党史出版社2011年版，第238—239页。

此声名鹊起,开创了南路地区武装斗争新局面。

1945年1月4日,周楠向南方局董必武、王若飞汇报南路遂溪老马村起义的情况:"(1944年)8至11月,我们已由一个大队发展到三个大队,第四大队亦在建立中。各大队共有600—700人,游击小组1500人,预计大队至旧(历)年腊月可以发展至1000人,从建立日起,至今国民党无日不在对我袭击中,我无多大损失,而国民党则有相当损失,到处焚烧、抢掠、奸淫,民众财产损失最大,值百万元以上。我队伍仍在有利发展中,现拟名为'南路人民大队游击队①'。"② 由此看来,周楠对老马起义的胜利是充分肯定的,认为国民党反动派不抗日、打击抗日力量的行为将极大地失去民心,失去群众的支持。接着周楠进一步说,国民党对南路共产党残酷镇压,但在日军来犯时却是逃跑主义。"敌去年自广州湾进攻广西共4000人,其中敌伪不足2000人,余为民夫等。国民党毫无抵抗,敌寇去后,地方随即恢复原来国民党统治状态。敌伪据守雷州,设有据点。敌伪合计约1500人,其中敌不过500—600人。国民党一五五师经敌进攻广西后已溃散,现剩一团人。此外,有保安团两个团,补充团4个团,另3个警备司令部,

---

① 文中"南路人民大队游击队"应为"南路人民抗日游击队"。
② 中共湛江市委党史研究室编:《广东革命史料丛刊:南路人民抗日斗争史料(1937.7—1945.9)》,广东人民出版社1996年版,第63页。原件存中央档案馆。

每部约500人。各县政府兵力300—500人,各县集结队伍除各县①有1000人外,余皆每县300—500人。国民党在雷州及前线兵力共1500人,余皆布置后方。目前反共形势极为严重,国民党经常以其主力部队向我进攻,后勾结敌伪配合相机进攻。另一方面则加强特务统治与活动,由坏人执政,而最厉害者,为国民党最近成立之南路游击队总队部,由七区专员林时清任总队长,各县县长兼任各县大队长,并分设若干集结大队,现搜民枪,训练干部,凡属适龄壮丁均编入队,其目的全在对付我们,使我们无人可用,无枪可使,其谋至毒,此为反共形势中最严重者,合浦组织在去年6月已被国民党逮捕了3个干部,受到相当破坏,现将该区负责同志秘密扣留,拟调来东江,因该同志过去历史我不清楚。我们对付办法,在国民党统治地区下,一部分则继续掩蔽,大部分则准备武装斗争,其不能掩蔽没有条件发动武装斗争之干部,则调入部队中,而主要的则在扩大武装队伍。"②

陈超将军

---

① 疑为"个别县"或者"茂名县"。

② 中共湛江市委党史研究室编:《广东革命史料丛刊:南路人民抗日斗争史料(1937.7—1945.9)》,广东人民出版社1996年版,第63-64页。原件存中央档案馆。

陈超中将是经历过这段历史，至今还健在的为数不多的一位老前辈，征得他的同意，笔者前往广州采访。陈超在谈到周楠的贡献时评价说，老马起义、建立南路人民抗日解放军的武装组织，是周楠在南路抗日战争时期最为突出的贡献，他建立了一支由南路共产党直接领导的武装力量，贯彻了"党指挥枪""枪杆子里出政权"的指导思想。

2020年10月30日作者采访陈超将军（于广州珠江宾馆）

三、创立南路人民抗日解放军

老马村起义成为共产党在南路地区公开的独立自主的武装斗争开启点，是周楠领导的南路特委贯彻执行中共中央南方局指示取得的成果。南路特委充分利用老马村党员干部多、群众基础好、武装可以掌握、有得力的干部以及有30支枪械可掌握等优势开展独立自主的武装斗争。老马起义部队由1个大队迅速发展到3个大队，这充分表明了选择老马村作为开启点的决策是正确的。但老马武装斗争仅仅是南路革命整体布局中的一个开局，建立一支由党绝对控制的人民武装力量，继续发展与壮大并最终取得南路地区革命的胜利才是关键和目的。

周楠领导南路人民开展的抗日武装斗争引起了中共中央对南路人民的抗日武装斗争的高度关注。周恩来总理起草的《中共中央关于发展广东游击战争等问题给尹林平等的指示》中讲道："目前战局重心在桂，但西、北江已成敌人进出之路，邓龙光集团调退广西，李汉魂省府保安团向和平集中，余汉谋后方虽向西移，但其兵力仍留路东。因此，西江、南路在目前最为空虚，敌占地区亦较东江为广。如桂、柳不守，粤、桂、湘边国民党亦难屯大兵。如此种（保持原文）估计不变，我广东游击战争就以向西发展为目前主要方向。同时联系南路，打通琼崖，应成为目前重要任务之一。"接着，党中央对此提出，实施上述任务主要有"……选派得力同志，往南路帮助周楠及当地组织，发展敌占地区武装游击，并继续派人打通琼崖联系，告以与延安电台先行明码联络。""一切工作以武装的发展和胜利为基本条件"[①] 等等。

[①] 中共中央文献研究室、中央档案馆编：《建党以来重要文献选编（1921—1949）》（第二十一册），中央文献出版社2011年版，第561-562页。

广东临时省委根据中共中央指示，决定派遣李筱峰到南路协助特委发展敌后抗日武装，待条件成熟后成立南路人民抗日解放军并任参谋长。接着又委派林克武、李廉东、黎汉威等一批广西籍和广东南路籍干部到南路抗日游击区工作，以充实南路武装斗争的军事力量。

南路人民抗日解放军的成立，以各地武装力量的发展壮大为前提。在遂溪，1944年10月，中共南路特委做出扩大和集结遂溪部队、南北挺进开辟新区的部署。第一大队往南挺进徐闻，开辟徐闻抗日游击根据地。第二大队往北挺进廉江，配合廉江党组织开辟新区，策应吴川、梅菉、廉江、化县交界边区的抗日武装起义。第三大队由唐才猷、黄其江带领前往遂溪、廉江、化县三个县交界地方开辟新的游击区。同年11月，第一大队在海康西南部的扶桥、松竹、燕家、大牛岭一带帮助海康党组织建立了独立自主的抗日武装。对国民党海康县县长邓汝模组织的反动地主武装进行还击，缴获数十支枪，改善和加强了部队的武器装备。在东部的东里圩围击敌伪军蔡云从大队，全俘伪军60多人。① 对待这批俘虏一律进行教育并资助其返回各自家乡。这种优待俘虏的政策深得民心，也在一定程度上瓦解了敌人的营垒，致使一批伪军自动前来投降缴械。附近的

---

① 中共湛江市委党史研究室著：《中国共产党湛江历史（1921—1949）》（第一卷），中共党史出版社2011年版，第240页。

联防队以及游击小组成员数十人也强烈要求加入第一大队。由此,老马起义后仅仅1个多月时间,南下发展抗日武装的第一大队由原来的200人壮大到400多人。1945年初,中共南路特委根据高雷抗战形势发展,指示第一大队继续挺进徐闻,开辟徐闻抗日游击根据地,以策应即将到来的吴川、梅菉、廉江、化县等交界边区的抗日武装起义。由于徐闻的群众基础薄弱,此举受阻。

在廉江,第二大队在陈恩的带领下往北到达廉江的营仔、青平、金屋等地配合廉江当地党组织建立武装根据地,推进了烟塘、龙湾的抗日武装起义。1944年底,廉江全县先后建立了石颈中队、三合中队、坡脊中队、龙湾中队、合江中队、廉西中队、吉水中队、船埠中队、田界中队、同南乡中队、博教独立中队、莲塘口大队等抗日武装组织,队伍发展至约900人。[1] 在吴川,当地党组织在乡村发动群众、筹集枪支,参加游击小组达480多人,学生游击小组达320多人。至1944年冬,吴川、梅菉、廉江、化县的大多数地区先后建立了抗日游击小组、游击队和联防队,其中在化廉边区有1000多人,在吴梅化茂有700—800人,在廉江有1000多人。[2]

---

[1] 中共湛江市委党史研究室著:《中国共产党湛江历史(1921—1949)》(第一卷),中共党史出版社2011年版,第242页。
[2] 中共湛江市委党史研究室著:《中国共产党湛江历史(1921—1949)》(第一卷),中共党史出版社2011年版,第243页。

在吴川廉江边境发生的钩镰岭战斗,成为广州湾日伪军的"钩(勾)魂岭"。1944年11月下旬,正在湍流村整训的成安乡抗日联防队遭到松川带领的日军小分队和廉江民众自治联合队(伪军)共100多人的袭击,历经顽强奋战后成功突围转移至后岭。但日伪军不甘罢休,把湍流村洗劫一空。中共吴廉边特派员黄景文掌握信息后,组织成安乡抗日联防队,以及白鸽港、泮北等村的抗日联防队,一起对日伪军展开追击至湍流村,日伪军从湍流村向石门埠方向逃跑时,又被石门乡抗日联防队堵截。与此同时,黄景文率领新民小学、遗风小学的抗日联防队从湍流村的正面攻击日伪军,成安乡抗日联防队则在湍流村的右翼追击日伪军。石门乡抗日联防队也在右翼与成安乡联防队一起追击日伪军,同时控制周边石门、南埇村一带以防止日伪军逃脱。钩镰岭附近村民闻声后也从四面八方赶来助威呐喊,"杀死日本鬼子""驱除日寇,还我山河"之声不绝于耳、响彻云霄。张炎将军闻讯后派遣詹式邦率领300多人前来增援,同时出兵河岸拦截日伪军的出路,致日伪军进退失据,被消灭过半,后因广州湾日军增援仓皇逃脱。钩镰岭之战是对共产党在南路抗日武装力量的又一次检验,是继老马起义之后又一场漂亮的战役,自此,抗日武装力量在南路地区不断发展壮大。

在钦廉四属,周楠针对合浦永信烟庄事件①迅速做出反应,马上停止钦廉四属党的组织生活,对党员进行严格的审核排查,清理经不起考验的变节党员。通知杨甫到广州湾受命,传达所有共产党员都要参加武装起义接受考验的通知,以便恢复组织关系。委派阮明为钦廉四属党组织联络员,负责发动钦廉地区的武装起义,并在斗争中审查组织。谭俊协助阮明传达贯彻特委指示,并负责四属特委的交通联络工作,积极做好响应南路武装起义的准备。②

吴化梅廉边起义。老马起义及各地人民抗日武装力量的建立,极大地推动着南路抗日武装斗争的发展,周楠领导的南路特委决定乘势而上,以吴川为中心举行吴梅化廉边抗日起义。1945年1月6日,中共吴(川)廉(江)边特派员黄景文率领廉江东桥、白鸽港、成安乡及吴川石门、陇水、龙头、泮北等地的抗日游击队及联防队700多人,在廉、吴边境起义。1945年1月8日,廉化边境党组织负责人陈醒亚、罗明集结武装举行起义。次日,赖鸿维、陈炯东带领廉江平坦抗日武装起义,李郁、李鸿带领杨梅、黄槐等地抗日武装700多人举行起义。1945年1月9日,

---

① 1944年7月,时任钦廉四属地区的南路特委委员、宣传部部长杨甫,在合浦县廉州城开设永信烟庄,以此作掩护开展地下党工作。1944年9月国民党八属保安团、"淮海"自卫队共1000多人包围永信烟庄,并实施全城戒严,抓捕烟庄里共产党员3名。钦廉四属的地下党组织机关遭到严重破坏,史称"永信烟庄事件"。

② 中共湛江市委党史研究室编:《谭俊忆述合、灵人民抗日武装起义. 南路人民抗日斗争史料(1937.7—1945.9)》,广东人民出版社1996年版,第328-329页。

中共吴川中区特派员王国强率领陈以铁队伍"陈大队"600人武装起义。① 1945年1月16日,吴梅化边境特派员黄明德集结茂名、化县游击小组400多人宣布起义。莫练、钟永月领导廉江青平起义、涂明堃大队抗日武装起义,杨君墀、杨君群领导龙湾起义。② 与此同时,茂名、电白、信宜和钦廉四属地区党组织也根据南路特委的部署,加紧发动群众,积极做好武装起义准备。1945年1月27日至2月22日,电白、茂名、信宜等县党组织先后集结抗日武装力量,相继举行抗日武装起义。

泮北会议正式宣告广东南路人民抗日解放军的成立。1945年1月中旬,李筱峰奉中共广东临时省委指示终于到达广州湾,当天便与中共南路特委书记周楠接上头。李筱峰随周楠从赤坎支屋一带沿海渡过官渡海沟前往吴(川)廉(江)边游击区。一路上,周楠向李筱峰简单介绍了自遂溪老马起义以来,南路人民抗日武装的发展情况。周楠提出,南路人民抗日武装一直还是沿用老马起义时的称谓——雷州人民抗日游击队,分三个大队。随着抗战形势的发展,廉(江)化(县)吴(川)梅(菉)地区和茂(名)电(白)信(宜)、钦廉部分地区党组织也先后举行

---

① 中共湛江市委党史研究室编:《湛江党史资料系列5:高雷抗战纪事》,中共党史出版社2016年版,第261-264页。

② 中共湛江市委党史研究室著:《中国共产党湛江历史(1921—1949)》(第一卷),中共党史出版社2011年版,第244页。

了抗日武装起义，普遍建立起抗日武装，再叫雷州人民抗日游击队肯定是不合适了。南路特委曾研究过，拟将南路各地发展起来的人民抗日武装，命名为"南路人民抗日游击队"。周楠问李筱峰部队用什么番号好，省临委有什么指示。李筱峰随即传达了省临委书记尹林平的指示：按中央的新精神，今后全国的人民武装将逐步改称解放军，南路人民抗日武装可称抗日解放军。①

第二天，李筱峰随周楠进入游击区，抵达吴廉边特派员黄景文的联络点——吴川县泮北村遗风小学。这时，高雷各地的抗日武装部队正在向化（县）吴（川）廉（江）边集结。大队长以上的干部和各县负责人集中在遗风小学等待南路特委书记周楠的到来。次日，周楠在研究部队整编的干部会议上，宣布采用"南路人民抗日解放军"的番号。干部会议后接着召开全军大会，周楠在会议上正式宣布成立"南路人民抗日解放军"，周楠任司令员兼政治委员，温焯华任政治部主任，李筱峰任参谋长。司令部下辖两个支队，唐才猷任第一支队支队长，陈恩任政治委员，政治处主任黄其江；黄景文任第二支队支队长，温焯华任政治委员，政治处主任邓麟彰。全军约3000人。在中共南路特委的直接领导下，在周楠书记的亲自指挥下，南路人

---

① 中共湛江市委党史研究室编：《广东革命史料丛刊：南路人民抗日斗争史料（1937.7—1945.9）》，广东人民出版社1996年版，第212页。

民抗日解放军这支武装力量,紧紧依靠广大人民群众,与日伪顽军进行不屈不挠的斗争,对取得南路抗日战争的胜利做出了不可磨灭的历史贡献。

南路人民抗日解放军成立不久便挥师北上,于1945年1月24日前后,由周楠司令员兼政委、李筱峰参谋长率领,经东桥、良垌北上到达化州中垌,与从雷州开来的第一支队胜利会师。① 与此同时,张炎率领的高雷人民抗日军也到达中垌会合。于是三支革命武装力量第一次联合作战,把追随而来的国民党保安团狠狠击退。中垌会议根据形势发展,决定由进攻高州战略调整为建立化州、廉江、陆川三地交界的边区抗日根据地。后来张炎部队在灯草嶂受袭,南路人民抗日解放军在木高山受挫,此行计划没能如愿。

1945年2月5日,中共南路特委在廉(江)博(白)边境照镜岭召开扩大会议。周楠、温焯华、李筱峰、唐才猷、黄景文等人参加会议。会议根据张炎部已解体、第二支队在木高山等战斗中损失严重、顽军数千兵力尾随追击等情况,决定放弃在廉(江)博(白)陆(川)边建立抗日根据地的计划,从各部队中抽出800人组成一支主力部队,由李筱峰、黄景文率领开进基础较好的合(浦)灵(山)边区建立抗日根据地。

---

① 中共湛江市委党史研究室编:《黄景文"南路抗战的回忆".南路人民抗日斗争史料(1937.7—1945.9)》,广东人民出版社1996年版,第227-228页。

四、三大根据地①整训主力部队

南路人民抗日解放军全面起义是在日军打通湘桂大陆交通线、南路地区全面沦陷的形势下，在国民党当局企图消灭张炎抗战力量和共产党抗日武装的极其危急情况下提前发动的。起义由南路特委统一部署，首先在吴化廉梅边区武装起义，其次由茂电信、钦廉地区策应配合。总体上，南路人民抗日解放军起义是成功的。第一，武装力量紧紧地掌握在南路共产党手里。第二，由南路共产党领导的独立自主抗日武装力量不断发展壮大，规模扩大至最少有三四千人，尽管中间经历一些挫折以及队伍人数减少，牺牲了一批干部战士，"但高州、钦廉两个地区的党组织、党的干部和队伍基本上保存了下来，并经过战争锻炼，增加了军事斗争经验，很快又获得恢复发展，成绩还是主要的"②。

南路地区共产党领导的独立自主武装全面武装起义之后，队伍力量不断壮大。但由于掌握的信息不对称，缺乏军事斗争经验，对国民党反动派的力量估计不足，在北上攻打廉江塘蓬、西进合浦灵山等战役接连受挫。据省临委

---

① 指遂溪西北区、廉江新塘、大塘三大根据地。
② 中共湛江市委党史研究室编：《陈恩：抗日战争时期南路特委领导武装斗争的几个问题. 南路人民抗日斗争史料（1937.7—1945.9）》，广东人民出版社1996年版，第131页。

派往南路的军事指挥李筱峰①事后回忆："南路特委原属南方局领导，省临委对南路情况不很熟悉，而当时南路特委派往东江与省临委联系的余明炎同志还未抵达东江（意为南路的具体情况也未能让上级省临委领导人尹林平及时获得）。因此，尹林平与我谈话时，对许多问题，如南路武装起义后如何对付国民党顽军、部队是深入雷州半岛敌后还是向钦廉粤桂边推进、如何联合张炎等重大问题，都没有具体指示。"②

1945年5月，周楠召集各地党组织骨干成员总结起义的经验教训，在广州湾主持召开工作会议，出席会议的有温焯华、陈恩等人。会议总结了南路人民抗日解放军全面起义后的主要成绩和经验教训，进一步明确发展南路抗日游击战争一定要建立根据地和一支主力部队，紧紧依靠群众和地方党组织打开抗战新局面的作战方针。会议通过大力整训部队的决定。

第一，以团建制取代支队建制。除调整部分领导干部加强地方党的工作外，将从合（浦）灵（山）撤回的队伍，廉（江）、化（县）、吴（川）、梅（菉）地区恢复发展的队伍，以及在雷州敌后坚持斗争并发展起来的队伍三

---

① 李筱峰，南路人民抗日解放军原第一任参谋长。
② 中共湛江市委党史研究室编：《李筱峰：我在南路参加抗日武装斗争之回顾. 南路人民抗日斗争史料（1937.7—1945.9）》，广东人民出版社1996年版，第212页。

大队伍共3000多人，统一编为5个团。第一团由第一支队的800多人组成，是南路人民抗日解放军主力团，由雷州特派员陈恩代表特委加强领导。第一团团长黄景文，政治委员唐才猷，政治处主任李廉东。第二团以遂溪、海康地方游击队组成的200多人组成，团长兼政治委员支仁山。第三团以第一支队廉江3个大队900多人组成（博白人民抗日武装归该团指挥），团长莫怀，政治委员唐多慧，政治处主任林克武。第四团以陈醒亚独立大队800多人为基础组成，团长兼政治委员陈醒亚，政治处主任王国强。第五团以高雷人民抗日军余部为主300多人组成，团长张怡和，政治委员兼政治处主任朱兰清。另组建教导营，由林克武负责加强对部队骨干的培训。原属第二支队的茂电信人民抗日武装归茂电信党的特派员兼军事特派员陈华直接领导，分散坚持活动。原属第三支队的合灵等地抗日队伍，在张世聪牺牲后由谭俊任钦廉四属党组织联络员兼军事特派员负责领导，就地坚持活动发展。

第二，从思想、组织、军事技术等方面加强部队建设。分别在遂溪西此区的山家和廉江的新塘对汇集于遂廉边抗日根据地的各地抗日武装队伍进行整训。健全司、政、后机构，司令部增配参谋人员，建立电台，成立爆破队，组建医疗队。政治处成立宣传科和出版处，出版《南路人民抗日军简报》，设立政工队、特工科。开展练兵运动，加强射击、刺杀、投弹训练，培养基层军事骨干，提高军事技术水平。加强部队的政治思想建设，在部队中建党，普遍在连队（中队）建立党的支部，配备政治指导员（营、大队配备教导员），积极发展党员，发挥党支部的战斗堡垒作用和党员的先锋模范作用。各团和教导营还根据政治部的布置开展形势教育和政治教育。①

南路特委广州湾会议后对武装部队的整训卓有成效。陈恩在回忆材料《1945年春雷州半岛敌后整训问题》中提到："整训从1945年三四月开始至五六月，前后经过几个月，解决了许多问题。当时，南路各地的部队，包括遂溪、廉江原来的部队，廉吴化梅边起义剩下并恢复发展的部队，合灵起义后撤到遂溪的部队，和桂东南起义后转移到廉遂边的陆川、博白部队共3000多人，都集中在遂溪老马、山家和廉江新塘等地。这次整训，首先是从思想上统一对起义的认识，接受经验教训。因为当时部队、战士思想比较混乱，起义是失败还是不失败，大家意见不一；从合灵撤回敌后的同志由于斗争受挫，互相埋怨。针对这些问题，特委用依靠敌后逐步向外围发展这个方针来统一大家的认识，增强斗争的信心。刚好在这个时候，广东临时省委做了指示，要求我们搞好敌后工作，利用敌后建立发展起来

---

① 中共湛江市委党史研究室编：《湛江党史资料系列5：高雷抗战纪事》，中共党史出版社2016年版，第331—332页。

的部队，逐步把粤桂边搞起来，并从东江游击区派了一些广西的同志来帮助开展工作，对进入广西也做了指示。经过整顿，干部战士思想认识取得了一致，情绪稳定并很快高涨起来。在这个基础上，部队进行了比较系统的军事、政治训练。军事训练主要搞射击、爆破和掷弹。政治训练主要学习罗瑞卿的《抗日政治工作问题》，并根据政治工作三大任务进行部队的整顿。"

"还成立教导队训练军政干部。部队指挥机构也做了整顿和充实，如根据实际需要，建立了宣传、出版、电台、医疗、后勤等部门。与此同时，根据地建设问题，包括建立政权机构，健全民兵组织，制定经济政策，开展财政税收工作，以及扩大、完善交情报网站等（活动都开始）逐步展开。总之，这段时间里各项政策逐步走上轨道，部队巩固了，根据地建设加强了。经过整训的南路人民抗日解放军，编为5个团，约3000人，以第一团为主力，由特委直接指挥，与各团协同配合向外围打出去。这段时间可以说是南路武装斗争走向更加健康发展的阶段。从贯彻南方局指示来说，只有经过这一段，我们有了正反两方面的经验，才能比较深刻体会南方局指示的正确性，并认识到一定要从实际出发贯彻上级指示，克服主观盲目性和片面性，这样才能把革命斗争搞好。"

"正当这次整训胜利结束，全体干部、战士以崭新姿态来迎接新的战斗任务,满怀信心去夺取新胜利的时候,形势发生了急转直下的变化。先是国民党大军压境,准备迎接盟军登陆。接着日本宣布投降,抗日战争结束。南路地区的斗争随同全国革命斗争的发展,进入了新的发展阶段。回顾抗日战争时期党领导的南路地区的武装斗争,经历的时间并不是很长,从日军侵占雷州半岛到日本投降才两年半时间,但我们所遇到的情况和问题非常复杂,斗争十分尖锐,内容也很丰富。在这场斗争中特委领导和每一个同志,都在不同的岗位上做了许多工作,付出了很多心血,不少同志还为它献出了宝贵的生命。由于主客观的种种原因,特别是时间短,这场斗争并没有能够像我们所预期的那样,把我们所提出的斗争目标全部实现,但是经过这场斗争的洗礼,我们确实为党组织在南路地区打下了很好的基础,这在后来的解放战争时期的斗争中,就充分地得到反映。"①

五、周楠关于南路各县武装起义情况给中共中央的报告

1945年4月30日,周楠写了一份《关于南路各县武装起义情况给中共中央的报告》。报告中写道:

---

① 中共湛江市委党史研究室编:《陈恩:抗日战争时期南路特委领导武装斗争的几个问题. 南路人民抗日斗争史料(1937.7—1945.9)》,广东人民出版社1996年版,第130-134页。

（三）我们原定今年一月底在高州六县及钦廉各县武装起义。因情势紧迫，于一月十五日①首先在吴川与张炎一齐起义，三日内将该县占领，五日内我们由一大队扩大到八百人。张炎称民众抗日军，共二团，亦有八百人。我部队遂改为广东南路人民抗日解放军，各县次第起义。化州起义六百人，高州二百人。我军与张炎部于一月二十三日进攻化州，惟在国民党其人强物亦强之下，退于廉江口进。合浦起义四百人，灵山起义八百人，占领该县城，②因缺乏战斗经验，退出剩四百人。

广西方面：陆川起义七百人，战斗后剩五百人，退廉州〔江〕北部剩三百人，因内部意见不一，已化整为零。博白起义五百人，因不强，剩三百人，现受我编制。闻桂南之起义主力在贵县、容县。

此次吴川起义，已摧毁其县（府）及武装，枪杀县长，又摧毁全县乡公所及其武装，散振乡仓谷万担以上。国民党伤亡四百人，逃亡几及倍数。我英勇牺牲大队长二人，中队长四人，战士五十人。

（四）据现有三支队共十（五）个大队（其中主力大队六个），分散徐海边境一个，遂溪三个，廉江四个，合浦五

---

① 应该为1945年1月14日凌晨。
② 实未占领。

个，高州二个，合计：三千二百人（博白三百人尚未整编）。

民众：（游击小组及自卫队等）共六千。我活动地区西至钦廉，北至合浦、博白，东至高州，南至雷州。

（五）国民党为企图消灭我们接应盟军登陆，并准备将来进攻琼崖，在南路加强兵力。除前报告（的兵力）外，现增自桂调来之一五五师三个团二千人，罗定、信宜调来两个保安大队三百人。此外，各县组织反共联防队，每县约三百人。

（六）国民党现实行分期分区清乡，到处进行野蛮之'三光'政策，在高州已杀戮青年学生（俱群众）二三百人。征实加倍，由八斗征至一石六。此外，又有种种苛杂，并大批训练特务，企图打入我方做内线。国民党统治残酷到极，民众生活痛苦到极，民众斗争情绪继续高涨。

（七）三月敌已接收广州湾，全湾分四区（西营、东营①赤坎、太平）。化州、钦州②设公局，总公局局长陈学谈，陈亦积极反共，近敌拨枪六百支以防我，广州湾敌现继有增兵，连前约八千人，敌人最近有犯高州模样。

（八）伪军中只有保安警察队反共。近成立有和平救国军，伪军共有二千人，大部分倾向我，伪军工作有把握。

（九）电台器材已备好，因日寇时常"扫荡"，故未建立。现与东江新约定通信时间与办法。现正计划在廉江、

---

① 编者注：此处疑遗漏了"东营"。
② 化州、钦州是硇洲之误。

化、博、合一带建立根据地。然后，东占高州，与中区解放军联络，西占钦廉，南占徐闻，以接应盟军登陆。如敌人打高州，则我进占高州。预计三四月后，武装发展到一倍。关于司令部各方干部人选，如何，请示。……①

周　楠　卯陷②

（原件存于中央档案馆）

六、对南路人民抗日解放军起义的回忆

中华人民共和国成立后，周楠回忆南路人民抗日解放军起义时说："1944年6月至10月间，南路特委按照南方局、王若飞同志的指示，在雷州半岛敌后及其边沿地区，在原有游击队基础上，大力发展武装斗争扩大部队，广泛展开对日军、汉奸的斗争。进行过无数次英勇激烈的战斗，取得多次重大胜利，如深泥塘之役，日军数百人，配备铁甲车火炮，向我遂溪西部深泥塘地区进攻，我游击队配合民兵，坚持作战数天，把敌人击退。又遂溪西北地区的民兵，在战斗中奋勇夺取日军官的指挥刀，斩死敌军官。由于这一系列的英勇抗战，声威大振，雷州半岛及南路人民抗战情绪高涨。在这些战斗过程中，我们已相继在雷州成

---

① 中共湛江市委党史研究室编：《周楠：周楠关于南路各县武装起义情况给中共中央的报告．南路人民抗日斗争史料（1937.7—1945.9）》，广东人民出版社1996年版，第74－76页。

② 卯陷，即4月30日。

立三个大队，最先成立的是老马大队即第一大队，大队长洪荣同志。我部队并向廉江境内发展，由莫怀同志负责建立一个大队，在化廉边境由陈醒亚同志负责成立化廉指挥部，组织两个大队。吴川由黄景文同志负责一支几百人的队伍。这样就形成了南路人民抗日游击队。随着部队壮大，编成两个支队，第一支队支队长唐才猷，主要领导雷州半岛及廉江部队；第二支队支队长黄景文，主要领导吴、廉、化部队。"

"就在我游击队在敌后及其边沿的抗战节节胜利的这种大好形势下，我吴、廉边黄景文部队对日军打了一场胜仗，使日军遭受重大损失，仓皇溃退，吴川人民抗战情绪大振。接着于1944年12月底至1945年1月间，在吴川举行起义，解放县城及全县。同时，其他各县，如茂名、信宜、电白、合浦、灵山、防城、钦县等地，也纷纷奋起响应，形成整个南路全面起义、开展武装斗争的局面。这次起义是经过特委和各个县委的长期艰苦准备的。由于地区广阔，有些县一时联系不上或准备有所不足，所以上述几个县有的成功，有的受到损失，但总的来说，武装队伍发动起来了，声势浩大，群众情绪高涨，敌伪、国民党大为震动。"①

---

① 中共湛江市委党史研究室编：《周楠：我在中共南路特委工作期间（1939—1945）的几个片断回忆．南路人民抗日斗争史料（1937.7—1945.9）》，广东人民出版社1996年版，第112－113页。

"这时我们在雷州半岛及边沿地区大力发展部队,部队壮大了,形势很好,我们就在南路人民抗日游击队的基础上成立南路人民解放军,亦即后来有人叫作抗日战争时期的南路纵队,我担任司令兼政委,温焯华为政治部主任,黄景文为参谋长。① 在南路人民解放军领导下有5个团,共3000多人,另外还有民兵亦约3000人,各县较小游击队不计在内。并在遂溪、廉江交界的新塘地区建立一块较大的解放区,成立人民政权。小的根据地在廉江、化县,吴川及钦廉地区也有,遂溪境内则比较普遍。"②

第四节 创建敌后抗日根据地 成立联防区民主政府

一、建立南路地区首个人民政权

自1943年2月日军登陆雷州半岛及广州湾地区后,对南路人民犯下了种种恶行。以遂溪县为例,日军占领遂溪后,为南进作战和掠夺资源的需要,日军第六飞行中队在

---

① 据核南路人民解放军成立于1945年1月中旬,到了5月间整编为5个团,当时参谋长李筱峰(何畏)奉命调离,由郭大同接任。

② 中共湛江市委党史研究室编:《周楠:我在中共南路特委工作期间(1939—1945)的几个片断回忆. 南路人民抗日斗争史料(1937.7—1945.9)》,广东人民出版社1996年版,第116页。

遂溪县城之西的凤朗村一带修建军用飞机场，① 因而周围村庄无数民房被强行霸占，无数村民被日军强征去修筑机场设施与防御工事。1943年3月16日，遂溪县北安乡下洋村商人李继绍雇用邻村40多名民工挑黄豆去赤坎，路过头岭村时与另外路过的40多名村民被日军强征去修筑工事，在工事修筑完毕后为了保密机场设施，日军将他们押至头岭村偏僻壕沟中屠杀，② 这就是遂溪"万人坑"事件。以"万人坑"事件为例，无数惨死在日军屠刀下的冤魂哭诉着日本侵略者犯下的滔天罪行。作为南路抗战的中坚力量，以周楠为领导的中共南路特委基于日军的无恶不作，旗帜鲜明地打出"联防自卫，保卫家乡"的口号，聚民心得民意，建立由共产党领导的人民武装力量，反抗日本的侵略。鉴于大革命时期遂溪县已在大部分区乡建立了党、团组织等实际情况，③ 具有扎实的群众基础；中共南路特委决定在遂溪南部的卜巢山建立抗日武装队伍——史称卜巢山中队。卜巢山中队的建立为党进一步统一协调遂溪地区的武装斗争，进而向整个南路地区扩展提供了组织抓手。与此同时，中共南路特委书记周楠十分重视运用党在革命战争中的三

---

① 中共湛江市委党史研究室编：《高雷抗战纪事》，中共党史出版社2016年版，第179页。

② 中共湛江市委党史研究室编：《高雷抗战纪事》，中共党史出版社2016年版，第180页。

③ 中共湛江市委党史研究室著：《中国共产党湛江历史（1921—1949）》（第一卷），中共党史出版社2011年版，第95页。

大法宝——"党的建设""武装斗争""统一战线",并利用其来构建抗日根据地,以成立民主政府的形式将三者有机统一起来。因此,周楠等人在抓紧发展抗日武装力量的同时,尝试推动各地建立抗日民主政府,形成抗日联防区。

1943年夏,遂溪党组织在高雷地区率先成立了以深泥塘村为中心的信和乡抗日联防委员会,推举爱国乡绅卜登勋任联防委员会主任,共产党员梁立(梁怀明)和国民党退伍军人卜建中任副主任,共产党员李晓农任文书。[1] 信和乡抗日联防委员会兼具协调武装斗争与政治动员的作用;在其领导下,信和乡人民联防抗日武装先后10多次击退日伪军的联合进攻。[2] 另外,信和乡抗日联防委员会对扩大党的群众基础、提升群众对于抗战时局的认识起着动员作用。据李晓农回忆:"在信和乡抗日联防委员会成立的推动下,廉江县横山乡部分村庄也联合起来成立联防委员会,而此时又掀起群众性的'买枪热',仅深泥塘村就买了六十多支步枪,整个联防区共买回七九步枪二百多支。"[3] 以周楠为领导的中共南路特委基于遂溪地区抗日形势的发展,将推广思想政治动员作为夺取南路抗战胜利果实的重点方向。

---

[1] 中共湛江市委党史研究室著:《中国共产党湛江历史(1921—1949)》(第一卷),中共党史出版社2011年版,第225页。

[2] 中共湛江市委党史研究室著:《中国共产党湛江历史(1921—1949)》(第一卷),中共党史出版社2011年版,第227页。

[3] 中共湛江市委党史研究室编:《广东革命史料丛刊:南路人民抗日斗争史料(1937.7—1945.9)》,广东人民出版社1996年版,第157-158页。

例如，宣传深泥塘村农民卜炽徒手夺刀杀日军军官的故事，揭露国民党挺进队的消极抗日、骗取胜利果实的行径等，以此提高人民群众的思想认识，坚定人民群众"抗日必胜"的信心与决心。①

作为全国抗战的一部分，南路抗战具有在全国层面的普遍性与南路地区层面的特殊性。1937年10月25日，毛泽东在同英国记者贝特兰的谈话中指出"中国要加强统一战线，必须实行革命的政策"，其中特别重要的是"中国政府必须实现民主改革，以动员全体民众加入抗日战线"②。抗战期间，中国共产党在领导军民与日本侵略者做殊死战斗的同时，在抗日根据地实行普遍的直接选举，加强民主政治建设。③聚焦南路抗战，中共南路特委充分认识到民主与政治动员的关系，要打起"联防自卫，保卫家乡"的旗帜，必须要尽可能增强人民群众的主人翁意识。据李晓农回忆："信和乡抗日联防委员会刻有印章，成立后取代了原乡政权；委员会委员由各村代表推选产生，具有人民政权的性质。"④而在此后的战斗中，信和乡人民有组织地拿起

---

① 中共湛江市委党史研究室编：《广东革命史料丛刊：南路人民抗日斗争史料（1937.7—1945.9）》，广东人民出版社1996年版，第157页。

② 毛泽东著：《毛泽东选集》（第二卷），人民出版社1991年版，第373页。

③ 邓国军：《抗战时期中国共产党农民思想动员研究》，载《湖北行政学院学报》2020年第4期，第71-76页。

④ 中共湛江市委党史研究室编：《广东革命史料丛刊：南路人民抗日斗争史料（1937.7—1945.9）》，广东人民出版社1996年版，第157页。

武器，屡次挫败日伪军的阴谋，联防区的综合力量也在屡次战斗的考验中不断提升。周楠等人基于信和乡的成功经验，向南路各地推广，不断提升党在南路地区的群众基础，点燃人民群众起来抗战的星星之火。

二、南路各地武装起义与抗日根据地的发展

遂溪人民的抗日斗争鼓舞了全南路人民，坚定了南路人民武装反抗日本帝国主义侵略的信心与决心，"联防自卫，保卫家乡"的口号传遍南路各地。到1943年7月，党组织先后在遂溪中部、西北部地区建立了泮塘联防区、洋青联防区和以山内村为中心的抗日联防区，其后的1943年8月，中共吴（川）廉（江）特派员黄景文等在良垌地区组织抗日武装，同时还在鹤山、白沙路、两家滩等地组织了300多人、200多支枪的抗日联防队，并在此基础上成立了廉（江）吴（川）边抗日联防区。[①] 多点开花的抗日联防区、抗日联防队将党的抗日主张广泛传播，为下一阶段南路特委领导全南路的武装起义建立抗日根据地筑牢了群众基础。

1944年，日军为挽回局势，决心在中国实行"一号攻势"，旨在打通湘桂线。中共南方局负责人和王若飞针对南

---

① 中共湛江市委党史研究室著：《中国共产党湛江历史（1921—1949）》（第一卷），中共党史出版社2011年版，第225－226页。

路地区面临全面沦陷的形势,指出:"日军将要打通湘桂线,南路会变成敌后,必须加强党的建设,宣传群众,团结人民,建立共产党直接领导的独立自主武装,开展抗日游击战争。"① 1944年7月,周楠奉命返回广州湾,召开会议传达南方局的指示精神。根据南路即将全面沦陷的形势,会议做出如下部署:以遂溪为依托,相机向外围地区扩展,把武装斗争推向全南路。② 不仅如此,在本次会议中,周楠等中共南路特委干部认识到南路抗战的阶段性特点,联防自卫虽能广泛调动人民群众的积极性,却无法独立有效掌握武装力量。由于对联防自卫中存在的反动倾向估计不足,出现了如卜建中投靠国民党等问题,削弱了联防自卫的抗日力量。只有建立真正独立自主的抗日武装力量,党组织才能更好地领导抗日武装斗争。因此,广州湾会议后,周楠等人分头前往南路各地,领导武装起义,建立独立自主的抗日武装。基于南路地区日伪军兵力收缩,同时考虑到遂溪老马村的群众基础雄厚,以周楠为领导的中共南路特委决定在遂溪老马村举行武装起义。老马村起义建立的武装力量史称遂溪人民抗日联防大队,其公开打出了"独立自主"的口号,以坚持中国共产党的领导,为南路人民谋

---

① 中共湛江市委党史研究室著:《中国共产党湛江历史(1921—1949)》(第一卷),中共党史出版社2011年版,第234页。
② 中共湛江市委党史研究室著:《中国共产党湛江历史(1921—1949)》(第一卷),中共党史出版社2011年版,第235页。

解放为旗帜,从而得到当地人民的广泛认可。对此,时任遂溪人民抗日联防大队政治委员陈兆荣回忆道:"在老马祠堂的门前,出现了一支浩浩荡荡的武装队伍,只见义旗腊腊,刀光闪闪,好一派雄壮情景!围观的群众,笑逐颜开,欢欣鼓舞,他们纷纷指点着队伍七嘴八舌地说:'这是我弟弟!''那是我哥哥!'……那神情,多么光荣而自豪啊!"①老马起义后,这支部队在支仁山、唐才猷的带领下奋勇抵抗国民党顽军的"围剿",后经吾良整编为雷州人民抗日游击队,下辖三个大队,人数从一开始的200多人发展至900多人。

武装力量的不断扩展为南路抗战进入新阶段打下了军事基础。1944年10月,中共南路特委总结正面战场与敌后战场的经验与教训,认识到开辟抗日游击区、建立抗日根据地的重要性,指示雷州人民抗日游击队分头行动,在南路各地开辟新的敌后战场。1944年11月,雷州人民抗日游击队第一大队挺进海康西南部的扶桥、松竹、燕家、大牛岭一带,帮助海康党组织发展独立自主的抗日武装,从而为南下徐闻做准备。② 1945年初,中共南路特委尝试开辟徐闻抗日游击根据地。与联防自卫、构建抗日联防区相区

---

① 中共湛江市委党史研究室编:《广东革命史料丛刊:南路人民抗日斗争史料(1937.7—1945.9)》,广东人民出版社1996年版,第166页。

② 中共湛江市委党史研究室著:《中国共产党湛江历史(1921—1949)》(第一卷),中共党史出版社2011年版,第240页。

别，抗日根据地建设主要为党独立领导抗日武装斗争、开展敌后游击战而服务。由于公开强调"党的领导"与"独立自主"，日伪军、国民党顽军对此十分恐惧，并调动各种力量妄图将根据地建设扼杀在摇篮中。而当时，由于徐闻地区国民党当局长期执行反共高压政策，党组织的群众基础薄弱，因而敌我差距悬殊，给第一大队开辟根据地建设造成了不少困难。1945年2月20日，国民党徐闻县县长陈桐纠集徐闻、海康、遂溪等地的顽固武装800多人，分三路"围剿"人民抗日武装，尽管第一大队于当晚突出重围，但其后国民党徐闻当局成立"徐闻县剿匪联防大队"，对下洋等村庄进行"清剿"，不少抗日群众和共产党员被捕杀害。[①] 基于血的教训，中共南路特委取消了建立徐闻抗日游击根据地的部署。对于这段历史，时任中共徐闻特派员陈醒吾反思道："这次起义是暂告失败了，这是因为我们当时懂的毛泽东思想少，轻敌麻痹，队伍又是新的，政治工作不强，作战缺乏经验，地方群众基础薄弱，顽固派统治比较严密，我们战略战术又用得不当，结果失败了。"[②] 这再次证明了只有坚持以扩展党的群众基础为引导，紧紧依靠人民群众构建抗日根据地，服务武装斗争，才能夺取抗战

---

① 中共湛江市委党史研究室著：《中国共产党湛江历史（1921—1949）》（第一卷），中共党史出版社2011年版，第241页。

② 中共湛江市委党史研究室编：《广东革命史料丛刊：南路人民抗日斗争史料（1937.7—1945.9）》，广东人民出版社1996年版，第184页。

的胜利。

在第一大队挺进徐闻的同时，由陈恩率领的第二大队向廉江地区进发。紧接着，根据中共南路特委的部署，唐才猷、黄其江率领第三大队抵达廉江，策应吴川起义，尝试在吴川地区开辟新的敌后战场。中共南路特委积极推动吴（川）梅（菉）廉（江）化（县）边的武装起义，在整编吴梅廉化边地区的武装力量，建立广东南路人民抗日解放军后，周楠指挥广东南路人民抗日解放军与张炎部共同作战，试图打开根据地作战的新局面。然而，1945年2月1日灯草村一役，张炎部严重受损，负责正面攻击塘蓬的南路人民抗日解放军也因此不能完成既定作战方针，在撤退的途中受到顽军伏击，损失严重。因主力部队撤离，刚刚解放的吴川各地遭到国民党顽军的全面反扑。尝试以吴川为支点，扩大抗日根据地的计划遭遇挫折，暂告失败。

面对反动力量卷土重来、起义部队损失惨重的现状，周楠等人于1945年2月5日在廉（江）博（白）边境照镜岭召开会议。在此次会议中，周楠等人根据张炎部已解体，顽军数千兵力围追堵截的形势，决定放弃在廉（江）博（白）陆（川）边建立抗日根据地的计划，转而整编主力部队，由李筱峰和黄景文率领开进群众基础较好的合（浦）灵（山）边白石水地区建立抗日根据地，周楠等人则返回雷州半岛，重整队伍，伺机而动。① 按照中共南路特委的部署，南路人民抗日解放军主力西进尝试开辟合（浦）灵（山）边抗日根据地，其下属第二支队第三、第四大队则前往茂名，着手开辟茂西根据地。由于形势发生了变化，顽军已经完成了上述地区的军力部署，敌我双方力量对比呈现明显的不均等，因而导致起义失败。

各地起义的失败让中共南路特委将目光重新聚焦回雷州半岛地区。面对起义失败的教训，中共南路特委书记周楠等人做出如下决定：尚未发动武装起义的地区立即停止发动，已经发动武装起义的则加紧整顿部队，以武工队的形式回原地分散活动，依靠当地群众基础，逐步恢复、发展游击战争。② 为贯彻照镜岭会议精神，周楠领导的中共南路特委，决定将工作重点重新放回遂溪，并做出了如下决策：坚持敌后，依靠遂溪，建立根据地，逐步向外围发展。③

三、民主政府的建立与夺取抗战的最后胜利

继照镜岭会议后，中共南路特委书记周楠等人总结经

---

① 中共湛江市委党史研究室著：《中国共产党湛江历史（1921—1949）》（第一卷），中共党史出版社2011年版，第247页。
② 中共湛江市委党史研究室著：《中国共产党湛江历史（1921—1949）》（第一卷），中共党史出版社2011年版，第249页。
③ 中共湛江市委党史研究室著：《中国共产党湛江历史（1921—1949）》（第一卷），中共党史出版社2011年版，第250页。

验教训,认识到南路党组织工作的主要基础在遂溪以及毗邻的廉江东南部平原地区。边区山地的群众基础较为薄弱,① 因而将工作重点再次放回遂溪。1945年2月,在中共南路特委的部署下,黄其江赶赴遂溪,与遂溪西区区委书记陈章(玉章)研究成立民主政府等问题。经过民主讨论和会后的积极筹备。1945年2月下旬,遂溪西北区抗日民主政府成立,由全德珠任区长。遂溪西北区抗日民主政府的成立,顺应了当地人民武装反抗侵略、保卫家乡的要求,得到当地群众的大力支持。对于这段历史,黄其江回忆道:"我们在山家村召开大会,宣布成立西北区民主政府,参加大会的人很多,群众情绪很高,到处贴满红标语。这个区政府是我们第一个公开的民主政权,成立时只谈了一些教育、生产、民政方面的问题。"② 相区别于此前建立的具有民主性质的抗日联防委员会,遂溪西北区抗日民主政府所辖区域更广,层级更高,承担职能更宽泛。在地区党组织的领导下,西北区抗日民主政府坚持发挥人民的首创精神,鼓励人民大办文教事业。不仅如此,区政府工作人员深入群众,向各村群众讲述党的抗日方针,宣传模范人物的抗日事迹,在密切与人民群众的血肉联系的同时提升当地文

---

① 中共湛江市委党史研究室著:《中国共产党湛江历史(1921—1949)》(第一卷),中共党史出版社2011年版,第250页。

② 中共湛江市委党史研究室编:《广东革命史料丛刊:南路人民抗日斗争史料(1937.7—1945.9)》,广东人民出版社1996年版,第138页。

化水平，一时间，当地的文教事业呈现出一派欣欣向荣的景象。

在武装斗争层面，周楠领导的中共南路特委坚持抗日根据地为抗战服务的思想，部署各根据地，组织联防自卫队保卫根据地；同时协助整编各起义部队，为其提供给养，补充兵员。据黄其江回忆："陈恩抵达西北区民主政府后便传达中共南路特委于1945年2月在山家村成立第一支队的决定：任命唐才猷为支队长，陈恩为政委，整个支队共有数百人；1945年3月到4月间，挺进合、灵的部队由黄景文率领回到遂溪，所部被编入第一支队，约半个月后，由支仁山带领的部队在海（康）徐（闻）打了几场仗后返抵山家，该部也被编入第一支队，邓麟彰等人所率领的部队在茂西打了败仗，也撤回山家整顿。"① 至此，以遂溪西北区为大后方，重整南路各地的武装，并相机扩展根据地的局面已逐渐明朗。

伴随着遂溪西北区抗日民主政府的建立，遂溪党组织依据南路特委有关遂溪工作的指示，抓住一切机会向群众基础良好的地方扩展根据地，以便统一协调抗日武装力量；因而决定以群众基础较好的信和乡抗日联防区为核心，构建遂北抗日联防区，联防区委员会由梁立（梁怀明）任主

---

① 中共湛江市委党史研究室编：《广东革命史料丛刊：南路人民抗日斗争史料（1937.7—1945.9）》，广东人民出版社1996年版，第138－139页。

任，陈华荣任副主任。与遂溪西北区抗日民主政府相似，联防区内组建了联防自卫队与各种机构。斗争开展至今，遂西北和遂北两块敌后抗日根据地连成一片，①为党组织整编遂溪各地抗日游击队提供了组织基础，遂溪地区的敌后抗日力量逐步呈现向外扩展的趋势。

时值遂溪地区建立抗日根据地，成立民主政府，中共南路特委为具体落实此前的部署，决定开辟廉（江）遂（溪）边抗日根据地。中共廉江特派员莫怀根据这一部署和要求，决定将各地的游击中队、联防队整编为大队，通过游击大队同地方党组织密切配合，在日伪力量较为薄弱的廉城以西、安铺以东、九洲江两岸的新塘地区建立抗日根据地。②为了尽快建立新塘抗日根据地，廉江党组织于1945年2月至3月间先后组建了四个抗日武装大队。③在党组织的领导下，廉江的四个抗日武装大队在廉江区域内开展群团工作，协助各村工作队建立民主政权。在充分发动群众的基础上，党组织带领人民先后建立了田界抗日联防区等抗日根据地。廉江地区党组织以此为基础成立新塘抗日联

---

① 中共湛江市委党史研究室著：《中国共产党湛江历史（1921—1949）》（第一卷），中共党史出版社2011年版，第251页。

② 中共湛江市委党史研究室编：《高雷抗战纪事》，中共党史出版社2016年版，第299页。

③ 中共湛江市委党史研究室著：《中国共产党湛江历史（1921—1949）》（第一卷），中共党史出版社2011年版，第252页。

防区，并根据中共南路特委的指示，以三三制为原则，在新塘诚一公祠召集群众代表大会。大会宣告新塘抗日联防区的领导机构——新塘区抗日联防委员会成立，并选举林敬文为主任，陈熙华、李秀祥、欧兵为副主任。根据组织原则，联防区委员会下设主管经济、政治、军事、文化的职能机构，并发扬"联防自卫"的精神，组织下辖各村成立人民武装。

依据中共南路特委书记周楠的指示，新塘区联防委员会成立时明确提出联防区的主要任务是组织群众武装，配合地方主力部队作战，保障给养，支援前线，锄奸肃特，保护人民利益。① 新塘抗日联防区的建立为党组织领导南路抗战提供了后方基地，此后，中共南路特委机关、南路人民抗日解放军常驻新塘指挥工作。

新塘抗日联防区建立的同时，为整合廉江地区工作，周楠等中共南路特委干部依据"向敌后挺进，恢复和发展队伍，坚持发展游击战争"② 的要求，决定在吴（川）梅（蓂）廉（江）化（县）边建立根据地，并派遣陈醒亚为地区负责人，主持全面工作。陈醒亚依照特委指示，率领

---

① 中共湛江市委党史研究室著：《中国共产党湛江历史（1921—1949）》（第一卷），中共党史出版社2011年版，第253页。

② 中共湛江市委党史研究室编：《广东革命史料丛刊：南路人民抗日斗争史料（1937.7—1945.9）》，广东人民出版社1996年版，第271页。

独立大队陈炯东中队在挺进大塘的途中全面开展群团工作，传播共产党的抗日理念，坚定救亡图存的信念，先后吸纳一批群众加入独立大队。对此，陈炯东回忆："在我们所到之处，都向广大农民群众进行阶级教育和抗日救国教育，群众的政治觉悟不断提高，积极为我们部队找驻地、放哨、探听敌情、递送情报，主动配合军事行动。"①

在以教育群众、依靠群众为导向的同时，陈醒亚灵活运用统一战线，协调各方力量，尽可能凝聚抗战共识，因此，不少国民党乡兵、乡长都对独立大队的斗争持同情态度。1945年5月，中共南路特委判断建立大塘抗日联防区的时机已经成熟，便指示吴（川）梅（菉）化（县）党组织召开群众代表大会，成立大塘抗日联防区与其领导机构——大塘抗日联防委员会，并选举中共党员邹贞业为主任，开明绅士邹培芝、钟其鉴为副主任。大塘抗日联防区下辖3万多人，共计200多个村庄。以大塘抗日联防区的成立为标志，遂溪西北区抗日民主政府、遂北抗日联防区、新塘抗日联防区与大塘抗日联防区四地连成一片，成为夺取南路抗战全面胜利的重要基石，标志着中共南路特委整编军事力量，以成立民主政府为依托的敌后抗战路线在雷

---

① 中共湛江市委党史研究室编：《广东革命史料丛刊：南路人民抗日斗争史料（1937.7—1945.9）》，广东人民出版社1996年版，第274页。

州半岛北部地区取得了初步的胜利。

雷州半岛北部的敌后抗日斗争已经取得初步胜利，雷州半岛南部的海康地区的敌后抗战也取得了阶段性的进展。早在1944年9月，中共南路特委就曾派遣雷州人民抗日游击队第一大队南下海康，协助当地党组织实行联防自卫，并试图挺进徐闻，开辟抗日根据地。由于错误判断了徐闻地区的武装斗争条件，徐闻下洋村武装起义受挫，部队被迫返回遂溪休整。基于雷州南部地区的情况考虑，周楠等中共南路特委干部决定先在群众基础较好的海康县建立抗日根据地，以便与雷州半岛北部的遂（溪）廉（江）地区遥相呼应，从而将抗日斗争扩展至整个南路地区。据此，中共南路特委指示第一大队北撤遂溪休整时，留下一批本领过硬、思想上进的干部和战士，协助海康县党组织开展工作，着手建立抗日根据地。

经中共南路特委的部署安排，决定以塘仔村抗日联防队为依托，整编第一大队留下的干部和战士，成立第九独立大队，由方茂盛任大队队长，李晓农任政委。周楠领导南路特委发扬遂溪经验，从群众运动开始着手，部署独立大队协助海康县党组织，不断扩展统战范围。在此基础上四处宣传共产党的抗日工作，使得统一战线、团结抗战的主张深入人心，因而党组织得以带领群众先后在塘仔附近的14个自然村建立基层抗日组织，为筹备联防区打下了坚实的基础。

1945年5月，依据中共南路特委的要求，海康县党组织在扶桥东村召开群众代表大会，决定成立海康县第一抗日联防区，联防区委员会由纪继尧任主任，王道深、陈文瑞任副主任。同年6月，海康县党组织在西溪村召开群众代表大会，成立海康县第二抗日联防区，并选举袁经伦任委员会主任，梁同金为副主任。海康县第一、第二联防区的成立，宣告中共南路特委重整南路各地起义军队的计划取得了阶段性胜利，并完成了向敌后进军的目标，将南路地区的星星抗战之火燃遍各地。至1945年6月，雷州半岛北部与南部地区均建立了抗日根据地，成立了民主政府。在中共南路特委的领导下，各根据地军民同心，组织人民参与联防大队协同作战，先后击退日伪军、国民党顽军的进攻，有力地捍卫了人民群众的生存权与发展权，得到人民群众坚定的拥护与支持，为夺取南路抗战的全面胜利奠定了坚实的组织基础、群众基础。

四、南路特色的抗战之路与群众路线

关于抗日战争中的根据地问题，毛泽东曾论述道："无后方作战，是新时代中领土广大、人民进步、有先进政党和先进军队的情况之下的革命战争的特点，没有可怕而有大利，不应怀疑而应提倡。"① 在毛泽东思想的引领下，全国各地的党组织带领军民建立抗日根据地，为敌后作战提供大后方，在敌后战场逐渐对敌军形成包围之势。"实际上，日本帝国主义完全打倒之日，必是这个天罗地网布成之时。这丝毫也不是笑话，而是战争的必然的趋势。"② 透过南路抗战的烽烟，综观南路抗战的战场，中共南路特委书记周楠审时度势，带领南路地区党组织坚持发扬毛泽东军事思想，领导南路人民反抗日本帝国主义。从一开始的联防自卫到组织南路各地开展武装起义，再到后面尝试建立抗日根据地，成立民主政府，中共南路特委逐渐摸索出一条具有南路特色的抗战之路。

此外，在探索建立抗日根据地的过程中，周楠依据中共中央南方局的指示，强调要深入群众，与群众打成一片。南路地区各根据地依照指示，多方设法扩大生产，开辟贸易市场，增加财税收入，并为群众的生产、生活提供方便。② 海康第一联防区则号召群众发展生产，团结抗日；以墙报、黑板报的形式进行抗日宣传，报道共产党及抗日军

---

①② 毛泽东著：《毛泽东选集》（第二卷），人民出版社1991年版，第472页。
② 中共湛江市委党史研究室著：《中国共产党湛江历史（1921—1949）》（第一卷），中共党史出版社2011年版，第259页。

队重大活动的消息。① 南路各地的党组织依照中共南路特委的部署，在根据地内组织群众实行联防自卫，提高人民群众的政治素养，坚定其抗战的决心与必胜的信心，努力构建新型军民关系，为党组织坚持敌后战争提供了源源不断的动力。大塘抗日联防区委员会成立仅仅10天左右，就发动400多名青壮年参加联防队，并筹集了150多支长枪，②"虽然在这些联防武装、联防区内并没有公开打出共产党的旗号，党员的身份也没有公开，但群众心里明白，是共产党在带领他们联防抗日，共产党的抗日主张他们拥护，共产党员去干的事他们跟着干。党组织实际掌握了联防武装、联防区的组织领导权。党在农村的基础得到加强。"③ 这从另一方面证明了在中共南路特委的领导下，各根据地党组织的动员能力的强大。而周楠等南路特委干部坚持以人民为中心的思想，坚持发动人民战争，也使得毛泽东人民战争的思想在南路大地生根发芽，促进了南路人民的思想觉醒。

除此之外，周楠等中共南路特委领导认清抗日根据地

---

① 中共湛江市委党史研究室著：《中国共产党湛江历史（1921—1949）》（第一卷），中共党史出版社2011年版，第255页。
② 中共湛江市委党史研究室著：《中国共产党湛江历史（1921—1949）》（第一卷），中共党史出版社2011年版，第254－255页。
③ 屈康慧：《王均予与南路特委》，载《红广角》2012年第7期，第39－41页。

的本质，将其作为灵活运用党在革命年代的三大法宝——"武装斗争""党的建设""统一战线"的抓手，通过不断加强党的建设，以此引领根据地建设，进而实施统一战线，使之更好地服务于武装斗争；当武装斗争受挫时又依靠根据地党的建设与统一战线整编部队，化整为零，保存武装力量，伺机而动。在坚持根据地斗争之中，中共南路特委书记周楠带领各地区党组织将统一战线通过根据地建设逐步扩展至整个高雷乃至南路地区，覆盖不同阶层，不同地域。以遂溪西北区抗日民主政府为例，区政府在中共南路特委的领导下，广泛团结社会各阶层人士一致抗日，有时召集各地上层人士座谈，进行时事教育，有时邀请有社会威望的开明人士座谈，以争取他们的协助，支持区政府的工作。① 正因为如此，在抗日斗争中，南路人民不分阶级、不分阶层、不分党派、不分信仰，做到"有人出人，有力出力，有钱出钱，有粮出粮"，地不分南北、人不分老幼，形成了共同抗击日本侵略者的战略态势，用血肉筑成了一座长城，构成了一幅全民族抗战的历史画卷。②

历史不应该被忘记，历史的经验启迪着我们每一个人，

---

① 中共湛江市委党史研究室著：《中国共产党湛江历史（1921—1949）》（第一卷），中共党史出版社 2011 年版，第 251 页。
② 陈充：《论广州湾在抗战中的地位与作用》，载《岭南师范学院学报》2018 年第 39 卷第 1 期，第 120-129 页。

周楠等共产党员在危急关头,不忘初心,牢记党的嘱托,在南路国统区闯出一片天地,锻炼了一批批优秀的中华儿女、优秀的共产党员,他们为民族解放、人民幸福做出了巨大贡献。

第四章 受命领导 入越整训

越南位于中国西南部，与广西、云南接壤。近代在法帝国主义殖民统治之下，又在第二次世界大战时遭遇日本入侵。在越南共产党的领导下，越南人民经过抗法、抗日的长期艰苦斗争，于1945年8月取得"八月革命"胜利，日本被逐出越南。然而，当英国军队在北纬16度以南地区接受日军投降的同时，却把在越南南部的全部权力移交给法军，帮助法国殖民主义者进入西贡。在法国殖民主义者统治时期，由于法帝和国民党反动政府的挑拨离间，加上两个民族之间的成见，有的地区华侨同越南人之间存在一定的隔阂和纠纷。那时越南共产党内，特别是一些地方组织，有些人用狭隘的民族主义对待华侨，有些地方强迫华侨加入越南国籍，有些人认为华侨拥护蒋介石，反对越南独立，因此奉行迫害华侨的错误政策。法越战争爆发后，"越盟"的一些地方组织竟乘机在河内、海防等地枪杀华侨，在北江六南、左祖等地区，越南公安部队纵火焚烧10多个华侨村庄，船头几十名男女华侨被捉投入河里活活淹死。为了保护生命财产的安全，数以千计的华侨扶老携幼，流离失所，无家可归，被迫逃往法统治区或进入山中，田地丢荒，无人耕种。在此情况下，有的华侨变卖耕牛、家私，购买枪支弹药，组织起来据山为营。越南人不敢进入华侨区域，有的地方已经到了剑拔弩张、刀枪对立、不通往来的严重地步。当时的越南面临强敌入侵，半壁江山沦陷，国内各阶层矛盾日益尖锐激化，国家正处在生死存亡的危急关头。如此急迫的内忧外患之际，越南共产党高层强烈希望中方委派组织来统一管理华侨的事务工作，协助解决国内的当地人与华侨之间的尖锐矛盾。而在中国国内，蒋介石也加紧对解放区的攻势，并准备在1946年向解放区发动全面进攻。中共广东区党委为保存南路武装力量的主力，准备在最坏的情况下坚持长期的艰苦斗争，经请示党中央，最后在紧急危险关头决定把"老一团"转移到越南休整。"为此，中共广东区党委派出原南路特委书记、区党委组织部副部长周楠担任区党委驻越共中央联络员，以直接领导撤入越南的第一团，（并）筹办这一基地，[1] 并为区党委筹集活动经费和协助越南共产党开展华侨工作等。"[2] 此后，周楠进入越南，领

---

[1] "这一"是指休整基地。
[2] 中共湛江市党委研究室编：《铁旅征程》（99湛江印准字第057号），1999年9月印，第13页。

导全面整训南路革命主力部队，开展华侨事务工作，并配合越南人民进行抗法战争。

第一节 "老一团"突围西进 坚持武装斗争

一、"铁桶围剿"形势危急

1945年8月中旬，入侵雷州半岛的日军投降，中共南路特委书记周楠按照原定计划，"率领南路人民抗日解放军第一团进驻海康县杨家、扶桥一带，促令日伪军和平队符永茂部向抗日解放军投降，并派人到遂溪传达关于接受日伪军投降的指示。接着，中共遂溪党组织派东区情报交通总站站长陈军侦察广州湾日军驻兵情况，绘制有关地图，送交南路人民抗日解放军司令部，以便抗日解放军进入广州湾接受日军投降。其时，由于大批国民党军相继进驻南路'劫收'，驻雷州半岛日伪军执行侵华日军总司令官冈村宁次拟订的《和平后对华处理纲要》，将武器'完全彻底地'交付国民党方面，致使人民抗日武装接受日伪军投降未能实现"①。在防城则由中共防城特派员谢王岗到防城县

---

① 中共湛江市委党史研究室编：《中共南路党史大事记》，广东人民出版社1996年版，第169页。

光坡、大勉等地，宣布由刘镇夏、黄志英、严秋、沈鸿周等布置人民武装队伍入越收缴日伪投降物资，开展华侨工作。1945年8月底，钦（州）防（城）华侨抗日游击大队从那良直入越南下居、潭下；光企沿海的抗日游击小组200多人由刘镇夏等人带领，加入由刘镇原（爱国人士，统战对象）任团长、刘镇夏任副团长的"越南国民革命军第三军独立团"，从而控制该团队伍和指挥权，以合法形式从水路入宫门。上述队伍拟于东湖会师，接受日伪军投降，协同广安省越盟组织，开展东潮华侨工作。1945年9月5日，由于钦防华侨抗日游击大队犯政治上麻痹的错误，致使行动未能达到预期目标，并且遭到国民党反动派的严重打击。至此，抗战的胜利果实被国民党反动派"劫收"①。

抗日战争结束后，国民党当局收回广州湾，易名湛江市，成立湛江市政府，并在湛江市设立广东南路行署、警备司令部，统管南路的军政事务，大量起用日伪军、汉奸、反动分子等。任命广州湾地方势力头子陈学谈为国民党军事委员会第二方面军先遣军第二支队司令，湛江市政警总队长、大汉奸符永茂为雷州守备司令。收编伪军、汉奸武装和兵痞、土匪，组编警察中队和侦缉队、情报队等；扩充各县地方武装，组建自卫大队，每个大队200—300人，

---

① 中共湛江市委党史研究室编：《中共南路党史大事记》，广东人民出版社1996年版，第170页。

各乡又组建20—50人的中队，各保也大多建立起保队。①由此，国民党恢复全面统治，对共产党及其领导的人民武装、革命群众实行残酷"清剿"，南路人民抗日解放军面临被"吃掉"的危险。

为了加强在南路地区的统治力量，国民党当局成立粤桂南区绥靖指挥部，集结正规军、保安团以及各县自卫队、联防队共达1.5万多人的反动武装，对南路地区进行残酷的"清乡大扫荡"。国民党军先后调集了美式装备的"王牌远征军"新一军、第四十六军以及第六十四军的多个保安团及收编的伪军，从南路地区北边到海南，进驻雷州半岛、廉江、化县、吴川县等地，向南路抗日武装力量发起大规模的包围进攻。政治上强行实施"五户联保"政策，规定每村以五户为一个单位，互相担保"不参共、不亲共、不通共、不藏共"，如有一户违规，则其余四户均受株连。同时，采取暗杀、恐吓等手段威逼游击区人民登记自首和改过自新，重金悬赏通缉共产党员和革命干部，派遣特务政工队伍进行疯狂的反共活动。地方武装配合国民党正规军，进驻各个游击区和革命村庄，实施"铁桶围剿"以及拉网式、连梳式"清乡"，企图消灭广东南路地区的抗日武装。对于国民党劫收抗战胜利果实，陈超将军回忆说："那

---

① 中共湛江市委党史研究室著：《中国共产党湛江历史（1921—1949）》（第一卷），中共党史出版社2011年版，第270页。

时每条革命村庄都有部队驻扎。"① 与此同时,在经济上封锁共产党活动的主要地区,以切断共产党和人民武装的税收来源。加紧实施苛捐杂税,对人民群众征收房捐、户口捐、牛头捐、田赋附加税等。

在吴川、化县地区,国民党茂阳师管区和化吴"清剿"指挥所出动大批军警进行穿梭"耙田式扫荡",先后逮捕、杀害共产党员和革命群众数百人。在廉江地区,国民党当局在全县建立"清乡区",日夜围村搜山,杀害新塘革命区的进步人士、群众。在遂溪县,卜巢山革命村庄被全面焚烧,将10岁以上的村民都抓捕,共有300多人被投进城月监狱施予严刑拷打。不久,中共南路原来活动和控制的地区均被国民党反动派占据,活动在雷州半岛的南路人民抗日解放军处境十分危急。

二、"赤坎会议"战略转移

1945年9月10日,中共中央根据抗战胜利后广东的形势变化,指示中共广东区党委迅速采取应变措施,人民武装执行分散坚持的斗争方针。据此,广东区党委制定了新的工作方针,要求广东各地党组织"一方面坚持斗争,保存武装、保存干部;另一方面做长期打算,准备将来合法

---

① 2020年10月30日笔者高良坚到广州珠江宾馆采访陈超将军记录内容,并经陈超将军确认。

的民主斗争"。同时，决定将全省分为 11 个地区进行军事活动，其中南路以十万大山和勾漏山为坚持斗争的地区。为了利用城市开展合法的斗争，各地必须加强城市工作，将"可能回城市工作的干部，都派到城市去"①。9 月 16 日，中共广东区党委将上述工作方针和部署电告中央。

19 日，中共中央回电中共广东区党委说："同意你们分散坚持的部署，但每区仍要有一千或数百武装部队，如集中行动，似乎很难隐蔽；如不隐蔽，打起原来共产党的旗帜，是不能长久保存的，望你们注意此点；如要隐蔽，必须以连排为单位分散行动，一区数百武装，还须分成许多小股行动，依靠群众、地形、党的基础、统一战线的关系等，利用敌人内部矛盾，采取合法与非法相结合的斗争手段，是能够存在和发展的，望你们切实研究这种新的斗争形式。"②党中央和广东区党委的指示，为南路党组织和人民的革命斗争指明了方向。党组织的主要任务是揭露国民党当局假和平、真内战的阴谋，并在不放弃武装自卫的前提下，通过各种方式努力争取真正的和平民主的实现；同时，保存革命力量和党的干部，并做好充分准备，随时反击国民党反动派为发动全面内战而发起的军事进攻。

---

① 广东省档案馆编：《对广东长期坚持斗争的工作布置（1945 年 9 月 20 日）.华南党组织档案选编》（广东省档案馆内部研究用），1982 年 3 月第 1 页、2 页。

② 1945 年 9 月 19 日，中共中央致广东区党委电，见广东省档案馆复印件。

1945年秋，全省各游击区认真研究和贯彻中共中央关于分散坚持的指示和广东区党委的部署。由于各游击区所处的环境和条件不同，因而贯彻分散坚持方针的时间、步骤和具体做法也不一样。在东江地区：国民党正在调集新一军、第五十四军、第六十四军、第六十五军等强大兵力向东江解放区发动进攻，妄图歼灭东江纵队。东江纵队领导经过研究，决定将全区分为粤北、东江以南、东江以北和海（丰）陆（丰）惠（阳）紫（金）五（华）四个地区，建立四个指挥部，实行军事上的分区指挥。为此，除在此之前已经成立的粤北指挥部外，又组建了江北指挥部，并将原江南指挥部分编为江南指挥部和东进指挥部（即海陆惠紫五指挥部）。① 根据广东区党委的指示，中共南路特委书记周楠于9月下旬召集温焯华、陈恩等人在湛江市赤坎召开紧急会议。会议根据中共广东区党委的指示和国民党对高雷地区人民武装实行"铁桶围剿"的严峻形势，对南路地区的局势做了反复研究，认为雷州半岛战略地位重要，国民党军队势必竭力控制，南路人民抗日武装若留在雷州半岛，将会陷入被动挨打的局面，甚至有被消灭的危险。而十万大山地跨粤桂两省，有较好的群众基础，且与越南相邻，利于部队隐蔽和回旋；同时中共广东区党委也

---

① 广东省人民武装斗争史编纂委员会编著：《广东人民武装斗争史（第四卷）：解放战争时期》，广东人民出版社1995年版，第15页。

指示南路应以十万大山及勾漏山作为坚持斗争的地区。①

据此,会议做出了如下决定:第一,南路人民抗日解放军以第一团为主,并从各团抽调部分指战员充实兵力,由团长黄景文、政委唐才猷率领,从遂溪突围西进,开辟十万大山根据地;第二,其余各团返回原地,以连、排或武工队、小分队的形式分散隐蔽活动,坚持自卫斗争,但避免与国民党军队正面作战;第三,调整各县、区党组织的主要干部,已暴露身份、不宜留在原地区工作的同志调换到新的地区。赤坎会议后,周楠、温焯华、陈恩随即分头到各县传达会议的精神。其中,周楠到遂溪中区迈典村召开南路人民抗日解放军各团领导干部会议,宣布特委的决定,并对第一团西进十万大山和其他各团分散坚持斗争做了具体部署。鉴于雷州地区形势极为严峻的特殊情况,南路特委决定抽调黄其江、支仁山、邓麟彰三人协助陈恩工作,形成一个新的核心,统一领导党在雷州半岛的各项工作。同时,还对遂溪党组织领导成员做了调整,实行分片领导。迈典会议后,南路人民抗日解放军第三、第四、第五团和白马营立即突围离开遂溪,分别返回廉江、化县、吴川、博白等地分散坚持斗争,第一团则分两批突围西进。②

---

① 中共湛江市委党史研究室编:《中共南路党史大事记》,广东人民出版社1996年版,第171页。

② 中共湛江市委党史研究室著:《中国共产党湛江历史(1921—1949)》(第一卷),中共党史出版社2011年版,第271页。

三、西进粤桂　北撤山东

1945年9月底,"老一团"团长黄景文率领团部和第一营首批队伍,在遂溪、廉江党组织和群众的帮助下,白天隐蔽于山村蔗林,夜里从驻满敌军的村庄缝隙间分散穿插行军。沿途同围堵追击之敌展开战斗,在廉江的塘蓬与敌保安第一师七团700多人激战一天,歼敌70多人,"老一团"牺牲3人。10月中旬,首批突围部队到达廉江、博白边境的马子嶂。① 与此同时,"老一团"政委唐才猷为策应首批突围,组织以洪田、沈杰为正副队长的20人突击组,以一个连为警戒,另一个连队和洋青地区的民兵百余人作预备队,在风朗村党支部的配合下,于10月10日深夜对遂溪原日军机场守敌发起强袭,经数十分钟激战,全歼守军100多人,俘获敌军8名,还缴获了加农炮1门、轻重机枪5挺、步枪130支,以及大批弹药和军用物资。② 这次袭击对敌震动很大,打乱了敌人的围剿部署,使正在追击我首批突围部队的六十四军一个师,慌忙从廉江赶回。夜袭风朗机场大大减轻了首批突围部队的压力,有力地策

---

① 中共湛江市委党史研究室编:《铁旅征程》(99湛江印准字第057号),1999年9月印,第3-4页;以及朱日成:《关于奇袭遂溪风朗机场的回忆》,载《湛江晚报》,2018年10月28日。

② 中共湛江市委党史研究室编:《中共南路党史大事记》,广东人民出版社1996年版,第172页。

应了西进行动。由唐才猷率领两个营的第二批突围部队，乘国民党慌乱之机，实施突围成功，随之越过遂（溪）廉（江）边境封锁线北上，于10月下旬到达马子嶂，与首批突围部队会合。不久，参加西进的第三团涂明堃营等部队根据南路特委的指示，从遂廉边境赶赴达马子嶂，与两批突围部队会合，入编第一团序列。

夜袭机场几乎震动了整个雷州半岛，并使正在追击第一批突围部队的敌六十四军一个师急忙收兵回守遂溪城，加紧对南路人民抗日武装力量进行"清剿"。借此机会，"老一团"全体人员则趁机突出重围西进，与第一批突围部队会合。可以说这次袭击取得很大的成功。各路部队顺利会合后，南路特委一方面派出人员与合浦灵山党组织联络，另一方面，部队进行了原地休整和集中整编。"老一团"原第一、二营合编成一营，营长廖华，教导员陈熙古，副营长陈炳崧、李鸿基。一营辖两个连，一连连长黄英，指导员沈杰；二连连长陈庆芳，指导员朱日成。原三团涂明堃营编为第二营，营长涂明堃，教导员林敬武。二营辖两个连，四连连长何江，指导员叶扬眉；五连连长黄洪。第三营营长黄建涵，副营长黄炳、廖培南。三营辖两个连，七连连长廖培南（兼），指导员李恒生；八连连长李仁廉，指导员肖汉辉。团警卫连连长张鸿谋，指导员梁涛明。这时

"老一团"共有800多人。①

不久，南路特委派杨甫来马子嶂催促部队西进，西进的路线是，从马子嶂取道灵山南部的古文水、陆屋，钦北的小董、贵台，然后进入十万大山。十万大山东起现广西钦州市贵台，西至中越边境，分布于钦州、防城、上思和宁明等地。山脉呈东北—西南走向，长100多千米，宽30—40千米，总面积达2600平方千米，为广西最南面的山脉。

这是向敌人统治力量比较薄弱的地域进军，西进压力小且又有利于"老一团"取得供养的进军路线。西进沿途，杨甫在团长的授意下，协助指挥各分队的战斗行动。11月上旬，到达灵山县南部的古文水地区，在当地党组织的协助下，顺利越过敌人的重要据点陆屋、小董，向钦北、贵台挺进。11月14日，"老一团"攻占贵台，全歼敌乡长以下30多名民团。敌人为了围歼准备撤退到十万大山的"老一团"，调集三个保安团急速尾追，其中一保安团近千人已逼近贵台。"老一团"当即撤出贵台，转移至马启山的那夜村、独马村一带待机行动。翌晨，敌保安九团、十团和反动武装3000多人蜂拥而至，"老一团"立即占领阵地与敌

---

① 中共湛江市委党史研究室编：《铁旅征程》（99湛江印准字第057号），第3页。以及参考中共湛江市委党史研究室著：《中国共产党湛江历史（1921—1949）》（第一卷），中共党史出版社2011年版，第271页。

激战，敌人在迫击炮、轻重机枪的密集火力掩护下，连续向牛屎岭山的三营阵地发起13次冲击，均被击退，战斗持续到晚上9时后，在"老一团"大面积杀伤敌人并实施有力地反击下，击溃了敌人的进攻。此战，敌伤亡200多人，"老一团"七连连长廖培南、机枪手张仔等牺牲。

随后，"老一团"利用夜幕撤离战场，继续西进，取道钦州、防城交界的天堂，经其录、扶隆、小峰，于12月中旬到达那良的大勉村，与谢王岗、沈鸿周、彭杨等领导的地方游击队胜利会师。随后，队伍转至峒中，这时尾追之敌又向"老一团"逼近，"老一团"只好采取"避其锋芒、分散隐蔽"的对策，部队以营、连为单位展开，并在当地游击队的配合下，与敌人进行了激烈而灵活的作战，终于打破了敌人的围攻。此后又在贵台迅速突破了敌人重点布置的包围圈，利用贵台马笃山之天险与敌人展开了激战，终于在惨烈的突围中，突破国民党广东保一团、广西保安九团、十团以及地方反动武装3000多人的重围。贵台之战可以说打通了进入十万大山的门户，使得南路部队终于得到巨大的转机，随后，"老一团"便在广西大勉、那良、峒中等地区建立了革命根据地。①

与第一团突围西进的同时，南路人民抗日解放军其余

---

① 中共湛江市委党史研究室编：《铁旅征程》（99湛江印准字第057号），第5-8页。

各团，也在分别根据指示开回本县分散活动。其中第二团回遂溪、海康，第三团回廉江、博白、陆川，第四团回化县、吴川、梅菉、茂名、电白，第五团回吴川、梅菉。回原地坚持的各团分别以连、排、班为单位进行活动。① 国民党当局为了彻底消灭共产党活动在南路的人民武装，经常派兵进行"围剿""清乡"，派遣便衣特务和搜索队四出巡逻，刺探人民武装的活动规律，以便追剿、搜捕；他们大搞白色恐怖，拘捕、毒打、杀害群众，妄图切断人民武装与群众的血肉联系。为了对付国民党军队的"清剿"，南路人民武装的指战员常常露宿山头，蹲枯井，钻山洞，忍饥挨饿，生活条件十分艰苦。但好在因为人民武装大都是本地人，熟悉地理民情，与群众有密切的联系，耳目灵通，故常常使敌人扑空，化险为夷。南路人民武装时而化整为零，时而又化零为整，依靠人民群众的帮助，打击了敌人，保全了自己。

进攻南路根据地的是国民党第六十四军和第四十六军的一部分队伍。他们依仗人多势众，在根据地内村村驻兵，反复"清剿"。国民党军队对根据地军民实行军事上进攻、经济上封锁、政治上控制，威逼利诱，软硬兼施。为了打破国民党军队的"清剿"，南路人民武装派遣人员深入国民

---

① 广东省人民武装斗争史编纂委员会编著：《广东人民武装斗争史（第四卷）：解放战争时期》，广东人民出版社1995年版，第19页。

党统治区，锄奸保民，袭击敌人。人民武装为了避开国民党军队的主力，常常以连、排、班为单位分成小股活动，忽零忽整，灵活机动。还组织武工队锄奸肃特，镇压特务头子和反动的保甲长；同时选派一些没有暴露身份的共产党员或政治上可靠的人担任国民党的乡、保、甲长，建立"白皮红心"的两面政权。① 通过这些人员搜集敌人情报，购买枪支弹药，保释被捕同志，掩护人民武装活动，粉碎敌人的进攻。

"粤桂两省绥靖会议"以后，国民党广东当局对人民武装的"清剿"活动更加凶猛，先后出动的兵力仅正规军就达8个军22个师之多。当时广东人民武装处境十分艰难，面临着严峻的考验。由于各地人民武装及时而坚决地执行了中共中央和广东区党委关于分散坚持的方针，采取各种相应的措施，使国民党军队的"填空格"进攻和地毯式"清剿"扑空；在反"清剿"斗争中虽然也遭到些损失，但保存了主力部队和武装骨干。这就为南路人民武装日后恢复武装斗争，建立更加强大的武装力量保存了实力。

国民党此时也同样没有放弃任何企图彻底消灭人民武装的时机，在"双十协定"公布以后，表面上与共产党就国共两党一些重大问题在进行继续讨论，各地却依旧在陆

---

① 广东省人民武装斗争史编纂委员会编著：《广东人民武装斗争史（第四卷）：解放战争时期》，广东人民出版社1995年版，第32页。

续发动对人民武装的袭击。1946年1月2日,"老一团"三营八连和二营四连却又在北仑北婆村、滩散竹叶坳一带突然遭敌300—400人的袭击,二营教导员林敬武、三营八连排长陈应理等14人不幸壮烈牺牲,机枪手袁马负伤被俘后在那良英勇就义,八连连长李仁廉、副连长在巫池负伤。与此同时,其余各部队战斗发展顺利。一营直插那湾、滑石、那呐一带,在刘仲曼领导的地方游击队的配合下,在滑石攻占了反动头子陈志强的老巢——老虎岭,然后向防城挺进,直接威胁敌人的后方指挥中心,并在防城游击大队的配合下,在板真攻占了恶霸陈树雄的地主庄园。三营在那良、范汉、那旧的地方游击中队的配合下,袭击了国民党原师长的庄园。"老一团"派出林三突击小组,以炸药爆破,强攻恶霸陈树尧的地主庄园,全歼守敌。至此,全团指战员经过一个多月的奋勇作战,粉碎了敌人的"围剿"。战后,防城地区也随之成立了"防城地方游击大队",大队长沈鸿周,政委彭杨,副政委严秋。

总之,"老一团"在深入十万大山地区以后,虽然不断以小股兵力有效地袭扰敌人,取得了不少胜利,坚持发展了游击战争。但国民党为了消灭"老一团"人民武装,继续调集整编一五六旅的主力四六七团、粤保安团、桂保安团及地方反动武装5000多人,向十万大山再次"围剿"。"围剿"与反"围剿"的斗争在激烈地进行。"老一团"进入十万大山仅一个多月，其活动范围已扩展到防城全县五分之三以上地区，虽然在军事上受到一些小挫折，却取得了多次战斗的胜利。①

原以为敌人统治力量薄弱的十万大山是开辟游击根据地的理想场地，但实际上却并非如此。十万大山是穷乡僻壤，人民极为贫困，又是少数民族聚居地，外人进入险象环生。很多先锋队伍曾两次转战于该地，几乎无法立足。②随后敌人又开始实行"并村入栅"的政策，切断了解放军与群众的联系，粮食、食盐等供应困难，特别是子弹缺乏，为保障部队生活所需，"老一团"指战员们克服了难以想象的困难。为了搞到粮食、食盐、布匹和枪支弹药等物资，时常要冒生命危险。医疗物资也十分缺乏，天气转凉，战士们衣着单薄，病号多，没有药品，营养不良，夜盲、生疥疮、打摆子的不少，非战斗减员多。③

中共南路特委在国民党积极准备发动内战之时，就预感到我主力部队进入十万大山后，敌人可能重兵"围剿"，如果坚持确有困难，拟征得越共中央同意让"老一团"进

---

① 黄其英：《铁旅征程——"老一团"西进纪实》，载《广东党史》2001年第5期，第18-20页、25页。黄其英，系中共湛江市委党史研究室负责人之一，长期从事南路革命历史研究。

② 张越军：《风范长存，光照南粤——深切悼念革命老前辈杨应彬同志》，载《源流》2016第4期，第36-38页。

③ 杨应彬：《小记十万大山艰难岁月》，载《源流》1994年第3期，第28-31页。

入越南境内休整。为此,南路特委决定派南路干部入越与越南共产党联系。11月,南路人民抗日解放军出版室负责人庞自,作为非武装人员撤退至湛江后,得知越南革命形势很好,而且越方希望有一批中国同志来帮助他们搞华侨工作,庞自即刻向党组织做了汇报。随后,庞自受中共南路特委委派,入越与越共联系。庞自通过赵世尧找到越南公安部政治保卫局负责人吴其梅(华人),得以同越共中央组织部部长黎德寿在河内会面洽谈。黎德寿对我部队来越休整表示热烈欢迎,答应尽可能给予帮助。并且提出,他们很需要一批中国同志帮助搞华侨工作,请中方给予支持。①

1946年2月,敌人在第一次"围剿"失败后,调来了整编六十四师一五六旅加两个保安团准备进行第二次"围剿",任张瑞贵为"粤桂南区'清剿'总指挥"。张亲率部分人员来钦组成指挥所,实行"驻剿",山区武装斗争一度处境艰难。② 为了保护南路部队的革命火种,执行国共两党签订的"双十协定",为今后革命发展积蓄力量,经请示上级党组织,征得越共中央同意,3月上旬,"老一团"陆续撤入越南休整,防城人民游击大队200多人编为"老一团"第四营,随"老一团"进入越南。在广东中共武装人员北

---

① 中共湛江市委党史研究室编:《庞自——南路特委派我两次同越南党联系的经过》,见《铁旅征程》(99湛江印准字第057号),第106—110页。

② 翁宽:《钦州八寨沟》,载《文史春秋》2005年第11期,第59—60页。

撤前后，尤其在国民党当局实行"清乡"的严峻形势下，中共南路特委和南路各县党组织还采取了"南撤"的重大步骤，对那些受到通缉、追捕，以及在本乡、本县乃至特委机关已经无法隐蔽的党员、干部、武装人员，由党组织批准并协助疏散转移到越南等东南亚国家隐蔽和进行革命活动。①

周楠对南路人民抗日解放军主力部队转移至十万大山的过程做出十分严密的部署。西进十万大山这个重大战略决定，得到中共广东区党委的同意后，周楠即刻写信给唐才猷，要求他与黄景文带领部队马上离开雷州半岛前往十万大山开辟根据地。1945年10月下旬，唐才猷率领的部队袭击完日军遂溪飞机场后成功突围西出，与黄景文的部队在博白县马子嶂胜利会师。②不久，周楠安排的曾经在钦廉四属任特派员的杨甫，也已到达马子嶂。杨甫的到来对西进部队而言无疑是一种帮助。因为杨甫曾经是钦廉四属党组织的负责人，以更高一级的职务（时任南路特委宣传部部长）重返故地，他对党组织工作和地方工作事务十分了解，西进途中的各种困难和工作协调，杨甫是较合适的领导。对西进部队而言，这无异于雪中送炭，是一场及时雨。

---

① 中共北海市委党史研究室著：《中国共产党北海历史（1926—1949）》（第一卷），广西人民出版社2005年版，第305-306页。

② 中共湛江市委党史研究室编：《中共南路党史大事记》，广东人民出版社1996年版，第172页。

事后也证明周楠的安排是十分正确的。协调主力部队从马子嶂到达十万大山的前进过程很成功。

30多年后，1982年2月25日，杨甫对这段经历做了很好的回顾和总结。杨甫写道：①

1945年11月，有一天，周楠找我谈话，主要内容有：第一，日本投降后，国民党大批军队从西南地区涌出来，集中在广东地区。广东区党委根据敌我力量对比的分析，指出广东"将有十年黑暗时期"，我们活动的条件将是十分困难的。第二，因此，区党委指示我们部队（南路人民抗日解放军），除将第一团转移到十万大山外，其余的武装部队，在南路各地分散隐蔽活动。第三，第一团已于1945年10月从雷州半岛开拔，经广西的博白、陆川等地往西方向进军。可是，国民党军队不断从云贵方向开出，压到广西、广东境内，一个向东，一个向西，我部队压力很大，前进受阻。因此，第一团又退回廉江、合浦和博白交界的马子嶂山区，请示特委迅速决定进退决策。②现特委决定：坚决执行区党委指示，克服一切困难，把第一团转到十万大山地区活动。第四，特委决定派我以"特委政治督导员"的

---

① 中共湛江市委党史研究室编：《铁旅征程》（99湛江印准字第057号），第97-102页。

② 据唐才猷同志回忆，第一团在马子嶂整编后一度向合灵推进，但因未能与当地党组织和部队联系上而暂时折回。

名义到第一团去，协同团领导干部完成西征十万大山的任务。① 特委给我的具体任务是：第一，千方百计克服一切困难，保证西征任务完成。第一团只能进，不能退，退回雷州半岛是没有出路的。第二，第一团到达十万大山地区安顿好后，我可以离开部队出到地方上来，整顿党组织，发动当地群众，支持、援助和配合第一团的斗争。第三，以后钦廉四属地区的工作，像过去一样由我负责。周楠最后嘱咐我，准备明天动身，此事刻不容缓。

11月中旬的一天，我离开广州湾经安铺坐船到了合浦宏德寺小学，由地下党员张大哥带领，连夜前往马子嶂。翌晨到达马子嶂后，立即到团部与团长黄景文、团政委唐才猷、团政治处主任李廉东和合灵独立营营长黎汉威等人会面，② 向他们传达南路特委对第一团的指示及我的任务。他们对特委的指示一致表示赞成和决心坚决完成西征十万大山的任务。我同第一团的领导干部一起，研究了如何向十万大山进军问题。我们分析：第一，自第一团进入广西博白后，广东的保安团及地方民团都在尾追，企图寻机围歼我们。第二，从云贵开出的国民党正规军还络绎不断，他们的军事目标虽然主要是到华北、东北等地区准备发动

---

① 据唐才猷同志回忆，杨甫同志到马子嶂后带来周楠同志的一封指示信，信中说部队政治上由杨负责，军事上由唐负责。

② 据当时四属党组织联络员谭俊同志回忆，当他获悉第一团到马子嶂后，即同黎汉威从灵山赶来联系共商向十万大山进军问题。

内战，但是一旦碰上我们是决不放过的。因此，第一团的行军方向应是避实就虚。第三，第一团应该沿着我群众基础较好的六万大山南麓进军，这可能得到地方党领导的武装力量的配合，而且部队的给养问题也易解决。第四，最大的缺陷是，钦廉四属1945年春武装起义后，除合（浦）、灵（山）两县尚存一部分武装队伍外，钦县的武装起义遭到严重挫折，防城县建立的约200人的武装队伍，也在"新街事件"中被敌人阴谋袭击而瓦解，第一团的进军是缺乏当地有力的配合的。① 因此，我们必须脚摸着石头过河，绝对不能麻痹大意。

  根据上述的分析，我们对第一团的战士和干部，进行了一番宣传教育工作，既摆了有利条件，也说明困难情况，以坚定信心，鼓励士气，加强斗志。大家情绪是高昂的。在我到达马子嶂的第三天，第一团再往西方向继续进军。数天后，部队经广西博白、陆川到达了灵山县东南的古文水，同武装起义后尚存的合、灵部队会师。我们向灵山大队政委陈铭金等说明，我们的目标是十万大山，希望他们发展部队，积极斗争，配合第一团的西征。根据周楠的指示，我对灵山党组织和部队情况做了了解，布置了工作。

---

  ① 日本投降后，防城党组织领导的钦防华侨抗日游击大队百余人进入越南海宁省，拟同越盟部队取得联系，接受日伪投降，在途中新街遭敌袭击严重受挫，人枪大部损失，但在第一团到达十万大山时，已逐步恢复。

我们还同合、灵的领导干部和在灵山的县领导干部卢文、朱守刚等一起研究第一团进入十万大山的行军路线和部队给养等问题。为了部队的休整和解决灵山的一些问题，第一团在古文水地区驻了一个星期。接着经6天行军到达了十万大山地区的贵台圩。当天晚上，召开了全体指战员大会，团的领导干部和我都讲了话，着重说明：第一，第一团自马子嶂出发约半个月，已经比较顺利到达十万大山地区，特委给我们的任务基本上完成。第二，部队行军中纪律严明，得到沿途群众的同情、支持和赞扬；各连队同志团结友爱，互相关心和帮助，加强了部队的战斗力，这是完成西征任务的重要保证。第三，第一团也有困难的一面：十万大山山高林密，部队有回旋余地，但地广人稀，老百姓很穷苦，生活习惯又很不同，部队的给养一时不容易解决，尤其是国民党的围追不仅没有放松，而且越来越紧迫，部队在十万大山地区的斗争将是十分艰苦的。

为了了解敌情和地方情况，第一团行军途中，都尽量设法同地方党组织和党员取得联系。小董起义失败后到合灵部队来的县党负责人卢文、朱守刚等随队西进。部队到达贵台时，在附近秘密活动的党员王旭林、农师慎、潘继业、朱守伦、潘德枢等，都同我们取得了联系，使我们了解了许多重要情况。同时，派王旭林去防城找该县党组织负责人谢王岗商讨部队进军问题。

部队在贵台驻扎的4天当中，两广边境地区的反动民团经常骚扰。同时，据地下党员提供的情报，广东保一团已逼近贵台。第一团领导干部和我一致认为，必须摆脱这种局面，部队应该迅速撤出贵台，向防城境内的十万大山地区挺进。决定卢文、王旭林等留在钦县工作（路经小董地区时已布置朱守刚留下开展工作）。同时将11名伤病员留下由他们负责掩蔽护理。部队摆脱敌人的前堵后追进入防城的大勉和峒中时，谢王岗赶来同我们会面，商谈了情况和工作。决定：第一，地方党要经常和及时向第一团提供有关国民党的动态尤其是军事活动的情报。第二，积极发动群众，发展武装力量，配合支援第一团的斗争。第三，地方武装配合第一团派出的经济队在钦、防沿海活动。第四，由谢王岗带领我去东兴。

第一团在十万大山地区大体上安顿好以后，为了配合第一团的斗争而解决一些紧迫问题，按照周楠在广州湾同我谈的特委指示，并征得第一团领导干部的同意，我便于1946年1月间离开部队，由谢王岗带领，到了防城县的边城东兴镇，并在东兴芒街（越南海宁省省会）住下和活动。在这里，我首先解决两个紧迫问题。

1. 派人去河内找越南共产党中央商量第一团过境问题。部队到达十万大山后，我们估计，只是保安一团及地方反动武装来"扫荡"，第一团还是能够对付的，如果再加上国民党正规军配合向我们进攻，那么形势将对我们很不利，而且会使我有背水作战的危险。因为南部隔着一条北仑河就是越南国境。所以，我在部队时曾向第一团领导干部建议，派出代表渡河与越方联系，提出必要时可否让部队过境。代表派出后，越边境军负责人对我是否属中共领导的革命武装有怀疑，并且又未经他上级同意，三次磋商都没有结果。我感到这个问题非到河内找越南共产党中央商量，便不能解决。但当时情况已十分紧迫，如果派交通向特委请示，往返时间很长，势必延误时机。因此，我只和谢王岗商量决定（事先也得到第一团领导干部的同意），派当时任江平中学校长的王次华（地下党员）到越南河内去，找越南共产党中央有关部门商量，讲明第一团是中国共产党领导的部队和部队在十万大山目前的处境，要求他们允许第一团必要时渡北仑河过越境，并希望尽快通知边境的驻军。大约经过一个星期后，王次华从河内回到东兴，说越南共产党中央已经同意我们的要求，并答应通知他们的有关部队照办。于是，我即叫谢王岗派人通知第一团领导。但当时第一团并没有立即过河。

2. 我考虑到第一团在十万大山，如果没有钦廉四属人民群众的支援和武装力量的配合，是很危险的，它要生存和发展，是不可能的，所以我离开十万大山到防城地方上来的另一个迫切任务，就是整顿钦廉四属党组织和发动群众，武装群众，在各方面大力支持配合第一团在十万大山的斗争。因此，在1946年1月先同谢王岗讨论和布置了防城县的工作，继后同卢文讨论和布置了钦县的工作，2月又同合浦的谭俊和郭芳讨论和部署了合浦党组织和武装部队的工作（灵山县的工作已在第一团经过灵山时做了布置）。

第一团已经顺利地到达了十万大山，我到东兴后又解决了两个紧迫问题。因此，我便于1946年3月间回湛江市，向特委负责人周楠汇报工作，详细地谈了第一团自马子嶂到达十万大山的经过情况，以及我在东兴—芒街处理了两个紧迫问题。他说我完成了特委给我的任务。这证明上级党委的指示是正确的。同年5月，周楠通知我说，广东区党委决定我参加东纵北撤。自此，我便离开了南路。

南路特委一方面安排杨甫协调"老一团"主力部队西征十万大山整个过程的工作事务，另一方面也安排"老一团"所经过的地方基层党组织负责人积极配合，做到上下联动，统一步调。对此，十万大山地区的中共防城特派员谢王岗同志回忆说："1945年10月，中共南路特委通知我到特委机关，接受配合第一团西进十万大山坚持斗争的任务。特委负责人温焯华等向我传达党'七大'精神并听取有关十万大山地区的情况汇报后，指示防城党组织加强对敌、我、友诸方面情况的调查研究，加紧动员和扩充地方武装，健全地下党组织系统及情报交通联络系统，揭露国民党内战、独裁、卖国阴谋，发展广泛的反蒋统一战线，以迎接第一团的到来。我返回防城时，防城人民游击大队（原钦防华侨抗日游击大队）在'新街事件'严重受挫后，已采取分散方式在那良、滩散等中越边境地区积极恢复和扩大武工活动（约有150人枪），并在比较广泛的秘密游击小组和地方群众组织的配合下，初步形成了半公开半隐蔽的游击根据地的雏形。那湾及海滨区也有秘密游击小组三四百人。分布在防城镇、东兴、那良及海滨区的约40名党员和因四属党组织领导机关被敌破坏停止发展组织而未入党的一批斗争骨干，已参加了地下斗争或公开的武装斗争。此时，当地的反动势力正乘国民党正规军入越接收日军投降的机会，扶植伪军入越升官发财，对我游击队还未着力进行'扫荡'。但国民党正规军一五六旅（原师）旅长刘镇湘（防城人）已接受邓龙光、张弛①'围剿'我南路主力的命令，从雷州半岛来到防城，策划待第一团抵达后进行'扫荡'。因此，我根据特委的指示和防城县的实际情况做了部署：在那良、那湾、马屺山、那天、贵台等为主的山区，以公开的武装斗争为主，由防城人民游击大队直接领导指挥，部队迅速集结，加强机动，以武工队形式活动；在敌人主要据点——防城、东兴等城镇，恢复和加强秘密工作，保持原有阵地并相机发展；利用统战关系，派刘镇

---

① 邓龙光，国民党第三十五集团军总司令；张弛，国民党第六十四军军长。

夏打入其胞兄刘镇湘旅部任刘之秘书，并命宋森、刘铁红等利用上层社会关系收集敌方情况，配合山区游击战争；在敌人控制薄弱的海滨地区，保持半地下状态，以武工队形式开展斗争。上述部署贯彻不久，第一团便于12月间开进了十万大山。闻讯后我即从东兴秘密到了大勉，接着赶往峒中与杨甫及第一团的领导人黄景文、唐才猷会面。杨甫代表特委主持召开主力部队和地方党组织领导人联席会议。根据防城县地处两省、两国边境，少数民族众多，有抗法、抗日爱国传统，群众饱受以陈济棠家族为首的封建官僚势力残酷压榨等特点，确定高举民族团结旗帜，反对国民党反动派发动的反人民内战，动员群众，打破敌人的'围剿'。决定：第一，地方党、地方武装、群众组织全力支持配合第一团的行动；第二，主力部队以营为单位分散展开，与地方部队、游击小组相配合，开展群众工作，收缴反动武装，打击可以打击的反动据点，扫除敌之下层统治基础；第三，迅速集结并扩大县人民游击大队，归第一团统一指挥；第四，派出武工队插出海滨区，牵制敌人，筹集给养；第五，建立四属党组织的领导机关，于越南海宁省省会芒街，沟通特委同防城党组织及第一团之联系。联席会议后，我即同杨甫等离开部队回到东兴，根据会议的决定部署全县的工作。"①

---

① 中共湛江市委党史研究室编：《谢王岗"老一团"挺进十万大山的片断回忆》，见《铁旅征程》（99湛江印准字第057号），1999年9月印，第103－105页。

第二节 "老一团"受命进入越南整训

　　1946年2月,国民党第六十四军第一五六师师长刘镇湘率第四六七团和保安队及地方反动武装共2500多人,对十万大山地区进行大规模的"清乡扫荡"。"老一团"与敌人进行几次激烈的战斗后,寡不敌众,形势危急,经请示广东区党委批准后决定于3月底分批撤入越南休整。① 从4月2日开始,"老一团"第一、第三营先后经峒中撤离国境进入越南。峒中乡民兵大队在黄志瑞的带领下配合第二营阻击敌人掩护大部队撤退。黄志瑞在身受重伤之下仍然坚持指挥战斗,第二营最后顺利突围奔赴越南。4月下旬,防城县人民游击大队200多人在完成牵制、阻击敌人,掩护"老一团"撤退任务后,奉命集结于马头山,整编成"老一团"第四营,由营长沈鸿周、副营长李鸿基、教导员彭扬、副教导员严端侨等率领撤入越南。至此,"老一团"顺利完成撤入越南休整的计划。②

---

　　① 中共湛江市委党史研究室编:《中共南路党史大事记》,广东人民出版社1996年版,第182页。

　　② 中共东兴市委党史研究室著:《中国共产党东兴历史(1923.9—1949.12)》(第一卷),中央党史出版社2009年版,第198页。

一、全面整训部队　开展华侨工作

为了妥善统一领导"老一团"和一批相继撤退到越南的南路干部工作，1946年6月，中共广东区党委任命原南路特委书记、广东区党委组织部副部长周楠为区党委驻越南共产党中央联络员。周楠到达越南后召集唐才猷、黄景文等人到河内，传达广东区党委指示，并根据越南共产党中央要求，把"老一团"分成三部分：一部分驻越南高平省，一部分驻越南谅山省，一部分南下驻越南中圻（即中部义安省）。三部分部队除了抓紧部队整训外，还要协助越南：第一，培训干部，做好华侨工作；第二，打击土匪安定地方；第三，抗击法国侵略军。

周楠根据广东区党委指示，为配合全国解放战争回国开辟新区准备干部，决定在越南高平吭急举办广东区党委留越干部训练班。培训对象主要是第一团的排连以上骨干、机关工作人员及其他撤越干部共130多人。① 训练班在周楠的直接领导下，由陈恩、饶华、唐才猷、李廉东等具体负责训练工作。训练班以政治训练为主，军事训练为辅。思想政治方面主要学习党的"七大"精神、毛泽东军事理论、刘少奇的《论共产党员修养》以及形势教育和任务等内容。

---

① 中共湛江市委党史研究室编：《铁旅征程》（99湛江印准字第057号），1999年9月印，第14页。

学习期间还进行了干部审查，纯洁党员干部思想，发展了一批党员。与此同时，黄景文按照周楠的指示，于9月率领第一、三两营南下越南中部义安省，协助越第四战区司令部担负中部警戒任务，同时开展以军事训练为主的整训。驻越南的第二、四营也抓紧部队的军事训练和文化学习。"老一团"在越南全面整训以及开展一系列的思想、政治、文化等教育学习，不但大大提高了全团指战员的政治觉悟和军事技术水平，而且还使绝大部分贫苦农民出身的战士的文化知识得到了极大的提高，为日后回国参战打下了良好的基础。

中方在整训"老一团"部队提高思想政治文化水平的同时，也注意帮助越南训练部队、培养军事干部。1946年冬天，法国殖民主义者向越南民主共和国的海防、河内发动大规模进攻，胡志明主席亲笔致函中方要求入越部队为越制订军事训练计划。据此，唐才猷等编写了一份军事训练计划送交越南最高统帅部。黄景文也应越方要求，担任了第四战区步兵学校和越南高级步兵学校的顾问，同时还帮助第四战区司令部拟制和实施部队的训练计划。其中，将在越南义安省整训的一、三营同越南一个大队合编为四战区第五十七中团第一七一小团，并将一批越南军事骨干编进中方"老一团"的一、二大队，随同"老一团"一起训练。中方还应越方要求，派陈炳崧等3名军事干部到越南顺化省帮助训练越南部队的班排干部,到越南广治省集训各县民兵骨干共400多人。中方委派第一营营长廖华到越南高平省为越方举办游击战训练班,受训的有县、村一级干部50多人,主要内容有游击战术及刺杀、射击、投弹、埋地雷等技术。1947年2月间,廖华、林杰、彭扬、黄英、陈庆芳、李恒生等到越南抗法基地太原,协助越第一战区开办游击训练班,受训对象大部分是县一级的领导骨干,少数是省级干部共70多人,内容主要是游击战术,诸如伏击战、袭击战、围歼战、麻雀战以及游击队的政治思想工作等。①

中方认真按照越南要求做好华侨工作。越南东北部与中国相邻的高平、谅山、海宁、北江、广安等省份,是华侨比较集中的地区。法殖民统治期间受法国和国民党政府的挑拨离间,华侨与当地越南人存在隔阂纠纷,法国殖民主义的卷土重来更加剧了这种矛盾。因此,"老一团"入越后,越南共产党多次要求中方统一和加强对华侨工作的领导,帮助做好华侨工作。当时在越南的中国同志,有从广东南路来的,有从广西来的,也有从云南来的,他们一直以来都通过各自的渠道直接找越南共产党联系,不仅使越方接应不便,而且容易出现工作上的不协调。1947年7月

---

① 中共湛江市委党史研究室编:《铁旅征程》(99湛江印准字第057号),1999年9月印,第15页。

间，广东区党委驻越南共产党中央联络员周楠入越会见越共中央负责人后，接受越南共产党中央高层黎德寿和越南共产党的多方建议，与早在越南北江省活动的中共广西桂越边境临时工委书记林中取得联系，并同他就越南共产党的要求做了研究，决定从第一团抽调一批干部协同桂越边临委做华侨工作。根据广东区党委的指示，周楠组建了华侨工作委员会，成员有陈恩、饶华、余明炎、庞自等。①

在华侨工作委员会的具体组织下，他们举办华侨学校，创办华侨报刊，开设进步书店，宣传中国共产党的方针政策，揭露国民党发动反人民内战的罪行；宣传中越两国人民和睦团结，教育华侨支持越南革命；争取华侨上层人物的统战工作；等等。据罗英回忆："军队干部经常到附近村里华侨自搭的竹棚里给青年们上课。学习文化、讲革命故事、教唱革命歌曲，大家对学习能懂得革命道理、增加文化知识，都感到很高兴。办事处有的同志也要求参加识字班，学习文化、学习政治，大家的生活就活跃起来了，精神也振作起来了，对革命工作就更加热心了。总之，我们的部队经常每到一处，即组织华侨识字班和集中当地的民兵进行

---

① 庞自：《在越南工作和战斗的岁月》，载《百年潮》1999年第12期，第33-38页。

军事训练,以此来教育华侨群众支援越南人民的抗法斗争。"①

当时任团长的黄景文在中华人民共和国成立后回忆说:"'老一团'在越期间,认真贯彻执行上级的'入越整训,以利再战'的精神。在政治训练上,首先抓好党员干部整风。在越南高平办了党员整党训练班。学习了刘少奇同志的《论共产党员修养》,学习党的组织原则、民主集中制、组织纪律等等。学习了辩证唯物主义,学习了军队政治工作,等等。在军事上,重点是南下中部的部队,普遍学习了毛泽东同志关于人民军队、人民战争方面的思想。训练上,在严格训练严格要求的方针下,在营连以下小部队攻防战术,夜间战斗,射击、投弹、刺杀三大技术,游泳(适应越南水网地带战斗)等科目狠下功夫。经过一年多训练,军事素质有很大提高。以射击为例,优秀射击手达70%以上。"②

"文化教育方面,在连队战士50%是文盲的基础上,提高到每人最少认识3000字左右,能读一般书籍的水平。'老一团'的训练成绩大幅度提高,其重要原因之一是和越

---

① 罗英回忆录《风雨人生》。罗英(1919—2005),广西北海人,1938年加入中国共产党,是当时越南国家军队独立中团政委庞自的妻子,在越南期间一直跟随着独立中团转战广安、北江、谅山、海宁四省。著有《风雨人生》,北京出版社2000年版。

② 黄景文团长回忆录。中共湛江市委党史研究室编:《铁旅征程》(99湛江印准字第057号),第84-85页。

南领导关怀分不开的。越南共产党政治局委员黄文欢（1946年底，当我们部队到达越南义安省时，他调任越南中部中央分局书记）为我们在义安省的部队党员讲过10多个小时的越南共产党党史课，参加过我们中央红军二万五千里长征的、越南中部第四战区司令员阮山（在中国名为洪水）也为我们讲过党课。越南中央委员、曾参加过我党广州起义的胡××为我们讲过广州起义历史。我部队所在各地的各级领导经常到部队视察，他们殷切的教诲和关怀，充分反映了中越两国人民的友谊。"

"应越方邀请，要我们协助他们训练军队，我们采用派出去和请进来的办法。我们派出了黄景文到越南高步校（营、团干部学校）和第四战区步兵学校当顾问。派出廖华、林杰、黄英、陈庆芳、李恒山、彭扬等同志去越南太原省干部训练班任教。派陈炳崧等同志去越南义安省部队教军事课。请进来就是请越南部队分散插进我们部队，各班占三分之一，和我们同吃、同住、同劳动、同训练，搞传帮带。这种办法，训练效果明显，很受他们欢迎。经常受过训练的部队，在我们回国前对法军作战打过几次胜仗，还把一些胜利品送给我们作纪念。"

当时入越的"老一团"政委唐才猷在中华人民共和国成立后也做了很好的总结与回忆。唐才猷说："入越后不久，我们根据越方的要求，将部队拉到越南谅山。他们问我们有什么要求和打算,并提出要我们派部分部队参加他们的卫国团(越人民军的前身),另一部分帮助他们做华侨工作。不久,周楠同志由上级派到越南,任广东区党委驻越南共产党中央的联络员。经周同意,我们一部分队伍到了越南中部义安省,参加他们的卫国团,一部分到越南北江省开展华侨工作。我们考虑到将来要回国参加解放战争,开展边境地区工作,故此决定在越南高平举办干部训练班。到越南义安去的是第一、第三营,由黄景文同志率领,军事训练、政治训练都搞得不错,部队素质有很大提高,射击技术大有进步,涌现出不少神枪手,后进战士的转化工作也做得细致。部队组织纪律性很强,同越方部队的关系也很密切。越南高平训练班的学员除了原来第一团的同志外,还有从香港来的一些同志,经过学习,政治水平、军事技术等方面都有提高。此外,派到边界开展工作的一批同志,也积极工作为部队回国创造条件。"[1]

对于"老一团"入越整训取得的成绩,当时被周楠委派到越南共产党中央洽谈入越部队的具体安置问题的陈恩同志(原中共雷州特派员)对此评价是较高的。他说:"周(楠)到达越南后,便决定部队进行全面整训,在干部中进行整风学习(后应越方要求,派部队和干部帮助开

---

[1] 中共湛江市委党史研究室编:《铁旅征程》(99湛江印准字第057号),第92页。

展华侨工作以及培训越南部队)。这是(老)一团建团以来第一次比较认真的整训,效果显著,尤其是军事训练方面。不足的地方是在总结南路斗争的经验教训时,未能在路线、方针、政策上系统地提高。以后在桂西靖镇区斗争暴露的问题,与此不无关系。如果当时抓好这方面的工作,靖镇区的斗争就可能搞得更好些。"①

二、增强中越人民的友谊

中国部队在越南河阳整训期间,胡志明主席和越南共产党给予了很大帮助和无微不至的关怀。从很远的地方运来大米,还派出慰问团来部队慰问演出,给每个人发一些越币做零花钱。部队所吃、所用、医疗等所需要的物资,基本上都是越南供给,就连报社印刷《战斗报》和出版《反对自由主义》等书籍所用的纸张,都是用的"胡志明纸"(因为每包纸的包装壳上都印有胡志明的头像,人们很自然地称其为"胡志明纸")。越南老百姓对中国部队也很友好。听说是毛泽东的部队,就竖起大拇指说:"毛泽东摩南!"(译音,意即毛泽东万岁)。有的连队住在群众家中,要借什么东西主人家从来不拒绝。虽然在异国他乡,生活上也没有太大的困难。但是由于部队水土不服,导致生病

---

① 中共湛江市委党史研究室编:《陈恩回忆"老一团"西进》,见《铁旅征程》(99湛江印准字第057号),第70页。

等原因，中国部队在河阳整训期间，也有重大非战斗减员。①

"老一团"的给养在国内是依靠当地人民支援，或是靠战场缴获。现在来到外国，一切给养来源都被切断了，便请求越南政府给予帮助。黄文欢非常痛快地答应了他们的要求。②越南政府除帮助该团解决给养外，还帮他们解决了其他一些困难。如部队由于水土不服，患疟疾、痢疾的人比较多，胡志明主席便派人送来一批药品和3000元越币，以表示对入越整训的中国军队的关怀和慰问。③总之，越南共产党和越南人民对中国人民多方照顾，把中国部队和群众全部安置到人民家里，解决了部队的吃、住、生活用品和经费等方面的问题，"老一团"得以在越南境内隐蔽达四个月之久。④

入越整训期间，黄景文与越南人民结下了深厚的友谊。中华人民共和国成立后他回忆说：

"老一团"入越后无时不受越南共产党、政、军和人民的热情关怀。像越南中圻（中部）中央分局的负责人黄国

---

① 郭明进：《中国部队在越南河阳整训的日子》，载《文史春秋》2009年第7期，第31－33页。

② 珏坚：《毕生致力越南革命的黄文欢》，载《东南亚研究资料》1979年第2期，第68－69页。

③ 吴基林：《一段鲜为人知的援越抗法历史》，载《军事历史》1994年第6期，第23－26页。

④ 黄国安、莆德洁等著：《近代中越关系史资料选编》（下册），广西人民出版社1988年版，第862页。

越、陈友翼等人就是常去我们中部部队的贵宾。群众也经常挑着花生、点心、香蕉、椰子等礼物前来慰问。为了进一步加强中越人民友谊，我们部队不断地进行国际主义教育、我人民军队光荣传统教育，持续高涨地开展爱民运动。我们做了如下几方面的有效工作。

1. 助民劳动。帮助越南农民生产劳动。我们广大战士均是庄稼汉，犁田、插秧、割稻不仅内行，且比他们做得又快又好。因为越南天气热，当地群众下午一般休息不下地。我们却不怕苦不怕累，整天劳动，因此劳动进度大大超过他们，很受他们欢迎。我们每年帮助农民劳动的工作量都很大。

2. 医务人员送医上门，天天按时出诊，免费以中草药为主治愈许多越南群众。

3. 对军属、烈属、老人等农户，帮助他们打扫卫生、砍柴、担水，形成了制度。

4. 部队严格执行"三大纪律，八项注意"。特别尊重他们的风俗习惯。有事外出和放哨等行动都必须二人以上同行。因此，"红军"（他们有些人是这样称呼我们的）的信誉很高。

由于全体同志自觉性高，部队管理又严格，部队所到之处，都受到群众好评。越军经常派政治干事来部队考察实习。我们回国时许多群众送了一程又一程，有的依依不舍送了一二十里。①

说起中越友谊，罗英在《风雨人生》一书中回忆起来如同昨天："同为革命国家，亲如兄弟，在军队中不只是并肩作战，也有红色爱情，战地迎亲，更是中越友谊的象征。独立中团的莫伪同志是30岁出头的人了，但他还未成亲。保下镇的一位越南妇女介绍了一个18岁的越南姑娘与莫认识。莫征求了组织的意见，因大家未见过这位姑娘，也不知她是否愿意，为此，组织派朱大哥到这位姑娘家去探望，见过姑娘和她的父母亲，他们都很同意与莫伪结亲。于是，我召开党支部会研究这门亲事，同志们都表示同意，就择日迎亲。过了几天，正好独立中团副团长周剑华来到办事处，莫伪和我向他汇报此事，他表示同意，并主张趁他逗留此地的时候，为莫伪办喜事。我们定于1948年正月初十日举办婚事。当天，办事处全体工作人员有的骑马，有的骑自行车，有的步行，兴高采烈地举着'结婚不忘救国'的横幅，到了河边，莫伪坐上小舢板过了河，上岸到新娘家。新娘的父母亲见到我们来迎亲特别高兴。下午3点钟，大家回到办事处，炊事员和陈雪芳忙着把晒谷子的竹席铺在场院上，摆了四桌酒席。所谓酒席，就是有鱼、肉、菜、酒和水果，比平日的伙食丰富些。大家席地而坐，协辉点

---

① 中共湛江市委党史研究室编：《铁旅征程》（99湛江印准字第057号），第85页。

燃了一大串鞭炮，恭喜新娘和新郎新婚快乐。大家热烈地鼓掌，就吃喝起来。吃喝之间还唱歌助兴，唱《义勇军进行曲》和《游击队歌》，场面非常热闹。"①

第三节 "老一团"与越南人民共同抗击法国侵略军

1945年8月间，越南人民取得八月革命的胜利，结束了半殖民地半封建的社会状态。1945年9月2日，胡志明主席在河内巴亭广场50万人庆祝大会上宣读《独立宣言》，宣告越南民主共和国成立；宣布"完全同法国脱离关系，废除法国与越南签订的一切条约，取消法国在越南的一切特权"。但法国不甘心丧失其殖民遗产，在英国、美国的支持下发动新的殖民战争，企图重新统治越南。1946年冬，越南本土爆发了抗击法国殖民者的越法战争。

一、成立越南国家军队独立中团

1946年冬，法国殖民者第二次大规模侵越战争全面爆发后，法军占领河内不久，继而北犯进占了越南从海防至芒街的所有大小口岸，连同从芒街至同登的全部边城，实

---

① 罗英著：《风雨人生》，北京出版社2000年版，第99页。

施其南北分进合击计划，打通和控制第一号公路河内以北地段，占领整个越东北部，接着西侵越南太原，企图一举吞并整个北越。越南华侨工委①主要成员余明炎、庞自联名写信给胡志明主席，建议组织华侨抗法自卫武装，以配合越方打击法国侵略者和更好地解决华侨与越南人民之间的纠纷，团结合作抗战。"1946年冬法越战争全面爆发，为发动组织越南北部华侨配合越南打击法国殖民军，以及更好地解决一些地区发生的华侨与当地越南群众之间的纠纷，团结抗战，在越南华侨工委工作的庞自同志和我联名写信给胡志明主席，建议组织华侨抗法自卫武装。胡志明接到建议书后亲笔回信说：'你们建议组织华侨抗法自卫武装，我很赞成，但这会遇到许多困难，希望你们要谨慎小心，我将尽力帮助。'不久，我们根据周楠同志的指示，带着胡志明主席的亲笔信来到广安省东潮、左堆地区，开展华侨工作，组织华侨自卫武装，进行抗法斗争。"②

时任越南独立中团政委的庞自回忆："在中越边界的越南北部东北区，包括海宁、广安、北江、谅山4个省，从1946年冬越法战争爆发的时候起，就从无到有地发展了一支华侨抗法武装队伍，它活跃在这个地区的敌后和前线，

---

① 即越南华侨工作委员会，它是中共广东区党委驻越南共产党中央联络员周楠到达越南后建立和直接领导的组织，成员有陈恩、余明炎、庞自等。

② 据余明炎中华人民共和国成立后的回忆。中共湛江市委党史研究室编：《铁旅征程》（99湛江印准字第057号），第111页。

团结广大华侨群众，同越南军民并肩战斗，深得华、越人民的信任与拥护。这支队伍，是以原广东南路人民抗日解放军第一团的干部为骨干、以华侨为基础、有一部分越南人民参加的越南国家军队独立中团。独立中团的前身是越北东北区华侨民众自卫团。这个自卫团是越法战争在河内、海防打响以后，由余明炎、庞自向越共中央建议组织的，这个建议得到了胡志明亲笔批示同意后，余、庞随即在海防附近的广安省左堆地区进行发动和组织华侨工作。"①

二、首战告捷灭法军威风

越南华侨工委余明炎、庞自带着胡志明的亲笔批示来到越南广安省东潮后，以从海防撤出的"老一团"武工队为骨干，在原第四营干部黄德权等的帮助下，活动于东潮、左堆地区，发动群众，筹建华侨自卫武装。不久，袭击左堆法军，毙敌1名，缴获冲锋枪1支。接着，李锦章、陆锦西率武工队12人，在广罗附近伏击全副武装的法军车队，炸毁军车1辆，毙伤敌军20多人。余明炎和庞自即在海防附近地区进行发动和组织华侨，初时只有约10人和七八条枪，在广安省大堆到汪秘的公路岗模村边伏击了法军

---

① 中共湛江市委党史研究室编：《铁旅征程》（99湛江印准字第057号），第116页。庞自政委的这些描述经由原独立中团政治处主任方野征询黄炳、罗北等原中团领导人的意见，并由方野执笔做了补充。

军车，打死法军数十人，缴获了一批枪支弹药及罐头食物。这一仗灭了法军威风，为组建华侨武装奠定了基础。以后逐步发展壮大。①

1947年3月，为加速组建华侨武装开展敌后游击战，黎汉威带着越军总部组建华侨自卫团的命令，率领"老一团"的一批干部来到东潮，与余明炎、庞自领导的敌后武工队会合。"老一团"第二、四营合编组成"越北华侨自卫队第一支队"（以下简称"越北支队"）开赴谅山，协助越南谅山中团与法军作战，阻敌北进，保卫保夏、南开广大地区，并深入华侨群众中开展工作，壮大华侨自卫抗法武装，支队由三百余人扩大到五六百人。②经过一段发动工作，正式宣告成立"越南北部东北区华侨民众自卫团"③。独立中团在抗法战争中战功卓著，"三打冷堆""四出海宁"，受到越军总部表彰，越军总司令武元甲号召越军部队向独立中团学习。④

---

① 郭明进：《我所知道的越南华侨参加革命的往事》，载《文史春秋》2018年第6期，第35－39页。

② 黄铮：《胡志明主席与越南华侨》，载《印支研究》1984年第2期，第30－33页、第9页。

③ 江虹、黄林毅：《壮族与越南人民的革命情谊》，载《广西党史》1994年第6期，第22－24页。

④ 中共湛江市委党史研究室编：《铁旅征程》（99湛江印准字第057号），第126页。

三、由点到面逐个击破

随着战争形势的发展，应越南民主共和国国防部请求，经中共中央香港分局同意，时任粤桂边区指挥司令部司令员的庄田被派到越南民主共和国国防部担任高级军事顾问。庄田认真分析了中心根据地的地理条件，并用"二战"时盟军封锁西部防线的兵力密度进行计算，认为至少要20万以上的法军才能达到封锁进剿的目的，因而1万法军的进攻就像一滴水投进大海，不能解决什么问题，从而坚定了越方必胜的信心。同时，庄田深入研究了对敌斗争的战略战术，从掌握的情报推断敌人的作战企图和战术手段，是集中兵力，以点到面各个击破，企图逐步把独立中团压缩消灭于根据地内。因此，庄田提出"采取以我之分散对敌之集中，以我之集中对敌之分散，不断地消耗和歼灭敌人的有生力量，一口一口地吃掉敌人"的作战指导思想。据此，庄田提出了作战部署的具体建议：在中方第一团即"老一团"的配合下，选派一个团的兵力前往敌军的必经之地，利用有利地形打一场伏击战；在根据地内立即以连为单位发动群众，开展游击战争，狠狠打击进犯之敌；抓住有利战机，组织几个营甚至几个团的兵力，在运动中消灭敌人的有生力量。与会人员经过充分讨论，一致赞成庄田的建议,并请求他担任作战指挥。①

1947年9月以后,华侨武装自卫团改编为"越南国家军队独立中团"②。独立中团人员最多时约有1000人。其骨干都是原广东南路人民抗日解放军"老一团"的干部,其成员主要是越南华侨,也有极少数越南人。第一张布告上署名的团长是黎汉威(后李鸿基)、团政治委员余明炎、副团长黄德权、政治处主任庞自。后余明炎等人奉命调回国,团领导班子调整为团长黄炳、政治委员庞自、副团长黄德权、政治处主任方野。中团党委书记庞自,党委委员黄炳、方野、罗北。1948年初经过整编,中团下设两个小团。第一小团团长庞殿勋,政治教导员罗北。第二小团团长王益,政治教导员张贤。他们都是原广东南路人民抗日解放军"老一团"派出的人员。这支部队活动于敌后和前线,担负工作队和战斗队的任务,他们受双重领导,既受越南共产党和越南解放军总司令部的领导,又受中共滇桂黔边区党委的领导,按越南部队待遇由越方供给。这支部队从1947年秋建立起至1949年秋的两年时间里,和越南人民一起和法国殖民主义者进行过数十次战斗。其中,著名的有1948年冬发动的越北东北区冬季战役。此战役由第一战区司令

---

① 章世森:《一段尘封70多年的援越抗法历史》,载《党史博览》2019年第9期,第51-54页。

② 卢平:《尽捧赤心报祖国——忆爱国华侨青年冯建章烈士》,载《八桂侨刊》2000年第1期,第40-42页。

员黎广波（越方）率领越军59中团、98中团和独立中团共3个团的兵力，向敌军发动进攻。目的在于破坏法军控制的1号、4号、13号公路的运输，巩固东北区抗法根据地。独立中团由黄炳指挥，主攻冷滩等据点，全歼敌大队长沈季波以下100多人。又配合越军两个团攻克法军重要据点安州。还有一次，独立中团在林架伏击法军，击毙法军20多人，俘虏中尉军官1名，缴获六〇炮1门，其他武器一批。独立中团在海宁省，先后还拔除敌人据点南寺屯、唐化屯等处，歼敌80多人，缴获轻机枪1挺和步枪弹药一批，使根据地日益巩固发展，受到越南国家军队总部的表扬。① 1949年秋，参加这支部队的广东南路人民抗日解放军"老一团"的人员和在越南参加革命的华侨，绝大多数奉命回到祖国参加解放战争，少数同志应越南共产党的要求继续留在越南帮助越南革命。②

四、游击战配合持久战，开创抗法新局面

1948年5月1日，在怀来庆祝五一劳动节和东北战役大捷。这次庆祝会，是越军和独立中团共同举办的。在一块比较平坦的广场搭起的讲台上，挂着胡志明、毛泽东、

---

① 郭明进：《二十世纪中叶侨居在越南的华侨》，载《文史天地》2014年第10期，第75-79页。

② 郭明进：《我所知道的越南华侨参加革命的往事》，载《文史春秋》2018年第6期，第35-39页。

朱德的肖像。当天上午吃过早餐后，中团长黄炳集合两个小团的指战员，有400多人，带有缴获的法军的许多枪支弹药等战利品到了广场，大家欢欣鼓舞，热烈欢迎打胜仗的部队归来。越军部队也先后进入会场。9时许，越军一战区司令部代表讲话，并给建立军功的单位和个人发奖章和奖状。庞自也讲了话。然后唱越南国歌和中国《义勇军进行曲》。大会结束，大家在广场上聚餐，非常热闹。队伍集合在广场，拍的照片仍保存至今。6月，独立中团准备整编回国，团部又迁回岗荣村，随后不久又经保下回国。①

法军原以为他们是拥有现代化装备的军队，又有参加过"二战"的高级将领作统率，用土枪土炮装备的越南卫国军根本不是他们的对手，没想到战斗一开始就遭到沉重打击，吃了败仗。他们判断越南卫国军的作战行动可能有中国或苏联的高级将领在参与指挥，不得不撤出战斗，返回原地固守交通要道和重要城镇。可是他们的日子并不好过，武元甲在庄田的协助下，运用毛泽东"敌进我退、敌驻我扰、敌疲我打、敌退我追"的游击战争的基本原则，指挥部队继续与敌人作战，结果敌人越打越弱小，越南卫国军越打越强大，从而开创了越南抗法战争的新局面。②

---

① 参见罗英著《风雨人生》，北京出版社2000年版，第120页。
② [英]迈克尔·利弗：《当代东南亚政治指南（六）——武元甲将军（越南）》，载《南洋资料译丛》2003年第4期，第27－28页。

从 1946 年胡志明发出的《号召全国抗战》告人民书、越共中央发出的《全民抗战的指示》，宣告抗法战争是一场"全民、全面、长期的抗战"后，历时 9 年的越南抗法战争从此全面展开，①这场战争不只是入越的"老一团"和周楠、庄田等正义的战士给予了越南人民帮助；战争后期，新中国也刚刚建立，我们在自身面临很多困难的情况下，也尽力向越南人民提供抗法战争需要的一切援助。

五、参与抗法战争的亲历者回忆

陈恩回忆自己在越南抗法的经历说："1946 年底法越战争爆发，周楠从河内赴高平。约一个月后应越共中央要求，周楠陪同并掩护越南民主共和国出席联大的代表到香港，同时向香港分局汇报工作。1947 年 5 月间周楠从香港回到越南高平，传达分局关于在华南各省国民党统治区恢复武装斗争，贯彻'放手小搞，准备大搞'的方针；成立粤桂边区工作委员会（分局的意见是包括广西左江、右江、桂东南和广东南路等地区）；一团回国以打开边区武装斗争局面等指示。周楠等到达高平后，接收了广西左江、右江党的关系；由郑敦传达党的'七大'精神，武装干部战士思想；抓紧干部审查等，为回国参加解放战争积极做好各

---

① 张广华：《中国军事顾问团与越南抗法战争》，载《百年潮》2000 年第 4 期，第 13-20 页。

方面的准备。""1947年7月间,周楠率领部分干部下越南北江省的保夏,准备从十万大山方向回国。先行派出的小部队先遣队已经安全抵达目的地,后因谅山被法军占领,大部队通过法占区有困难,部队在保夏停留了一段时间。部队究竟按原计划从十万大山打回去,还是转回高平,当时在主要干部中有不同意见,多数主张按原定计划行动,周楠同另外一些人的意见是回到高平,从左江、右江打出去。最后决定转回高平。在请示分局后,分局同意从靖镇区打出,向桂西和云南、贵州方向发展,粤桂边工委改为桂滇边工委。南路方面分局另行派人前往成立粤桂边委,领导南路和桂东南等地区的工作。"①

入越"老一团"团长黄景文撰文回忆,抗法战争分为"狠狠打击法军"与"胜利的战斗"两个部分。

第一部分:"狠狠打击法军。'老一团'在执行越南共产党中央所给予的新任务后,部队进行深入的思想政治动员,进一步进行国际主义教育,提高热爱越南人民革命事业的思想觉悟,把支持越南人民从法国殖民主义者手中解放出来的事业当作中国共产党员最光荣的任务。自入越以来,部队受到大量的国际主义教育,阶级觉悟有了很大提高。这些都为'老一团'以后比较好地完成各项任务打下

---

① 中共湛江市委党史研究室编:《铁旅征程》(99湛江印准字第057号),第71页。

了坚实的思想基础。"

第二部分："胜利的战斗。越南民主共和国成立后不久，法国殖民军利用越法签订的条约进入越南所有大城市。他们和越南的国民党勾结，与进入越南北部的蒋介石国民党军土匪相勾结，危害越南政府和越南人民，其中以华侨众多的海宁省、广安省、北江省这三省为甚。为此，我们部署了'老一团'第二营、第四营合编的涂营进驻海宁等三省。为了更好地执行任务，周楠同志于1947年初派余明炎、庞自等同志去加强这支部队。为了更有力地对敌人进行军事打击和政治瓦解，1947年春，他们吸收了二三百华侨青年成立了'越南东北区（即海宁省、广安省、北江省地区）华侨民众自卫团'，团长黎汉威（黎攻），政委余明炎，政治部主任庞自。1947年秋，该团又改为'越北独立中团'。1948年秋，越南把这个中国团命名为'越南卫国军（正规军）独立中团'。第一小团和第二小团（营）仍由'老一团'原第二营、第四营的部分干部和华侨组成，第三小团全部为越南部队改编成。这支以第一团的干部为骨干的华侨武装在越南人民和当地华侨的支持下，有效地打击法军，取得许多振奋人心的胜利。其较大战斗有：

1. 1946年春，黎攻（黎汉威）、李锦章、陆锦西领导一个武工队在越南广罗——左堆公路上击毁法军车一辆，歼灭法军30多人。这次战斗是越东北区敌后抗法初期少有的胜利，震动整个地区。

2. 1949年春，陆锦西领导的海宁省华侨独立大队消灭中越边界法军据点南树屯，全歼100多人，不久打下了塘花，又消灭50多人。

3. 1948年阴历二月二十日，独立中团配合粤桂边纵第三支队（以防城部队为主）500多人经过充分准备，采取里应外合的战法，只用4个多小时即攻下有近千法伪军驻守的海宁省省会芒街，击毙法军中校副指挥以下50多人，击伤上校指挥一人，俘160多人，击溃1000多人，缴获八一迫击炮1门、火箭筒3具、轻重机枪15挺、步枪五六百支、弹药一大批。这一胜利不仅轰动越南，也轰动了巴黎，巴黎报纸均报道了这一消息。我们部队作战时是打着越南卫国军（正规军）的旗号。事后越南报纸大力宣传与表扬了这支'越南卫国军'，越南这个战区司令官还'立功受奖'呢！

此外，以小股武工队形式实施伏击打法，在越南海防、左堆等地区打击敌人的小仗是很多的。这支部队经过与越军并肩战斗，反复打击法伪，再加上政治分化瓦解工作，至1948年底，海宁省、广安省、北江省地区的越南反动武装和土匪大部肃清了。法军则受到多次打击之后，只能龟缩在几个大城市，广大农村完全得到解放。越方与华侨曾多次表扬这支部队。"① 原越南第十二战区参谋长莫一凡②的访问记录有："1946年冬，法国殖民军继占领越北重要港口海防之后进占了越南民主共和国首都河内。法越战争全面爆发。1941年2月，法军又继续北犯，占领了谅山、同登和北江省省会。北江省东部的左祖、六南等平原地区虽然未全落敌手，但已处于敌后。如果在这个地区建立根据地则可向东扩展到广安省的东潮、左堆，使敌军向西深入时腹背均受威胁。当时，越成立了第十二战区，我任战区参谋长，战区党委便派我到左祖领导北江中团（团长南龙），在该地建立根据地。左祖、六南是华侨比较集中的地区。法越战争爆发后，有些越南人趁机到华侨村庄抢掠，华侨待越军一走，又进行报复，社会秩序十分混乱。同时，华侨群众尤其是华侨上层人物在战争爆发、社会混乱的情况下，发生了分化。一部分华侨支持越南政府积极参加抗法战争，也有些华侨对越南抗战失去信心，采取观望态度，或者为了自卫，自己组织武装，拒不服从越方指挥。在这样复杂的情况下，当地政府和军队没有深入细致做好教育工作，反而采取高压手段，致使当地华侨同越南群众之间

---

① 中共湛江市委党史研究室编：《铁旅征程》（99湛江印准字第057号），第80-82页。

② 莫一凡同志于1943年8月应印支共代表黎广波的要求，由中共广西党组织派往越南，曾任越南独立同盟军政干部训练班军事教员、越第十二战区参谋长等职。1947年夏奉调回国参加发动左江起义，任中共左江工委军事部部长。

的关系日趋紧张。我到达左祖时,北江中团攻打安州法军受挫,士气十分低落。所以当我向撤退至该地的北江省委负责人提出建立根据地的任务时,他们都感到部队的士气低落,加上没有华侨支持,很难在这个地区立足。我在左祖大约停留了一个星期时间,看到林中同志组织的华侨宣传队虽然在积极配合越南政府开展工作,但力量有限,深感要将当地华侨和越方的关系解决好,发动群众坚持敌后斗争,最好是请'老一团'派人来。"

"1947年3月间,越十二战区党委召开会议,参加者有战区党委书记阮康(兼任战区抗法委员会主席)、常委、战区司令黎广波,委员、战区参谋长莫一凡(陆华)等。我在会上提出,开展抗法斗争,要积极做好华侨工作,争取广大华侨的支持。对华侨同越南群众之间的纠纷,不能采取压的办法去解决。我还建议请'老一团'派出部队,以华侨武装的名义进入华侨村庄,开展工作。战区党委采纳了我的意见,并向越南共产党中央做了请示。不久,'老一团'的一个营,即由涂明堃、谢森同志率领的这个营,便以越北华侨自卫队的名义向北江省六南等地推进。'老一团'的队伍来后做了许多工作,得到第十二战区领导的赞扬。"①

---

① 中共湛江市委党史研究室编:《铁旅征程》(99湛江印准字第057号),第112-113页。

第四节　助力越南整训军队与培养干部

一、合并整编　军政优先

早在越南广安省创建自卫团的同时，在越南北江省入越整训的"老一团"也组织了名为"越北华侨民众自卫队"的第一支队（当地习称越北支队），参加这个部队的华侨青年有二百多人。[①] 1947年7月，入越部队奉命返国开展滇桂边区解放战争，周楠被任命为滇桂边区（后为滇桂黔边区）党委书记。根据周楠的决定，越北支队的华侨青年，除部分随"老一团"入越部队返国以外，其余部分与在广安省活动的华侨自卫团合并。越方知悉此事后向周楠提出建议，将华侨部队组建为越南国家军队独立中团。周楠同意越方的建议，并与越方商定：在华侨自卫团基础上组建的独立中团，既受越南人民军总司令部及其委托的第一战区司令部指挥，又受滇桂边区党委领导。独立中团仍然在敌后和前线的华侨聚居地区担负战斗队（对法作战）和工作队（做华侨群众工作）的任务，同时，还担负动员华侨支援祖国解放战争的责任。双方还商定，独立中团的给养、武器、弹药、被服等均由越方按越南国家军队的标

---

① 庞自：《在越南工作和战斗的岁月》，载《百年潮》1999年第12期，第33-38页。

准发给（后来执行时，独立中团的供给标准，实际上比越军低得多）。

首先，越南的部队还存在编制体制不够合理，机构庞大、重叠，上下指挥机构松散等问题，很难形成紧密联系的有机整体。其次，由于部队进行分散的游击战争，没有经过大的战役战斗的锻炼，加之经常进行战略转移，很少有时间进行军事理论学习和战术训练，各级干部的指挥能力比较低。最后，部队的政治素质也有待进一步提高。由于长期受法国统治的影响，部队成分比较复杂，存在着组织不纯的情况。加之部队政治工作制度不健全，思想工作比较薄弱，部队的组织性纪律性比较差，打骂战士的现象时有发生。

当时，越南人民军的编制分为大团、中团、小团，分别相当于师、团、营建制。独立中团组建时二百来人，下设两个大队。中团负责人为中团长黄炳，副中团长黄德权，政治委员庞自，政治处主任方野。从此，这支华侨抗法武装就进入一个新的发展时期，活动地区逐步发展到越南北江、谅山、海宁、广西；部队逐步发展到1000人左右的8个大队。1948年夏，根据斗争的需要又成立了两个小团。独立中团的指挥机关移至北江省陆南县屯木区。从建团之日起，这支华侨部队就注意对指战员进行爱国主义和国际主义教育，还出版了《左峰报》和其他宣传品，开办干部训练班，以提高部队的政治素质和军事素质。①

二、革命袍泽　同志友谊

越南人民在艰苦卓绝的反抗法国侵略者的战争中度过了"防御阶段"，宣告了法国"速战、速胜"战略方针的破产，标志着越南抗法战争由战略防御阶段进入战略相持阶段。越南经受战争的摧残，本就艰难困苦，僵持的战争更是国力的比拼。面对越南人民的处境，周楠代表中共中央香港分局说："中越两国山水相连，唇齿相依。支持越南人民争取国家独立和民族解放事业，是我们应尽的责任。越南劳动党和胡志明主席如此信任我们，我们就一定努力把胡主席交代的工作做好。"黄文欢解释说："不是交代，而是请求帮助。"周楠根据越南劳动党和胡志明主席提出的请求，立即通知第一团领导黄景文、唐才猷和桂越边境临时工作委员会书记林中等到河内开会，研究部署援越抗法工作。会议就越南方面提出的各项请求开展了充分的讨论，做出了如下决定：第一，派遣第一团团长黄景文、政治委员唐才猷和廖华、林杰等人，分别到越南高级步兵学校和太原干部训练班担任顾问和教员。第二，抽调李森、郑庄

---

① 庞自:《在越南工作和战斗的岁月》,载《百年潮》1999年第12期,第33－38页。

（郑南）、余德福等16名干部，移交给越南国防部派到各战区做情报工作，保留其中共党籍和调回权。第三，从第一团抽调部分有作战经验和会做政治工作的连排干部到越南中部义安省的卫国军部队去上军事辅导课或挂职；做好接受越南卫国军部队基层干部和骨干到一团来驻训或见学实习的准备工作；从越桂边境临时工委和第一团中抽调部分干部，深入到华侨最多的北江省，宣传发动华侨组织自卫武装，积极参加越南人民的抗法斗争。这五项决定经中共中央香港分局同意并报越南劳动党审批后开始实施。①

---

① 吴基林：《一段鲜为人知的援越抗法历史》，载《军事历史》1994年第6期，第23—26页。

第五章 开辟桂滇黔 解放大西南

1946年12月16日，中共中央书记处召开会议，周恩来在会上针对华南工作指出："我们在华南发展条件目前很有利。香港地位日渐重要，不但对两广、南洋方面，对欧美联络方面亦日见重要。华南工作甚繁，领导机构需要适当解决，以使统一领导公开与秘密工作。"① 1947年1月16日，中共中央发出《关于调整蒋管区党组织的指示》，决定在香港成立中共中央分局（称香港分局），直接受中共中央领导。1947年5月，中共中央发出电报指示：由方方、尹林平等组成香港分局。② 香港分局下设三个平行组织：一为港粤工作委员会；二为城市工作委员会（城委）；三为各地区党委，专管各小城市及农村工作。香港分局作为中共中央的派出机构，同时是华南党组织的领导机关，管辖范围包括：广东、广西全省的党组织，福建、江西、湖南、云南、贵州等省部分地区的党组织，港、澳、南洋等地的党组织。③ 此前，中共中央曾多次指示，要趁国民党统治区后

---

① 中共中央文献研究室编：《周恩来年谱（1898—1949）》，中央文献出版社、人民出版社1989年版，第708页。

② 中共中央文献研究室、中央档案馆编：《建党以来重要文献选编（1921—1949）》（第24册），中央文献出版社2011年版，第168页。

③ 中共广东省委党史研究室著：《中国共产党广东地方史》（第一卷），广东人民出版社1999年版，第611页、612页、613页、614页。

方兵力空虚、无底线地征兵征粮征税，导致民不聊生、群众斗争情绪普遍高涨的有利时机，积极地有步骤地组织和发动农民群众，开展游击战争，建立农村游击根据地。周楠因此受香港分局指示，回国领导开辟桂滇黔边游击区，建立敌后根据地。

第一节　积极做好回国开展粤桂边区武装斗争的准备

中共中央香港分局根据华南地区革命斗争的形势发展，对广东南路地区党组织机构做出了调整，认为有必要成立中共粤桂边区工作委员会。1947年5月7日向中共中央请示："将粤南、桂南划粤桂边区工委，下辖四个地委，领导武装二千余人，以勾漏山、十万大山为基地，开展游击战，并恢复过去红七军左江、右江据点，与黔东南游击战配合，将来成立粤桂滇边区党委。现以周楠、庄田、吴有恒、温同志（即温焯华）等7人至9人为边区委员会（委员）。"①中共中央于5月24日对香港分局做出答复："你们关于闽粤赣边区党委外，建立粤桂边、粤桂湘边、粤赣湘边三个工委地区，领导与发展各地区的游击战争是适当的"，并进一步指示："华南除琼崖外，应靠本身力量于本年度建立起

① 罗迈致中共中央电，1947年5月7日。

三四个成块的游击根据地,组织起几支成为中坚的游击队伍,准备迎接与配合明年北方人民解放军的全面反攻。"①

1947年在越南 (左起)周楠、黄国越(越)、庄田、李班(越)、张宗彩

一、香港汇报工作接受回国新任务

1947年3月,周楠辗转到达香港,向广东区党委(1947年5月后称香港分局)书记方方、副书记尹林平汇报自己在越南参与援越抗法的工作情况。据林杰②《忆南路

---

① 中共中央复香港分局电,1947年5月24日。
② 林杰,原广东南路人民抗日解放军第一团作战参谋。

人民武装在战斗中成长》① 中记载：

一到香港，方方就迫不及待地接见了周楠，并询问他在越南期间的工作情况。周楠向方方介绍道："自1946年6月在香港接受任务后，我便和饶华、陈恩、余明炎、支仁山、梁家、全明等同志从香港乘船，于6月底到达越南北部城市海防，不久转到河内。"

"后来，经过越南同志的引荐，我与长期在越南北江省活动的广西桂越边境临时工委书记林中同志见面了。我们研究了在越华侨工作问题，并分析了法帝国主义侵越爆发战争的可能性。最后，我提议，在越华侨应当发扬国际主义精神，组织武装力量，筹建华侨抗法自卫武装。林中同志表示赞同。"

方方听完后，问道："组建在越华侨武装力量，越南同志答应吗？"

周楠随即回答："当然，越南同志对我的这个提议不但赞成，还邀请我们给他们上军事理论课。大概是7月，黄景文、唐才猷来找我汇报工作的时候，我按越方要求，指示将'老一团'② 分为三部分：一部分驻高平省，一部分驻海宁省，一部分南下驻中圻。我们'老一团'一边整训，

---

① 此文出自云南省军区党史资料征集办公室编：《难忘的八年——纪念抗日战争胜利40周年》。

② 广东南路人民抗日解放军第一团，习惯性称呼为"老一团"。

一边帮助越南同志训练军事干部。同时，为了尊重越南同志，我还让'老一团'政治处主任李廉东经办，将李森、刘陶荣、郑庄（郑南）、余德福、沈鸿欢、唐彪、黄家立、项有全、何南、沈彦、陈青、翁泽民、严端儒、黄文劭、陈养、何明等十六个同志，移交越方搞情报工作。"

方方问："那这些同志如何管理，是归越南劳动党还是我们中国共产党领导？"

周楠回答道："当时我们同越南同志商定后，决定这批同志的党籍仍由我党管理，保留最后调动权。法帝侵越战争爆发后，这批同志由越南共产党派到南部的第五、六、八、九战区，同越南人民一同参加抗法战争。"

方方问道："我们'老一团'跟越南共产党和人民的关系如何？"

周楠回答道："我们'老一团'坚决做到'三大纪律，八项注意'，爱护越南的一草一木，充分尊重越南同志的建议，爱护越南百姓，得到越方的一致赞扬。"

方方听完后，连连称赞道："太好了，周楠同志，你没有辜负党的期盼，顺利完成到国外作战的任务。接下来我们可能要调你回国内，参加粤桂边地区的人民解放战争，你有什么困难吗？"

周楠回答："保证完成任务，我没有任何困难！"

二、中共粤桂边工作委员会成立及审干工作开展

1947年6月,从越南到香港向分局汇报工作的周楠偕同庄田、郑敦等回到越南高平,立即召开干部会议,宣布正式成立粤桂边工作委员会,边区工委成员有周楠、庄田、吴有恒、温焯华、郑敦等辖粤桂边地委、钦廉四属特派员。① 会议传达分局关于在华南各省开展武装斗争、贯彻"放手小搞、准备大搞"的方针,以及撤销中共广西工委,成立包括广西左江、右江、桂南和广东南路等地区的中共粤桂边工作委员会,第一团回国打开边区武装斗争局面等指示;接收广西左、右江党的组织关系;郑敦向干部传达党的"七大"精神和中央关于土改问题的指示;庄田讲解毛泽东《中国革命战争的战略问题》部分章节,结合总结分析南路武装斗争的战例;抓紧干部审查工作,做好武装斗争准备。

1947年6月至7月间,周楠的主要工作是审查干部。关于审查干部工作,周楠从香港回来之前一般干部的审查就已经进行并完成。高平会议后周楠对主要干部(11人)

---

① 中共粤桂边工作委员会(以下简称"粤桂边工委")于1947年5月成立,书记为周楠,委员为庄田、温焯华、吴有恒、郑敦。但因周楠、庄田率部队在越南整训,实际上粤桂边地委仍由中共广东区党委和5月成立的香港分局领导,钦廉四属特派员陈华则由温焯华直接联系。后周楠、庄田因战略调整没有回来南路。

的情况进行审查,这一工作直到7月底才完成。为了加强部队的战斗力和干部的领导力、组织力,思想作风过硬是关键,所以周楠高度重视这次审干。据当时参与审干的全明①回忆:"周楠亲自主持审干组。我参加了审干组,同时参加审干组的还有陈恩、唐超(唐才猷)、黄景文、余明炎、饶华、土打朱等人。审干的方法是:交代历史,开展批评与自我批评,最后做鉴定,写自传等。"

"这次审干对我做的鉴定大意是:'为党工作期间历史清楚,一般表现认真负责,颇具开创工作能力,能够负担党所赋予的工作。对南路武装工作有贡献。但由于受出生阶层与家庭环境的影响,而沾染有士绅气息,阶级觉悟较迟缓等'。对这一鉴定,我是有深刻领会的,政治落后,阶级观点模糊,带有封建意识的一面,是需要努力去改造和提高自己的。而不能死抱着所谓有能力,能完成任务,有贡献等。将这些做得好的当成包袱背起来,错误地以为自己不错,就有了本钱,而不是去体会到自己的思想水平、阶级觉悟与一个党员所应具有的思想觉悟距离尚远。对贯彻党的方针政策,党的阶级路线、群众路线与自己的工作对比,是还有相当大差距的。这样,如何能完成党交给我的工作和任务呢?不能死抱着党对我鼓励的一面,而忘记

---

① 全明,广东遂溪人,是当时入越整训期间司令部后勤供给处处长、周楠在越南的联络秘书。

了坏的一面,要时时地努力去改造自己。"

"在这一时期的工作中,对我工作能力的锻炼和提高是大的。另一方面,经常来往于香港和海防之间,穿西装、吃大餐,飘飘然,受到资产阶级思想一定的影响,也是需要改造和警惕的。"①

严格部队党员干部的政治审查,纯洁党员的思想信念,是切实提高战士作战能力的重要组成部分。正如全明同志说:"在物质条件极差、供给得不到保证,战士物质生活十分艰苦甚至时不时断炊的情况下,部队仍能保持旺盛的战斗力,关键就在于从领导机关到基层连队,都建立了坚强的党组织领导核心和一套完整的政治思想工作制度,形成强大的凝聚力和向心力,每个人都有明确的奋斗目标,使每一个战士都懂得为人民利益、为民族解放、为祖国强盛而战的道理;坚定地树立起'一不怕苦,二不怕死'的思想,这是人民军队强大的精神支柱。有了这种精神,就能克服各种暂时的困难,尤其是物资供应上的困难,而不被这些困难所吓倒。"②

---

① 参见《全明同志100周年诞辰纪念文集》,未出版,由其后人收集而成,在此引用全明回忆第22-23页。

② 参见《全明同志100周年诞辰纪念文集》,未出版,由其后人收集而成,在此引用全明回忆第32页。

三、加强干部队伍建设与积极部署回国作战部队

中共粤桂边工委成立后，接管广西左江、右江地区党组织关系。为了充实干部队伍力量，委派余明炎、庄梅寿、李少香（李东明）、洪田等到右江地区工作，与右江特派员覃桂荣一起组织和发动该地区的反蒋武装起义。成立中共右江地委，委任区镇为地委书记，余明炎为副书记兼组织部部长。庄梅寿于9月参加万岗起义后在姜桂圩遭敌人暗害不幸牺牲。同时，在原桂越边境临时工委基础上组建以黄嘉为书记的中共左江工委，委派"老一团"的廖华、肖汉辉等人进入该地区工作。廖华等人根据左江工委关于大胆发动群众、扩大武装力量、配合北方解放军南下夺取全国胜利的指示，积极做好群众武装力量建设工作。首先，在镇边平孟举办武装骨干训练班，培养一批由左江工委领导的武装干将。其次，参加发动左江地区的武装起义。1947年7月，中共在靖镇地区成立约120人的左江人民解放军靖镇大队，廖华任大队长，靖镇工委书记邓心洋任政委。

1947年6月至7月间，时任粤桂边工委书记的周楠接到香港分局指示，要求和庄田迅速率领第一团返回南路建立粤桂边区纵队。周楠受令后马上对部队回国做出积极部

署：组织由李廉东率领黄志瑞大队和手枪队提前进入粤、桂、越（南）边境，联系并指导在该地区坚持斗争的游击队发展武装，搜集过境地区国民党和法军的情报，建立越南高平至十万大山的交通线；加派郑云返回粤、桂、越（南）边境，与林中部队及黄志瑞大队取得联系，并争取越盟部队的帮助，以最快的速度打通至十万大山的交通道路。由于得到越盟部队和我国边境游击队的大力支持，交通道路很快被打通。紧接着有黎汉威、沈鸿周、彭扬等一批营连干部，穿过法军封锁线返回十万大山，与防城"三光企"地区起义时组建的钦防农民翻身总队会合，以加强十万大山地区的武装斗争，迎接主力团回国。随着形势的发展，继续增派支仁山、涂明堃、朱兰清等一批骨干返回南路。先遣工作人员为主力部队回国做了大量工作，很快准备就绪。

周楠这边因左江、右江组织关系正在开始接收，"必须与左江张（张振中）、右江龙（覃桂荣）亲自布置工作，同时庄田又被越盟坚留讲解若干军事问题，延至7月下旬，始同干部及基干战斗员70多人自高平出发"①。周楠、庄田一行很快到达北江省保夏，但在越南中部义安省的黄景文率领一、三营，因为法军沿途的封锁以及对道路的毁坏，耗用近两个月才到达北江保夏与周楠率领的部队会师。周

---

① 中共湛江市委党史研究室编：《桂滇边工委郑敦同志的报告1948年4月2日（摘录）》，见《铁旅征程》（99湛江印准字第057号），第50页。

楠对汇合的主力部队进行整编与训练，第一团团长、政委、政治主任仍分别为黄景文、唐才猷、李廉东，直辖5个连队，由庄田、周楠直接指挥。于1947年9月下旬举行隆重的回国参战誓师大会，指战员们士气十分高昂，整装待发。

在部队将通过谅山至河内铁路时，发现情况有变化。"先行派出的小部队已经安全抵达目的地，但不久此通道所经过的谅山处被法军占领，大部队通过法占区有诸多困难，导致部队在保夏停留了一段时间。"① 这种变化在《唐才猷谈"老一团"西进》的回忆录中也有记载："部队原来是决定回去广东参加解放战争的，后来从保夏回国经过河内至谅山铁路时，敌人在我拟通过地段增派了兵力。"② 敌人已增设驻兵据点把守，封锁了中越边境。因敌情有变化，周楠决定暂停出发、掩蔽集结并请示香港分局。据时任中共粤桂边区工委委员、宣传部副部长郑敦汇报给香港分局的报告中指出："中间曾接分局要他们打游击回去的指示，因此决定调回越境各地南路部队，重组第一团，拟改道左江入国境，越十万大山往南路。但估计途中困难太多，因为怕损失过大而犹豫。"部队究竟何去何从，大家展开了激烈的讨论。

---

① 中共湛江市委党史研究室编：《陈恩回忆"老一团"西进》，见《铁旅征程》（99湛江印准字第057号），第71页。

② 中共湛江市委党史研究室编：《唐才猷谈"老一团"西进》，见《铁旅征程》（99湛江印准字第057号），第93页。

第二节　战略调整转向开展桂滇边区武装斗争

1947年12月25日，毛泽东在《目前形势和我们的任务》的报告中指出："中国人民的革命战争，现在已经达到了一个转折点。……1947年7月至9月间，人民解放军已转入了全国规模的进攻，……现在，战争主要地已经不是在解放区内进行，而是在国民党统治区内进行了。"[①] 根据党中央对形势发展的判断与定位来看，香港分局对粤桂边工委的指示是十分正确的。

一、战略转移向桂滇边区发展武装力量

回国部队受阻多时，干部及队员归心似箭，郑敦在向香港分局汇报的报告中提出："首先在干部中开始酝酿'不能回南路，就在广西搞起来'的意见，而分局要我们考虑是否在左江、右江开展斗争，建立滇桂黔根据地的指示在此时到达。"唐才猷事后回忆说道："分局发回一个电报，根据周楠同志传达大意是：你们是否考虑不回广东，将部队改向广西、云南方向发展。周楠找了个别同志商量，认为分局提出这个问题值得考虑，从当时形势看，向西发展

[①] 中共中央文献研究室、中央档案馆编：《建党以来重要文献选编（1921—1949）》（第24册），中央文献出版社2011年版，第524–525页。

是必要的和有利的，因而同意分局的意见，改变了部队的发展方向。现在看，分局这个意见是正确的，具有战略眼光，对部队的发展和边区的斗争起很大作用（黄景文：可以说这是个战略性的转变，是非常正确的）。广东南路原来就有基础，我们不回来影响不大。"① 当时任桂西地委书记的陈恩事后回忆说："在请示分局后，分局同意从靖镇地区打出，向桂西和云南、贵州等边区方向发展，粤桂边工委因此改为桂滇边工委。"② 至于南路地区党的工作，香港分局则另行派人前往成立粤桂边工委，领导广东南路和桂东南等地区工作。周楠和粤桂边工委成员经过仔细研究，慎重考虑，认为香港分局把"老一团"开至这一地区开展斗争的指示，不是权宜之计，而是富有远见的战略计划，坚决执行转移桂滇边区发展武装力量的决策。

香港分局的指示是基于全国一盘棋下的统筹安排，在今天看来更是清晰易见。当时是解放战争的第二年，中共领导的部队由战略防御开始转向战略进攻阶段，预测国民党军队从北方败退下来势必驻守在南方涵盖西南地区，将

---

① 中共湛江市委党史研究室编：《唐才猷谈"老一团"西进》，见《铁旅征程》（99湛江印准字第057号），第93页。唐才猷在当时是广东南路人民抗日解放军第一团政委，在1981年6月"老一团"团史座谈会上的发言，插话者黄景文为第一团团长。

② 中共湛江市委党史研究室编：《陈恩回忆"老一团"西进》，见《铁旅征程》（99湛江印准字第057号），第71页。据《滇桂黔边委十八个月工作报告》，桂西地委由陈恩、唐才猷、黄景文、饶华、陈心洋5人组成，陈恩为书记。

是巨大隐患。提前布局岭南、大西南建立边区游击区及根据地，牵制并蚕食敌人驻守的力量是十分必要的。中共中央香港分局筹划的以广东为中心，辐射桂、滇、黔、闽、赣、湘六省边界的七大块游击根据地，分别是粤桂边根据地、粤桂湘边根据地、粤赣湘边根据地、闽粤赣边根据地、滇桂黔根据地、粤中根据地、琼崖根据地。这七大块根据地构成了华南游击战的重要组成部分，为解放战争取得最后的胜利发挥了极其重要的作用。在粤桂边区方面，早在抗日战争时期广东南路地区的群众已经普遍地发动起来，党组织快速发展且牢固，根据地建设也卓有成效，统战基础扎实，并有梁广、温焯华、吴有恒等精干的领导队伍。反而滇桂黔边区的力量较为薄弱，现在香港分局适时做出调整，改由久经考验的政治将才周楠、军事将才庄田组合领队开辟滇桂黔边区根据地是十分正确的，极大地增强了大西南的武装力量，为后面迎接二野四野解放军南下，取得大西南解放的胜利奠定了良好的根基。

不久，周楠与庄田率领"老一团"和机关工作人员约600人奔赴桂西靖镇地区，开启新的征程。至此，周楠领导的南路主力部队在越南的整训画上了一个完美的句号。在中共香港分局和粤桂边区工委的领导下，"老一团"和从南路等地撤入越南的同志共同努力，整训好部队的作战才能和作风，提高士兵的政治素质。同时做好华侨团结事务，开展边境通道建设，回国参加解放战争，在作战技能、组织纪律和思想政治等方面做好充分准备；同时还发扬了国际共产主义精神，在帮助越南培训干部、组织华侨武装参加抗法战争方面做出了不少贡献。

二、挺进桂西三战三捷

周楠主持成立桂滇边工委。中共中央香港分局鉴于粤桂边区工委主要领导人周楠、庄田率领部队从越南境内返回靖镇区，并领导左江、右江地区的革命斗争后，原粤桂边工委实行跨地区领导较为困难；同时，为了集中力量领导左江、右江地区的斗争，并向桂滇、滇黔边区发展，以便将来建立桂滇黔边区人民武装，下达指示周楠成立桂滇边工委。1947年11月8日，周楠、庄田率"老一团"进入靖镇区途中召开干部会议，传达香港分局指示，成立了中共桂滇边工委，周楠、庄田、郑敦、覃桂荣、陈恩、黄嘉、唐才猷、黄景文、饶华、余明炎、区镇、林中等为边区工委委员。周楠任书记，庄田负责军事工作。会议确定新的任务：在普遍发展的基础上建立地区主力部队，发展游击战争，建立根据地。第一步集中力量打下靖镇两县为立足点，进一步与左江、右江人民武装联络，开辟滇黔边境新地区；打下党组织与群众组织的基础，开拓桂滇黔边区解放斗争的新局面。①

一战果梨胜。果梨位于今天的广西百色市那坡县平孟镇果梨村，是左江、右江地区通向靖镇地区的门户，驻有国民党保安团、民团共100多人。"老一团"先遣骨干成员及靖镇独立大队成员300多人，于1947年11月6日晚深夜埋伏，拂晓时发起对敌人的袭击，经过3小时的激战，打死打伤以及俘虏敌人约100人，缴获步枪、火药枪以及驳壳枪约100支，轻机枪1挺。首战大捷打开了靖镇地区的大门，为主力团回国扫清了道路。

二战百合胜。百合位于今天的广西百色市那坡县百合乡，地处那坡县中南部，在平孟镇果梨的北边。果梨之战后，桂滇边工委在周楠和庄田的领导下全部进入了靖镇地区。由于果梨之战取得胜利，周楠及边工委成员决定乘胜追击进攻百合。果梨战斗后的第10天即1947年11月16日，"老一团"主力部队在地方党组织和地方人民武装力量的配合下，由"老一团"团长黄景文、政委唐才猷指挥，采取夜晚调动、全面包围、拂晓进攻的战术，向驻百合的国民党保安团、民团共360多人发动突然进攻，经激战2个多小时，全歼敌人一个连和民团150多人，其中毙敌100多人，缴获重机枪1挺、轻机枪3挺、长短枪100多支。

---

① 中共湛江市委党史研究室编：《广东南路人民抗日解放军第一团西进概述》，见《铁旅征程》（99湛江印准字第057号），第25-26页。

三战弄蓬胜。弄蓬（蓬鸡）属于今天广西百色市那坡县龙合乡。百合大捷后，驻惠仙地区的国民党军一片惊慌，连夜出逃至弄蓬，企图据险顽抗。回国主力部队立即追击而至，于1947年12月1日拂晓发起向敌人的进攻。经过两个多小时战斗，歼敌40多人，活捉副司令张绰燃等60多人，其余敌人分散隐蔽逃窜。缴获轻机枪2挺、步枪100多支。后来民兵还从山上捡回来10多支步枪。与此同时，人民武装和靖西民兵基干队，也乘机袭击驻南坡圩和荣劳乡的保安团两个中队，毙俘敌人100多人，解放了南坡街。①

"老一团"经过一年多的入越整训，战斗力极大地提高，回国后在地方党组织和武装力量的积极配合下，英勇善战，屡立战功，声威赫赫，给敌人以沉重的打击。敌人被这支作战部队重创之后还蒙在鼓里，他们以为是日本投降后的俘虏军队被中共部队所改编，因为所用的许多作战装备，大多是"老一团"在1945年西进途中袭击日军遂溪机场时缴获的，敌人在作战中听到中共作战部队成员大多讲的是雷州方言（黎语），误以为是日语。于是出动飞机散发传单，传单上印有日本妇女跪求丈夫回国图案，企图以此瓦解中共部队。此事在今天看来亦是贻笑大方。

---

① 中共那坡县委党史办公室编：《廖华谈解放战争时期靖镇区武装斗争》，见《靖镇烽火》（广西内部准印证，NO：0016199），2008年8月印，第83-84页。

三、粉碎国民党的六次围攻

三战三捷之后，靖西、镇边的国民党反动武装纷纷退守据点等待增援。1948年春，广西国民党当局做出"围剿"靖镇区的部署，纠集靖镇两县保安团和民团向周楠、庄田带领的部队（后面叫周庄部队）进犯，开始了国民党的六次围攻。

1. 清华之战。1948年1月初，国民党保安团企图进犯北斗。这时，周庄部队主力一支队①一营奔袭靖西县的安德乡，打死敌人哨兵二人，其余敌人逃跑。周庄部队进入安德，后来获悉敌向北斗进犯，一营从安德回援，路过清华时尚未发现敌人。当离清华约10里时，听到清华枪响，这是留在清华的伤病号遇敌而打响的。此时，周庄部队立即回援。战斗从半夜打到第二天下午两点，毙敌30多人，伤敌不清，缴获轻机枪1挺、步枪10多支。周庄部队牺牲干部、战士5人，伤7人，是回国参战以来损失最大的一仗。

2. 德窝（今德隆）之战。1948年1月，周庄部队准备进攻镇边县城，目的是使靖镇区成为一个有县城的根据地。因此，将部队主力分为两路，一路从台峒出德窝，由

---

① 1947年12月底，桂滇边纵主力进行整编，组成两个支队。第一支队以原广东南路主力为主编成，第二支队由第一支队抽调骨干，以靖镇独立营为主组成。出处为中共那坡县委党史办公室编：《靖镇烽火》（广西内部准印字，NO：0016199），2000年8月印，第84页。

正面进攻；另一路迂回到六蓬、十蓬，从侧后来夹攻。结果，主力部队到德窝前线与敌僵持住，情况弄不清，出不去，在德窝僵持10多天，其间战斗10多次，双方均有小伤亡。周庄部队伤3人，敌伤亡10多人。在德窝对峙期间，敌保安团又从镇边迂回到百南。周庄部队的德窝前线部队即转回北斗，准备歼灭入侵之敌。后来敌到百南后，不敢前进，周庄部队主力未能接上展开战斗。从这时起，周庄部队在战场上开始处于被动地位。

3. 弄获之战。1948年2月初，敌保安团300多人，向周庄部队二支队住在弄获的第一大队第一连发起进攻。战斗整日，牺牲2名战士，毙敌9名，后来敌进占弄获村，烧毁民房60多间。

4. 忠厚之战。1948年2月22日，获悉敌保安团400多人将进占南越，周楠、庄田召集主要人员召开作战会议，一、二支队领导参加。会议决定一、二支队协同作战，伏击歼灭进占南坡之敌。23日拂晓，周庄部队按部署占领阵地伪装完毕，但上午9点多钟仍未见有敌情。这时，战士们由于连续行军作战，过于疲劳大多数睡着了。10时许，敌人来了，却不进南坡，而是迂回到忠厚村，企图先占领南坡后山。数十名敌人扛着机枪搜索上山。周庄部队发现敌人时已来不及通知准备战斗，敌对双方面对面拼刺刀，掷手榴弹。经过激烈的肉搏格斗，才把敌人压下去，伏击战打成防御战，激战到夜幕降临，双方部队都撤出战场。这次战斗敌人死 40 多人，周庄部队牺牲 5 人，伤 5 人。缴获轻机枪 2 挺、重机脚架 1 副、步枪 12 支、弹药 5 箱，未能全歼敌人。其原因，据后来了解，是由于南坡街一反动家属，天亮后出去挑水遇见敌尖兵，泄露了昨夜周庄部队行动消息。敌因此不敢直接进入南坡，才迂回忠厚，抢占南坡后山。

5. 荣劳之战。打完南坡战斗后，2 月中旬的一天，周庄部队决定进攻荣劳街之敌。街上驻敌一个保安连 100 多人。周庄部队以一支队一个主力连配合二支队去进攻，原计划以小分队化装为敌军去袭击，首先占领碉堡，随后主力赶至协同歼敌。由于伪装有漏洞，被敌发觉进不去，双方对射后变成强攻。周庄主力部队赶到时，也只占领半条街，敌据堡顽抗。下午 4 时许，敌 174 旅 26 团及保安团部分武装前来增援，战斗到晚上 7 时，周庄部队撤出阵地。此次战斗，激战整天，周庄部队第五连连长李万远重伤，机枪手陈永养牺牲，另两名战士负伤后被俘，被敌押到靖西杀害。共牺牲干部、战士 5 名，伤 4 人。敌死 78 名，伤 10 多人。

6. 弄银（英华）之战。1948 年 2 月中旬，周庄部队决定以第一支队一营及二营两个连袭击驻英华之敌，三连为主攻连。夜行军时，因一同志在途中睡着了，与前头部队失去联系，耽误了时间，天亮了才到敌人连哨山脚下。第一连主攻连哨所。攻下哨所后，缴获轻机1挺，毙敌6名，俘敌3人。审问俘虏时知道敌人已增加正规军一七四旅一个营，三四百人。周庄部队分析敌情后，认为敌强我弱，我攻不利，故决定撤退。这场战斗共毙敌9名，伤敌10多名，俘敌5名，缴获轻机枪1挺、步枪13支、驳壳枪1支。①

四、推进军事斗争的同时开展群众工作

在开展军事斗争的同时，群众工作也逐步开展起来。桂滇边工委从南路"老一团"抽调一批干部，配合地方开展群众工作，组织群众武装，建立群众组织和基层政权，搞土改分田地试点。还在平孟办了青干班，培养了一批壮族、瑶族、汉族和其他民族的青年干部，为以后开展滇东南边境少数民族地区工作，做了很好的干部储备。

在桂滇边工委的领导和靖镇区地方党组织的支持配合下，回国主力部队经过2个多月的艰苦斗争，歼灭了国民党保安队、反动民团等武装700多人，解放了7个乡镇，解放区扩大到东西250里、南北160里的10多个乡的范

---

① 中共那坡县委党史办公室编：《廖华谈解放战争时期靖镇区武装斗争》，见《靖镇烽火》（广西内部准印证，NO：0016199），2008年8月印，第85－87页。这里摘录亲自在现场指挥的廖华同志的部分手笔。

围，农会会员由3000多人发展到1万多人；游击根据地从4个被分割和不完整的乡发展为连成一片的包括10个整乡和另外几个乡的一部分，并普遍建立了乡村政权。中共领导的人民武装由1000多人发展到2000多人。

这个时期的斗争，扩大了革命影响，锻炼了部队，丰富了斗争经验，为配合全国的战略反攻牵制了敌人的部分力量，成绩是主要的。但是，在取得多次胜利并初步打开局面的时候，在军事上和政治上也犯了一些"左"的错误。在军事上，过于依靠集中主力部队打开局面，没有及时分兵发动群众，忽视群众工作的全面展开与有机的配合；企图过早地占据要地，提出了攻打镇边县城和保卫中心地区等不适当的口号。在地方工作上，"左"的错误也很突出，主要表现在：没有从靖镇区的实际出发，在条件还未成熟的情况下，过早提出土改分田；在农村执行阶级路线上，错误地把农民分为三等九级，依靠"九等穷"去组织贫农团，以致侵犯了中农利益，孤立了贫农；肃反扩大化，不加区别地处理了一些保甲长，错误地处决了前来投诚的一些流寇，甚至错杀了一些革命群众和靠拢共产党的进步华侨乃至个别地下共产党员，忽视了统战工作。因此，扩大了对立面，脱离了群众，孤立了自己，增加了开展新区群众工作的困难。当敌人从安徽前线调回正规军第一七四旅、纠集保安第二、五、九等6个团的兵力，向靖镇地区全面包围和进攻时，周庄部队便处于被动局面，教训是深刻的。①

五、"大股插出小股坚持"的决策与贯彻

北斗会议召开。1948年3月，国民党集中优势兵力对周庄部队逐步形成大包围的形势。国民党靖西第六专区、龙州第七专区勾结驻扎在越南的法国势力，早于1948年1月就共同签署了《围剿共匪密约》，调动了保三、保六、保九3个保安团，以及正规军一七四旅二十六团、本地的保安大队、自卫团和民团等，人数达一万人多，从四面八方分头并进，对周庄部队实行"大围剿"。② 在这十分紧急的形势下中共桂滇边区党委召开了第一次扩大会议。

据当时任中共靖镇区工委书记的梁家③回忆，周楠主持的北斗会议："重新估计形势，总结前一段的斗争经验，着重部署靖镇区的斗争方针。当时党内生活很正常，有不同的意见，思想交锋，热烈争论，是很活跃的。经过讨论以

---

① 中共湛江市委党史研究室编：《广东南路人民抗日解放军第一团西进概述》，见《铁旅征程》（99湛江印准字第057号），第28-29页。这里摘录了黄其英汇总撰写的老革命同志座谈会部分内容。

② 中共那坡县委党史办公室编：《王克忆在靖镇区的战斗历程》，见《靖镇烽火》（广西内部准印证，NO：0016199），2008年8月印，第159-160页。王克是周庄部队的情报管理领导。

③ 梁家，广东广州人（1920年7月—2014年12月1日）。原任中共靖镇区工委书记、桂滇黔边纵队第一团政委。中华人民共和国成立后历任武定、文山、思茅地委书记，中共云南省委常务副书记，省政协主席等职。

后，统一认识，总结的主要问题有三个方面：第一，肯定前段时期斗争的胜利和取得的成绩。发动了群众，在过去革命斗争基础上建立靖镇区根据地，扩大人民武装斗争力量，扩大了一个支队，组建二支队，并建立基干民兵组织，沉重地打击了敌人，牵制了敌人一部分兵力。第二，指出当时虽然打了好几次胜仗，但过早暴露了主力，只注意集中兵力以打击敌人，没有及时分兵以发动群众。当敌人组织兵力压过来时，我们组织指挥上也有一些失误，反映在德窝前线的对峙上。第三，检查批判执行政策上'左'的一些错误表现：侵犯中农孤立了自己；肃反中有扩大化，有逼供现象。在执行政策时有主观主义也缺乏经验。"①

时任左江工委书记兼左江支队政委的黄嘉回忆北斗会议时说："当时，党内生活比较正常，有不同意见，可以热烈讨论，这次会议弄得生动活泼，富有朝气，我和陆华参加了这次会议。我们从龙州向北斗走来，在半路遇见了广东南路'老一团'的负责人。我们与陈恩、唐才猷同行。大家边走边谈，各自讲些自己的情况和意见。陈恩的意见比较激烈。他认为，边委的成绩和胜利是第一位的，但前一段的军事斗争，错误也不小，进攻中是冒险主义，相持中是保守主义，退却中是逃跑主义。到了会上，他讲的仍

---

① 中共那坡县委党史办公室编：《梁家讲述解放战争时期靖镇区的斗争概况》，见《靖镇烽火》（广西内部准印证，NO：0016199），2008年8月印，第75－76页。

然是这样的意见。会议经过争论，总结了正反两方面的经验教训，统一了认识，重新估计了形势，确定了军事斗争采取'小股坚持，大股插出'的新方针。"①

大家讨论认为清华、德窝、弄荻、南坡忠厚、荣劳、弄银等战役被打成了消耗战，为了避免过于消耗主力部队，根据北斗会议确定的"大股插出，小股坚持"的方针，将主力部队第一支队暂时撤出边境休整。靖镇区成立由梁家为书记，邓心洋为副书记的靖镇工委，留下第二支队坚持斗争。会后，桂滇边工委根据中共中央批复的香港分局关于建立桂滇边区支队的报告精神，②成立中国人民解放军桂滇边支队司令部，庄田任司令员，周楠任政治委员，黄景文任参谋长，饶华任政治部主任。下辖以南路'老一团'为基础组建的第一支队，林杰任支队长（后李鸿基），唐才猷任政委；以靖镇独立营为基础，并从南路'老一团'抽调部分骨干组建的第二支队，廖华任支队长，梁家任政委；由龙州、凭祥、上金、雷平、思乐、明江等县人民武装组成的左江游击队（后整编为第三支队）以及右江地区的桂西人民解放军司令部。边工委从'老一团'抽调部分军政干部，支持加强左江、右江地区的人民武装。与此同时，

---

① 中共那坡县委党史办公室编：《黄嘉：吸尽天云靖镇区》，见《靖镇烽火》（广西内部准印证，NO：0016199），2008年8月印，第57－58页。

② 中共香港分局于1947年11月29日向中共中央提出建立桂滇边支队等7项报告，1948年2月6日，中共中央复电表示同意。

各区乡还成立若干武工队，配合主力开展斗争。

在主力奉命撤出靖镇区向云南转移时，为牵制敌人，林杰率主力第一支队第二连长途奔袭龙州水口镇。该部在左江地下党组织和群众的大力协助下，经过周密侦察，利用夜暗天雨气候，以炸药爆破、强攻固守之敌，经40多分钟的激烈战斗，歼敌一个加强连170多人，缴获一批武器弹药和两部电台。主力撤出后，靖镇工委把全地区分为几块小游击区，成立了多个武工队，插入敌后活动，分头联系群众，打击敌人。这个时期，是靖镇区十分艰苦的坚持斗争时期，不但缺粮，连盐巴也缺，但依靠老区各族群众支持，终于完成了大股插出后，小股坚持的斗争任务。在主力转出外线，开展滇东南地区斗争的有利形势配合下，在纠正过去"左"的政策错误中，这个地区又进入一个恢复和进一步发展的新时期。①

北斗会议通过的"大股插出，小股坚持"方针分四个阶段执行。第一阶段是1948年3月，周楠、庄田率领边委机关以及边纵主力第一支队撤离靖镇区，转移到滇东南开展新的斗争，留下二支队率领靖镇区人民坚持战斗。从1948年7月至8月开始，因为周庄部队已经撤离在外线牵

---

① 这里摘录了中共湛江市委党史研究室黄其英同志汇总撰写的老革命同志座谈会部分内容。

制，敌人扑空了，打不到主力，就开始逐步撤离。①第二阶段是1948年9月，时任靖镇工委组织部部长谢森率领另一个大队撤出靖镇区开往云南。第三阶段是1948年12月，根据边工委的指示，继续执行第三股的撤出，由梁家率领第二支队的主力营离开靖镇区转移到云南。第四阶段是1949年4月底，边工委调派廖华到滇东南工作。至此，大股的插出已经完成。此后，小股坚持，是靖镇区的农村武装斗争在新成立的中共右江上游工委的领导下继续进行。

桂滇边区工委书记周楠带领的"老一团"部队在地方党组织和人民的鼎力支持下，所取得的成绩是卓有成效的。1948年4月，郑敦在向香港分局汇报工作时，提到桂滇边区游击根据地的情况说："至去年（指1947年）12月底为止……靖镇方面，经过2个月的斗争之后，根据地已经从4个被分割的不完整乡发展成为完全打成一片的10个整乡和几个乡的一部分，面积东西约220里，南北约180里，农会在各乡村普遍建立，一部分村乡同时建立政权。全区性的政权叫'靖镇民主政府筹办处'。"

党中央对这一时期南方游击战争根据地的评价也是高度肯定的。毛泽东于1948年10月10日起草的《中共中央关于九月会议的通知》明确指出："党在国民党区域的工

---

① 中共那坡县委党史办公室编：《梁家讲述解放战争时期靖镇区的斗争概况》，见《靖镇烽火》（广西内部准印证，NO：0016199），2008年8月印，第78页。

作，有了很大的成绩，这表现在各大城市中争取了广大的工人、学生、教员、教授、文化人、市民和民族资本家站在我党方面，争取了一切民主党派、人民团体站在我党方面，抗拒了国民党的压迫，使国民党完全陷于孤立。在南方几个大区域（闽粤赣边区、湘粤赣边区、粤桂边区、桂滇边区、云南南部、皖浙赣边区和浙江东部南部）建立了游击战争根据地，使这些地区的游击部队发展到了三万人。"①

第三节　与讨蒋自救军会师整编
　　　　　开辟中心根据地

一、中共中央香港分局和钱瑛的指示

关于把滇东南地区的发展纳入华南武装斗争的总体部署的问题，中共中央香港分局方方和尹林平在1947年4月就曾向中共中央做出请示："将滇东南组织划归我们或我们取联系配合。"② 1947年5月24日，周恩来代中央起草回复

---

①《毛泽东选集》（第四卷），人民出版社1991年版，第1344页。《中共中央关于九月会议的通知》是毛泽东为中共中央起草的对党内的通知。1948年9月会议是在河北省平山县西柏坡村召集的。它是日本投降以来到会人数最多的一次会议，因为在这以前，绝大多数中央委员都分散在各个解放区从事紧张的解放战争，交通十分困难，不可能举行这样大规模的会议。

② 资料来源：广东省档案馆存《关于对华南局面拟我部署及中央的指示》。

香港分局："滇东南地区，你们可以去平行发展，云南关系暂不必转。"① 1947年11月，周楠与庄田挺进靖镇地区发展武装力量期间，亦有此想法并向香港分局请示《关于成立滇桂黔工委的报告》。② 由于种种原因，周楠领导的桂滇工委一直都没能取得与云南党组织的联系。随着桂西和滇东、滇东南武装斗争的发展，香港分局认为是时候把这些地区联合成一块游击根据地了，这样更有利于桂滇黔边区武装斗争的发展，决定把这些地区的部队整编并统一领导。1948年5月，中共桂滇边工委委员郑敦到达昆明，向云南省工委口头传达中共中央香港分局和钱瑛的指示，要求云南省工委把滇东南地区，即昆明经开远到河口铁路线以东、昆明经曲靖到平彝公路线以南地区划归桂滇边工委领导，并要求云南省工委把这一地区发展起来的人民武装交由他带入广西靖镇区与桂滇边部队会师整训。

中共云南省工委认为此事关重大，在昆明滇池边庾家花园会合研究郑敦传达的指示，最后决定由省工委书记郑伯克向上级直接领导人钱瑛请示。钱瑛用暗语回复：按郑敦传达办。

1948年6月，云南省工委召开扩大会议，由张子斋、

---

① 党史资料：《中国人民解放军滇桂黔边纵队（上）》，云南民族出版社1990年版，第26－27页。
② 周楠、庄田：《关于成立滇桂黔工委的报告》（1947年11月1日），现存于广东省档案馆。

祁山汇报滇东南地区开展武装斗争、建立根据地的情况，同时郑敦也介绍了广西靖镇地区的武装斗争和根据地建设情况。会议决定对在滇东南发展起来的云南人民武装力量命名为"云南人民讨蒋自救军第一纵队"。由于云南省工委与桂滇边工委还没能直接取得联系，会议决定按照郑敦传达的上级指示，自救军一纵队交由郑敦带往靖镇区会师整训。滇东南地区党组织的关系划归桂滇边工委领导。但由于当时桂滇工委远在国外越南境内，决定滇东南地区的党组织仍由云南工委代管。云南省工委决定由开广工委书记岳世华带郑敦往滇东南方向追赶部队，并随军南下。①

1948年6月13日，张子斋、祁刚才带领部队在丘北县温浏召开了大队以上干部会议，传达中共云南省工委扩大会议精神，正式公布了"云南人民讨蒋自救军第一纵队"的番号。之后部队继续南下，翻过崇山峻岭、跨过激流险滩、穿越热带丛林，与郑敦、岳世华等会合。随即召开党员干部会议，由郑敦传达中共中央香港分局关于云南讨蒋自救军南下与桂滇边部队会师整训的指示。7月1日，军民联欢大会上正式宣布部队番号和军政领导人员组成，由朱家璧任司令员，张子斋任政治委员，何现龙任副司令员，

---

① 中共云南省委党史资料征集委员会、中共广西区委党史资料征集委员会、中共贵州省委党史资料征集委员会编：《中国人民解放军滇桂黔边纵队（上）》，云南民族出版社1990年版，第314页。

祁山任副政委兼党总支书记。这支讨蒋自救军辗转桂西各地，获知桂滇边工委主力部队已移师越南，于是赶紧追往越南保罗不遇，又从保罗前往河阳。①

二、与讨蒋自救军会师于越南河阳并召开扩大会议

1948年7月，云南人民讨蒋自救军第一纵队1000多人，为执行香港分局统一两地区武装斗争、开辟边区根据地的指示，不远千里，历经千难万险，到达越南河阳与桂滇边工委主力部队会师。9月，桂滇边工委根据香港分局指示召开第二次扩大会议，史称"河阳扩大会议"。会议传达学习了毛泽东《在晋绥干部会议上的讲话》和香港分局的《二月指示》等文件，全面深刻地总结回国8个月以来的武装斗争经验教训，积极开展批评与自我批评。讨蒋自救军第一纵队司令员朱家璧等向边委介绍了云南武装斗争的情况和经验。这是一次十分彻底反思与总结的会议，即便是持不同意见的同志对此也十分满意。下面摘录桂滇边工委向中共中央香港分局汇报工作总结的部分内容。

（一）边委决定把主力从靖镇地区开回国内，并首先在

---

① 中共云南省委党史研究室著：《中共云南地方史》（第一卷），云南人民出版社2001年版，第435页。

靖镇地区打下第一个立足点，然后第二步将主力推向右江，使主力与右江党的力量结合起来，组成全区范围向全面发展的形势，在右江建立起边区游击战争根据地，而进一步打开滇桂黔三省边区的局面，当时这样的决定是正确的，这是因为右江党直到今天还是边区党的力量最大（在15个县份内有党的工作或有可能开辟工作的条件），党与群众组织的基础最坚强（当时就有300名党员、5000名进步群众的组织）的地区。

但是，在主力回国两个月之后，边区的斗争就陷入了被包围分割和发展受限制的形势中，使得我们的主力打不出右江，各个地区的斗争不能联系起来，不能在边区范围内做成一个全面发展的形势，各地的斗争发展都受到阻滞。做成这种被包围分割和发展受限制的原因：第一，是由于广西范围内力量对比上的敌强我弱，更加以（主要是因为——编者）当时主力回国时，正是广西其他地方斗争或者受到挫折或者已经转移，因而，使得敌人可以集中绝大部分兵力对付我们，并可以对我们各个地区进行有重点的围困和重点进攻。第二，是由于右江起义受挫折，挫折之后，虽然仍能局部坚持斗争，但未能迅速恢复全面工作，实现新的发展，因而使得主力不能取得右江方面的接应，始终是面对着敌人打不出去（当时就连与右江的联系未恢复，右江的同志根本不知主力要打向那边的）。第三，最主要的还是由于靖镇区斗争时期，我们在军事上不能掌握普遍发展的方针，而做成与敌人的对峙。在群众斗争与执行政策上的过"左"，扩大打击面，增加了我们斗争的困难。

然而，这种被包围分割和发展受限制的形势是可以改变的，而在扩大会议时，我们已经可以看到这种情况，已经开始在逐渐改变之中了。第一，敌人已经开始调动，在我们地区的敌人兵力已减少了一半多（一七四旅调离广西，南路部队到十万大山，吸引了部分保安队过去）。第二，知道了右江情况，我们的力量还能保存，增加了云南方面的力量和地区，而又有了南路十万大山部队的直接配合。第三，更重要的是我们已经检讨出了在军事斗争和在群众斗争中所犯的错误。彻底吸收了过去这一时期斗争的经验。开始懂得了如何去掌握普遍发展游击战争的方针及适合于游击战争的多种政策，这就有了充分的可能使我们能够打破敌人的包围和限制，而取得更大的发展。

（二）针对过去的经验教训和边区斗争环境，对布置今天边区各地的斗争必须注意和认识：第一，过去由于对形势掌握的不正确（当时未能对客观情况加以冷静的分析，而表现了盲目乐观、轻敌、对全盘工作缺乏长期打算和布置，在后来遇到了困难和曲折，又表现了迷惑、对斗争前途缺乏明确的计划和决心），曾经造成很大的错误。根据新华社社论《第二年战争总结与第三年任务》的指示，对于我们的边区斗争，必须做三四年（或长一点）的艰苦斗争和一个个地夺取敌人阵地的精神准备。我们不要放过任何一个向敌人进攻和争取自己发展的机会，认识我们可以打破敌人包围限制的种种条件，但我们必须坚定不移地抓紧，一切为打下边区党强大的党和群众基础的工作，只有打下党和群众的基础，边区局面才能打得开，一切其他任务才能完成。也只有打下了党和群众的基础，也就有了克服眼前和将来的种种困难，一切着眼于打下党和群众的基础上去取得胜利，而不是指望×××（不清——编者注）的方面。第二，目前边区党的力量还是很弱的，绝大部分地区未建立起党的组织和工作，党现在的一些基础，也是各个被局限在狭隘的范围之内，也就造成广大群众在政治上组织上的准备是很不够的。因此，形成整个边区革命力量的配置（全面的配置和领导的重心）发展和各种工作的配合都表现出很大的不平衡。针对这一弱点，必须纠正过去在工作布置上那种单靠武力打天下的倾向（以为大军一到，便一呼百应）。为了克服这一弱点，必须强调发展，普遍发展（向广大空白地区开展工作）、全面的发展（军事的、秘密的、统线关系的、农村的、城市的等等）。不这样做我们是无法发展的。目前特别注意第三线的工作，用最大努力去开展我们的武装力量，还未到达的地方的工作，使得我们整个工作既有重心——武装斗争，而同时，也使武装斗争不至于孤立,而有配合。第三,针对着过去在工作布置中表现出的,不具体(没有解决具体问题)(、)太单纯(只是武装工作)和一般化(策略运用上)的毛病,因此,强调必须认识边区环境复杂性(也是客观存在的)和我们的斗争复杂性(是我们需要这样做的)。我们前一段时期的工作就没有如二月指示所指出的广东在去年一年斗争中所表现的那种错综复杂的形势,并不是我们这里的环境没有广东那样复杂……而是我们忽视了这种复杂的情况。第四,过去由于我们调查研究的忽视,各地联系的疏隔,以及客观上的困难……使我们没有获得各种必要的情况和资料。因此使得我们在过去布置工作上犯了不少错误,而且,直到第二次扩大会议上,还未能够对边区的环境来进行一个比较周密的分析。……这是需要共同克服的。

(三)为了完成打开滇桂黔三省边区的局面的任务,二次扩大会议决定当前的斗争方针,是一切为了发展有重心和有配合的全面发展,打下各地党和群众的基础,从创造若干个人在敌人空隙中的游击区中来逐渐形成一个较为巩固的根据地。在这方针之下,边委原来的部署是这样的:……(具体部署从略——编者)

在决定了以上计划,并布置好了靖镇和右江的工作,靖镇左江和第一支队部分干部已经出发之后,接到了分局关于组织前委带领主力开进黔滇桂中心地区的指示之后,经过讨论的结果,上面的计划差不多全部改变了……

(四)具体工作根据二月指示,在边区如何执行:

第一,军事斗争。(略)

第二,群众斗争。(略)

第三,党的工作。(略)

(五)会议后当我们根据原来所决定的计划去着手布置工作(其中左江和靖镇区的干部已经根据原来计划回去着手执行,滇边已抽调了一批干部出发工作,并成立了边界工作工委,第一支队留河阳部分在准备出发。朱家璧部队已开始执行第一个月的整训)时,接到了分局指示:"由庄、郑同志负责组织边委前委,率领部分主力(300人)由庄、郑、朱率领开到滇桂黔中心地区,展开武装斗争,开辟工作,并指定朱为司令,郑负责政治部主任。(略)

根据分局指示,边委进行约一个星期的讨论,提出几种方案讨论,(三种方案)最后决定一支队一半上(滇东),一半留下(各三个连)。朱部也是小半上去大半留下,……(实际上除广南大队外朱部绝大部分开上去)。决定这方案后,一方面调回一支队留下在靖西部队回来,一方面积极准备一切……干部问题则经上面的除了分局指示的庄、郑、朱三同志外,再增加杨萍、黄景文同志。而原来云南部队的领导干部何同志、李玉生、杨诚明及云南部队的主要部分和半数第一支队干部均随前委出发,滇东南部分则由原滇东南的领导干部及唐才猷、饶华、林杰等同志负责。第五，在决定主力集中搞云南之后，广西部分则主要靠本身的力量及原来的干部在各个地区展开斗争，发展工作了。①

桂滇边委委员陈恩对河阳扩大会议是持高度肯定态度的，正如他于1948年10月撰写的桂滇边工委给中共中央香港分局的工作报告时所说："这次会议是有很大收获的，把8个月来所存在的问题解决了，因而也就在边委干部团结的问题上打下一个初步基础（会议后，边委干部曾进行了较为认真的批评与自我批评），干部的情绪提高，而会议这种民主精神、坚持原则的精神，在边区这里的干部，都是第一次经历的。（会议结束后，接到分局对于总结南方工作的初步意见的提纲，精神上与决议基本上是一致的。）"②

三、中共中央香港分局电示两地部队合编整训

1948年秋，解放战争形势朝着更有利于人民的方向发展，人民解放军从9月开始发动对敌人的强大攻势。为配合人民解放军的战略决战，1948年10月8日，中共中央香港分局电示集结于越南河阳整训的桂滇边主力部队与云南

---

① 以上均为桂滇边工委向中共中央香港分局的工作报告。资料来源：广东省档案馆。

② 中共湛江市委党史研究室编：《铁旅征程》（99湛江准印字第057号），1999年9月印，第57页。

人民讨蒋自救军第一纵队合编。两地主力会师后,中共香港分局电示桂滇边工委:"由庄田、郑敦负责组织前委,率主力300多人到滇桂黔中心地区发展斗争,开辟工作……"周楠根据中共中央香港分局的指示精神,数次与工委成员切磋,与云南干部多次商量,深入研究如何执行。

经与多方协调沟通达成下面几项工作:第一,召开边委扩大会议,总结在靖镇区斗争的经验教训,从第一支队中抽调部分干部,到自卫军中协助整训,以提高部队的军政素质。第二,从第一支队中派出三批干部,进入滇东南地区开展工作,为主力回国做准备。第一批为唐森、牛琨带领林三、沈德、廖文达,进入马关境内工作;第二批为谢森率领的武工队,经田蓬进入富宁境内开展工作;第三批派遣郭芳进入麻栗坡,协助郑均对该地区的工作,并于10月中旬组建麻栗坡工委,郭任书记,郑任副书记,周钟卓、梁惠、黄英为委员。第三,组建"前线委员会"①(以下简称"前委")和"滇东南指挥部",整编部队。前委由庄田、郑敦、朱家璧、杨德华(即杨平)、张子斋五同志组成,庄田为前委书记,黄景文为前委参谋长,部队共编成8

---

① 1948年10月8日,中共中央香港分局电示集结于越南河阳整训的云南人民讨蒋自救军第一纵队与桂滇边部队一支队合编,合编全的部队。指定庄田、郑敦负责组织中共桂滇边工委前线委员会(以下简称"前委"),由庄田任前委书记,朱家璧任部队司令员,郑敦任政治部主任,黄景文任参谋长,率部队到滇桂黔边中民地区,巩固和扩大根据地,钳制驻桂、黔的国民党军队。参见《中共云南地方史》2001年版,第441页。

个大队。原"云南人民讨蒋自救军"编为6个大队,另一个独立大队（即孙太甲大队）,原"桂滇边"第一支队抽调组建成其中一个大队（即立功大队）,为前委的主力,前委率领部队共1000多人。"滇东南指挥部"由唐才猷、饶华、岳世华组成,唐任党委书记兼指挥长,林杰任参谋长,指挥部负责指挥滇东南边境一带的所有部队（称健康大队）。[1] 周楠暂留河阳领导全面工作,以打开滇桂黔三省边区游击根据地的局面,以指挥和策应各地的斗争；全明留守越南的河阳后方做好后勤供给,在中越边境负责伤病员收治及后勤支援工作。

四、参加滇东、滇东南中心根据地的开辟

1948年10中旬,入滇开展武装斗争的各项工作准备就绪后,桂滇工委领导下的第一主力部队前委,由庄田书记率部于麻栗坡、攀枝花地区突破敌人封锁线,回国开展斗争。跨越国境后,直插纵深,迅速越过砚山、广南的接合部。为了迷惑敌人,掩护前委渡盘江北上,留下孙太甲独立大队在砚山、广南地区进行活动,相机出击,牵制敌人。前委向盘江北上途中,敌二十六军调遣五七八团三营,由

---

[1] 中共云南省委组织部等编：《中国共产党云南省组织史资料（1926—1987）》,见《云南省政军统群组织史资料（1950—1987）》,中共党史出版社1994年版,第131页。此处多次错误,经由陈东校对更正。

富宁向盘江急进，封锁格勒渡口；该团一、二营从西畴尾追前委立功大队，以配合其后续梯队，妄图置前委于进退两难的境地，前后夹击，逼桂滇边主力部队决战。在格勒渡口，前委与敌接战，战斗失误，情况十分危急。为摆脱被动局面，朱家璧、张子斋、祁山、何观龙等人率原"讨蒋自救军"，分散秘密渡江，进至弥勒、泸西地区活动。前委率立功大队南下，与独立大队会合后，在广南、砚山、西畴一带进行活动，伺机捕捉战机，歼敌后再渡江北上。①

"滇东南指挥部"策应前委进攻，一呼一应、双剑合璧威震滇东南。初战虽挫但很快就扭转局势实现五战五捷，并且解放了五座城。

第一捷：拉沟塘大捷。前委在格勒渡口战斗失误后，渡江受阻，追击之敌又将至，前委即命令部队迅速转移，并决定分散于盘江南岸地区，发动群众，寻机歼敌，创造渡江条件。不久，庄田、朱家璧、黄景文率主力一部折返滇东南开广（即文山、广南）地区，与留在该地的独立大队会合，积极开展游击活动，发展壮大武装队伍。1948年11月6日，敌保安第一团三营及地方反动武装600多人，企图围歼独立大队于广南珠琳乡拉沟塘一带。9日，独立大队在孙太甲的指挥下，与张鸿谋武工队密切配合，采取

---

① 杭忠心主编：《文山壮族苗族自治州党群志（1927.3—1996.3）》，云南人民出版社2008年版，第203页。

诱敌深入、集中优势兵力速战速决的歼灭战战术，在广南县西部的拉沟塘峡谷设伏，一举歼灭敌保安第三营和一个地方保安队共300多人，缴获轻重机枪4挺、步枪200多支、手榴弹400多枚、电台1部，沉重地打击了敌人的嚣张气焰。①

解放第一城：马关城。为策应前委行动，滇东南指挥部于1948年11月上旬，由桂滇边工委书记周楠等率领健康大队沿边境线出击，②从中越边境清水河进入云南，沿边境线向西出击。11月17日，在马关武工队、民兵配合下一举拔除了国民党马关瓦渣据点，歼敌100多人，予敌很大震动。11月19日夜，岳世华根据指挥部的决定，乘马关县城守敌军心不稳、设防空虚，率林三、黄健生、沈德、廖文达、陈蔡等10人武工队，在统战对象马关县参议长刘弼卿的掩护下，潜入县城，捕获国民党马关县代理县长欧阳河图，一枪未发就解除了该县城防大队的武装，俘城防大队长以下100多人，缴获机枪2挺、步枪80多支，解放了马关县城。拂晓，指挥部率部队浩浩荡荡开进马关城，群众夹道欢迎。马关城的解放，鼓舞了滇东南人民的斗志和桂滇边主力部队的士气，打击压制了敌人的气势。

第二捷：兔董大捷。马关县城解放后，第一大队向马

---

① 中共云南省委党史研究室著：《中共云南地方史》（第一卷），云南人民出版社2001年版，第444页。

② 中共云南省委党史研究室著：《中共云南地方史》（第一卷），云南人民出版社2001年版，第444－445页。

关、文山交界的古木地区挺进,直逼国民党滇东南指挥中心——文山。麻栗坡、西畴两县的国民党政府干部及城防队害怕被歼,连夜弃城向昆明方向逃跑。12月上旬,前委书记庄田率立功大队和第七支队一部南下西畴,途中获悉国民党麻栗坡少将督办谢崇奇,带着1个连和1个巡缉中队200多人,从麻栗坡经砚山蚌蛾逃往昆明,遂派独立大队埋伏于离兔董乡三四里的山路两侧,打其措手不及;立功大队和七支队集结于兔董六召附近,防止敌人从左侧逃跑。当谢崇奇率部进入伏击圈后,独立大队即向敌猛烈开火,经1小时战斗,毙谢崇奇以下100多人,俘敌50多人,缴获六〇炮1门、轻机枪3挺、长短枪50多支。与此同时,各地武工队乘敌空虚,攻占了麻栗坡县城。12月6日,西畴县地方人民武装护乡大队也攻占了西畴县城。此时,滇东南指挥部第一大队在边境丛林休整。桂西靖镇工委书记梁家奉命率桂滇边部队第二支队一个大队200多人,从靖镇区到达边境丛林,与先期到该地的一个中队100多人会合,编为滇东南指挥部第二大队。两个大队共600多人。① 至此解放了麻栗坡县城、西畴县城以及马关三城。

第三捷:芹菜塘大捷。1948年12月中旬,敌第二十六

---

① 中共云南省委党史研究室著:《中共云南地方史》(第一卷),云南人民出版社2001年版,第445页;以及中共湛江市委党史研究室编:《铁旅征程》(99湛江准印字第057号),1999年9月印,第34页。

军五七八团3个营集结于西畴附近,企图向利用战斗空隙进行休整的前委所率队伍实行分进合击。前委决定采取诱敌深入的方针,由朱家璧率第七支队一部佯作向中越边境转移,以吸引敌人分兵突进;由庄田率领立功大队、独立大队、七支队一部于西县以南的芹菜塘山地设伏。12月14日中午,敌五七八团第三营500多人进入桂滇边主力部队预伏地域。在庄田的直接指挥下,参战部队勇猛投入战斗,利用有利地形协同作战,经过两个多小时的激烈战斗和政治攻势,敌伤亡惨重,全线崩溃,桂滇边主力部队仅以4人伤亡的代价,取得歼敌营长以下300多人的重大胜利,还缴获八二炮2门、六〇炮4门、重机枪2挺、轻机枪10挺、步枪300多支及大批弹药和骡马。此役,对打开滇东南的局面和前委率部顺利北渡盘江起到了重要作用。

第四捷:田蓬大捷。前委率部在开广地区连续作战取得多次重大胜利的同时,滇东南指挥部也积极主动向敌人发起进攻,并取得了一系列胜利。12月27日,滇东南指挥部沿边境一线分路出击,一路进攻田蓬。12月30日,田蓬守敌投降,俘敌近百,缴重机枪1挺、轻机枪3挺、步枪60多支;一路进攻董干。1949年1月,桂滇边主力部队进抵董干,守敌闻讯逃跑。尔后,两路部队会合进攻麻栗坡,第二次解放了该县县城。桂滇边主力部队乘胜挺进马关,在护乡一团的配合下,又克瓦渣。4日拂晓强攻马关,用炸药将坚固的城门攻破，击毙国民党县长以下10多人，俘城防常备队长以下100多人，缴获轻机枪1挺、步枪100多支，马关县城第二次被桂滇边主力部队解放。至此，在前委所率主力部队与滇东南指挥部所率部队及各县护乡团、民兵的密切配合下，打开了滇东南地区的新局面。

第五捷：广南大捷。桂滇边主力前委、滇东南指挥部两支部队相互策应的行动，予敌人重大的打击，迫使敌正规军全线溃退，撤离滇东南地区。这时，广南县守敌陷孤立境地，军心更加不稳。鉴于广南县位于盘江南岸，是联结盘江南北的交通枢纽，前委决定乘胜进攻广南县城，为渡过盘江、挺进罗平、建立中心根据地扫清障碍。在经过详细侦察和周密部署之后，独立大队、立功大队、第七支队各部及几个县的游击大队，于1948年12月30日拂晓分别向广南县城之敌发动进攻，经两小时的战斗，歼国民党广南县县长以下200人，缴获长短枪100多支。我军无一伤亡。战斗结束后，前委决定由朱家璧、黄景文率领立功大队第一连到邱北地区，打通弥泸西部与盘江西岸通道，把两岸游击根据地连成一片；由庄田、郑敦率领立功大队第二、第三连渡盘江东上，到罗平建立中心根据地，至此，解放了第四城：罗平县城。独立大队与唐才猷等率领的部队一起在滇东南坚持斗争，扩大人民武装队伍，巩固游击根据地。按照这一部署，庄田等经过周密调查、反复研究后，率队从猫街渡口顺利渡过盘江，于 1949 年 1 月 28 日到达罗盘地区，与该区人民武装第二支队会合，解放了第五城：广南县城。

第四节　领导扩大武装力量　　　　　建立人民民主政权

1949 年 1 月 1 日，在中国人民解放军取得辽沈、淮海、平津三大战役胜利的大好形势下，毛主席发表了新年献词，向全国发出"将革命进行到底"的号召，要求人民解放军向长江以南进军，解放全中国。中共中央指示南方各地党组织"在现有基础上求不断发展与歼敌，迎接解放大军南下"。在此大好形势下，桂滇黔边区的武装力量有必要进行整合与统一领导，组成更强大有力的钢铁长城。

一、中国人民解放军桂滇黔边纵队成立

中共中央香港分局书记方方就近一年来南方游击战的发展情况专门给毛主席去信做了详细汇报。方方在信中写道："一年以来，蒋区游击发展之迅速，说明群众斗争条件异常成熟。"并特别提及"在广西，自周楠主力团六百人挺

进活动后，也已增至三千余人。"① 方方在信中还向中央提出派五万大军入川、一万主力入滇、输送大批干部南下等建议。毛泽东对方方来信高度重视，就其所提诉求一一做了答复，指出，现在解放军主力正在长江流域集中歼灭国民党主力，正是为了将来快速解放南方各省奠定基础；关于派干部南下则很有必要，有关部门已经在认真研究。对下一阶段华南各地的发展，毛主席也做出"应依靠现有基础逐步发展准备迎接主力的到来"的重要指示。

鉴于粤赣湘、闽粤赣、桂滇黔边等地区的部队都已经发展到近万人的规模，掌握的区域也都有二三十个县之大，各地也都开始建立县政府，所以完全有必要成立人民解放军纵队司令部，以便于巩固政权和进一步领导人民发展武装斗争，为迎接解放大军南下积极做好准备。香港分局拟定了上述三个地区组建纵队的领导名单，并发报给中央请示批准。其中桂滇黔纵队司令员由庄田担任，朱家璧任副司令，周楠出任政委，郑敦为副政委。

1948年12月27日，中共中央决定将桂滇黔边的人民游击武装编入中国人民解放军序列，成立纵队，并对部队作战原则、发动群众、建党、建政等问题做出了重要指示，

---

① 中国人民解放军历史资料丛书编审委员会：《"方方关于一年来南方游击战发展情况致毛泽东电"解放战争时期敌远后方游击战争云贵川康地区》，解放军出版社2003年版，第103页。

同时要求香港分局和各级党委加强领导，要求游击部队在群众中生根，大力发展自己，以便在以后直接配合野战军解放西南。1949年1月1日，中国人民解放军总司令部发布命令，正式宣告成立中国人民解放军桂滇黔边区纵队：将周楠、庄田率领的桂滇黔边主力部队，与靖镇区，左江、右江地区，黔西南和滇东南等本地的游击部队合编为中国人

中国人民解放军桂滇黔边纵队政委周楠

民解放军桂滇黔边纵队（以下简称"边纵"），由庄田任司令员，周楠任政委，朱家璧任副司令员，郑敦任副政委，黄景文任参谋长，杨德华任政治部主任。下辖各支队由原桂滇边部队、云南人民讨蒋自救军第一纵队、广西左江指挥部、桂西人民解放军司令部和云南开广地区、弥泸区、罗盘区的游击部队编成。其中，滇东南指挥部第一、第二大队合编为纵队第一团，团长黄建涵，政委梁家；第七支队改编为第七团，团长孙太甲，政委陆琼辉。

桂滇黔边纵正式成立后，继续坚持武装斗争，积极发起春季攻势，并不断取得胜利，再一次沉重打击了国民党的统治。1949年1月1日，滇东南指挥部唐才猷、林杰等

率部解放田蓬，接着成立中共田蓬特支，并将田蓬一带组建的武装编为两个大队。2月5日，边纵盘北指挥部成功策动泸西县城防大队、自卫中队和县保商团宣布起义，至此泸西全县宣告解放。为加强泸西的防守，党组织充分发动群众，扩建人民武装，建立起10个大队，约1200人的武装。① 部队乘胜发展，先后解放弥勒、路南等县城。

1949年1月上旬，边纵第三支队在地方武装的配合下，再次解放罗平县。2月下旬，三支队又在师宗沙寨全歼国民党军一个加强连，并解放师宗县。边纵趁热打铁，兵锋直指黔西南地区，相继发动了兴仁鲁础营暴动、安龙龙广暴动；在盘县的鲁番歼灭贵州省保安团的一个加强营，粉碎了滇、桂、黔三省保安团的联合进攻。中共田蓬特支带领队伍又在3月初成功解放里达，自此，田蓬至富宁的道路得以打通。3月底，在桂滇边主力部队进攻下，敌丘北县县长彭立铨率队逃跑，丘北得以解放。②

据中共桂滇边工委前委总结，在1948年10月中旬到1949年3月这5个月的时间里，边纵各部队作战50多次，消灭敌军2万多人，缴获大批枪支弹药；同时还解放县城10座，解放区人口达60万，游击控制区人口也有50万；

---

① 中共云南省委党史研究室著：《中共云南地方史》（第一卷），云南人民出版社2001年版，第455页。
② 中国人民解放军历史资料丛书编审委员会：《解放战争时期敌远后方游击战争云贵川康地区》，解放军出版社2003年版，第24－25页。

主力部队人数也已经扩大了近10倍，游击队员加上各地民兵有3万人。滇东南20个县的反动政权基本上被摧毁，这些地区的人民县政权和乡村政权也在逐步建立起来。取得这一切胜利的原因主要在于贯彻落实了党中央、香港分局"大胆进军、到处点火"的指示，同时在滇工委的正确领导下全体指战员能够坚持立场和灵活运用策略。①

1949年4月28日，周楠在致华南分局的电报中将近期桂滇黔边纵队的发展状况做了详细汇报。周楠写道："桂滇边主力部队滇东南部队已发展至一万人以上，连县城一起解放的整个县份已有罗平、师宗、泸西、弥勒、路南、宣威等六个县，其余整个滇东地区所有各县除县城及一二据点外，亦均被解放，与滇东南已打成一片，总计边区兵力已超过两万人，解放了十五座县城（主要是滇东及滇东南），桂滇边主力部队在滇声势极大。"②

二、建立人民民主政权

中国人民解放军桂滇黔边纵队成立的目的在于建立人民民主政权，是"旨在解放各该地区人民群众，推翻帝国主义、封建势力、官僚资本主义独裁统治，配合全国人民

---

① 中国人民解放军历史资料丛书编审委员会：《解放战争时期敌远后方游击战争云贵川康地区》，解放军出版社2003年版，第161页。

② 中国人民解放军历史资料丛书编审委员会：《解放战争时期敌远后方游击战争云贵川康地区》，解放军出版社2003年版，第183页。

解放军为彻底解放全中国，建立新民主主义的新中国而奋斗"①。对于地方如何建立人民民主政权，中共中央对纵队有具体明确的指示，其主要政策如下：

一是集中火力打击反对人民及桂滇边主力部队的反动头子、地方恶霸、首要特务，并消灭其武装组织，联合与中立、不反对我们现行政策的地主、富农和一切可能联合与中立的社会力量。即使过去反对我们的人员，只要他决心改邪归正，我们将宽大处理。

二是反对"三征"及实行减租减息、生产合作、救荒救灾的社会政策。

三是以合理负担的原则决定财政政策。

四是凡一切遵守本军政策人士，其人权、财产均会给予保障。

根据中共中央的政策指示，周楠领导的桂滇边工委立即着手进行建党建政工作。至1949年5月，滇东南的8个县都建立了党的县委（或工委）和县政府（或筹办处）。麻栗坡由郑均任书记，李文亮任县长；广南由陆琼辉任书记兼县长；砚山由张鸿谋任书记兼县长，李芬任副县长；马关由唐森任书记，宋启华任县长，张仲梁任副县长；文山由安朗任县长；富宁于5月1日解放并成立筹办处，主

---

① 福建省档案馆、广东省档案馆：《闽粤赣边区革命历史档案汇编（1948.7—1949.9）》（第6辑），档案出版社1989年版，第70页。

任李兴，副主任麦先培；邱北由马应明任书记兼县长，刘振江任副书记；西畴由郭芳任书记，董英任县长。与此同时，还在部队和地方群众组织中积极慎重地开展发展党员团员的工作。

1948年底，辽沈战役结束后，国民党军总兵力下降到290万人，解放军总兵力上升至300万人。国共双方的正负位置已经颠倒过来了。毛泽东主席信心十足地说："这样，我们原来预计的战争进程，大为缩短。""现在看来，只要从现在起，再有一年左右的时间，就可能将国民党反动政府从根本上打倒了。"① 人民解放军的伟大胜利也激励着在华南敌后坚持抗争的各个部队，各种形势已经越来越有利于共产党领导的人民战争。结合这些形势，周楠、庄田等就桂滇边部队的活动情况向香港分局做了汇报。周楠说道："目前我们的中心是大量发展军队（民兵基干中队、地方部队、扩大主力），继续找寻敌主力，放手发动农民，组织民团，清算、诉苦，分地主奸霸土地、粮食等。"② 周楠等为了扩大和巩固靖镇根据地开展了多项工作。如召集群众大会，对地主恶霸等进行公审枪决；组织农会和建立民兵乡村政权，发展贫雇农积极分子充实组织力量；在干部中审

---

① 吴家萃主编：《中共党史纵横谈》，贵州人民出版社2001年版，第152页。
② 中国人民解放军历史资料丛书编审委员会：《"周楠、庄田关于桂滇边部队活动致方方、尹林平电"解放战争时期敌远后方游击战争云贵川康地区》，解放军出版社2003年版，第117页。

查思想，纠正丧失立场的倾向，同时把农民翻身运动和反特务斗争结合起来。

随着滇桂黔边根据地的不断扩大和各县乡人民政权的逐步建立，边纵此时却因队伍的壮大以及进一步战略任务的需要，经费方面面临着极大困难。中央在1948年12月提出的关于南方游击队仍应继续采取农村包围城市的方针中指出："对农村政策应该极为谨慎，可从抗粮抗丁逐渐过渡到减租减息，不可急躁。为保证供给，可实行合理负担，适当地征收公粮及工商业税（市集城镇），但征收面不宜太广，亦不宜过重，且工商应有区别。"① 边纵在充分遵守中央方针的前提下，结合当地实际，在1949年4月15日正式贴出布告，由边区军政人民政府负责担保发行革命公债券，以应急需。并鼓励桂、滇、黔三省人民父老同胞能够踊跃认购，多多益善，规定待三省完全解放后，按照当时市价完全付还。②

此时的香港分局已于1949年2月经中央决定改称"中共中央华南分局"，继续统一领导华南各地工作。4月1日，华南分局就庄田、周楠等在滇东南地区取得的可喜成

---

① 中国人民解放军历史资料丛书编审委员会：《解放战争时期敌远后方游击战争云贵川康地区》，解放军出版社2003年版，第119页。

② 中国人民解放军历史资料丛书编审委员会：《解放战争时期敌远后方游击战争云贵川康地区》，解放军出版社2003年版，第178页。

绩发来贺电："滇东南春季攻势连下十余城，获得辉煌战果。尚望再接再厉，迅速打下巩固的下层基础，有步骤地向前发展，为完成滇桂黔边的解放而斗争。"①

三、推动对国民党云南省主席卢汉的统战工作

1949年3月，中国共产党七届二中全会提出了"今后解决残余的100多万国民党军队的方式，不外天津、北平、绥远三种"的战略方针。②按照七届二中全会精神，中共云南省工委放手发动群众，大力开展武装斗争，发展游击根据地；同时，中共昆明地下党组织大量秘密翻印散发中央文告，以地方实力派为主要对象，发起广泛的政治攻势，并深入发动群众，促进城市爱国民主运动以新的形式和规模发展，以配合野战大军的胜利进军，积极争取以"绥远方式"解放云南。

1949年4月，国民党云南省主席卢汉再次派宋一痕为代表到中共中央华南分局联系，同时又派人携带自己的亲笔信与抗日战争时期曾在滇军中从事军事统战工作的滇桂

---

① 中国人民解放军历史资料丛书编审委员会：《解放战争时期敌远后方游击战争云贵川康地区》，解放军出版社2003年版，第165页。

② 冯怀璧等主编：《中国共产党历史讲义》，天津人民出版社1983年版，第229页。

黔边纵队副司令员朱家璧联系。① 当时边纵领导庄田、郑敦等已初步同意卢汉的起义，并将此事汇报给工委书记周楠。为了适应云南全省急速变化的新形势，布置向黔南及桂西右江发展，以及妥善处理卢汉的问题和加强对前委的领导，周楠决定率领工委从滇东南前往滇东，并组织指挥部，率领三个主力团前往，和滇东主力结合，向昆明方向前进，届时取消前委，实行统一领导。②

四、中共云南省工委、桂滇边工委合并扩大会议

中国人民解放军通过相继发起三大战役、渡江战役等大决战，以摧枯拉朽之势消灭了国民党军的精锐主力。毛泽东本着"宜将剩勇追穷寇，不可沽名学霸王"的革命精神，不失时机地下达了"将革命进行到底"以及"解放全中国"的作战命令。

1949年5月，解放大军向中南地区挺进。党中央针对仍在垂死挣扎的蒋介石组织的所谓"湘粤防线""西南防

---

① 中共云南省委党史研究室著：《中共云南地方史》（第一卷），云南人民出版社2001年版，第600页。

② 中国人民解放军历史资料丛书编审委员会：《解放战争时期敌远后方游击战争云贵川康地区》，解放军出版社2003年版，第183页。

线",向这些地区的党组织和作战队伍发出指示,要求战斗在敌后的游击部队,采取游击战与运动战相结合的方式积极歼敌,粉碎蒋军防线,有计划地配合野战军向中南、西南进军。为适应这一新的战略部署,云南地区分散的部队必须实行统一领导、统一指挥、统一行动。

这一时期在云南境内,党领导下的游击队已发展到3万多人(主力部队),地方护乡团、游击队和民兵已有十几万人,游击战争遍及全省90多个县(当时全省共110个县)。滇池边的昆阳、昆明郊区的安宁、昆明近郊的大板桥等地都有游击队活动。①云南全省大大小小各根据地正日益巩固,有条件的地区还发动群众减租减息,推行土地改革。云南已基本形成农村包围城市的局面,就连国民党省政府委派的70多名县长,慑于桂滇边主力部队的威势,竟无一人敢到任所就职,抑或是该县已被桂滇边主力部队解放而无法到任。按照毛主席、中央军委的战略部署,解放大军将直指云南,而蒋介石于此时却妄图以云南横断山脉地区为其最后挣扎负隅顽抗的反共基地。此时云南敌后游击队的任务,是迎接解放军野战部队人员,配合野战部队围歼在云南的残敌。为此,党中央决定将桂滇边工委与云南省

---

① 中国人民政治协商会议云南省昆明市委员会编:《昆明文史资料集萃》(第三卷),云南科技出版社2009年版,第1831页。

工委合并，成立中共滇桂黔边区党委，统一领导滇桂黔边区的斗争。①

6月上旬，周楠率边纵第一支队、开广指挥部第八团分两路北渡盘江到达云南省罗平地区，与前委会合。在罗平县羊者窝召开团以上干部会议，总结前委工作，提出"重点巩固，全面发展，向敌人力量空虚的地方发展，巩固根据地"的要求，罗盘区的工作重心转移到黔桂境内的南北盘江流域。②庄田、朱家璧等率罗盘支队第二十一团、二十二团，分别于南盘江以南的张口洞、阿金者、洒背笼，抗击国民党军第二十六军一部和广西、贵州保安团各一部对云南省罗盘区实施的联合"围剿"。历时近半月，毙、俘敌270多人，击破"围剿"。③

由于此时解放大军即将南下解放广东，所以敌人逃到桂滇黔边的可能性很大，鉴于这种情况，云南地区武装力量的任务就不能仅仅局限于解放云南一省，还必须考虑到敌人西撤时如何能够将其一举消灭，使之无法与盘踞在越南的法帝国主义和反动派力量勾结。所以首先要以最大的

---

① 中共云南省委党史研究室编：《朱家璧纪念文集》，云南人民出版社2010年版，第12页。

② 中共文山州委党史研究室著：《中国共产党文山壮族苗族自治州历史》（第一卷），云南人民出版社2007年版，第230页。

③ 侯兴福编著：《滇云风雷中国共产党领导的云南人民武装斗争》，云南人民出版社1995年版，第111—112页。

力量将滇南、滇东南等地打成一片,将党、政、军、民所有工作全部做好,使之成为牢不可破的根据地;同时要扩大战果,波浪式地发展,建立起包括到滇西南、越南、缅甸的整个边界广大占领区。

为执行中央关于统一领导的指示,1949年7月6日,华南分局、桂滇黔边委、滇工委相关领导人林李明、周楠、郑敦等在云南省砚山县阿猛镇主持召开中共云南省工委、桂滇边工委合并扩大会议筹备会议,历时8天,于15日举行正式会议。① 但是,其间因受到战争的影响,领导机关渡过盘江抵达北岸地区,会议直到8月21日才结束,一共历时15天。这次重要会议正式宣布滇桂黔边区党委②成立,按照中央指定由林李明任区党委书记,周楠、吴华任副书记。同时还决定,云南全省的人民武装和桂黔边境的游击队,统一组编为中国人民解放军滇桂黔边纵队。并指定由庄田、朱家璧分别担任正副司令员,郑敦任副政委,参谋长黄景文,政治部主任张子斋。③

---

① 中共泸西县委党史研究室编:《中共泸西地方史》,德宏民族出版社2009年版,第119页。

② 此称号通常叫"滇桂黔边区党委"。根据中共云南省委党史研究室著:《中共云南地方史》(第一卷),云南人民出版社2001年版,第522页;以及中共广东省委组织部、中共广东省委党史研究室、广东省档案馆合编:《中国共产党广东省组织史资料》(上册),中共党史出版社1994年版,第387页。

③ 中国人民解放军历史资料丛书编审委员会:《解放战争时期敌远后方游击战争云贵川康地区》,解放军出版社2003年版,第269页。

会议就如何全面发展武装力量、重点巩固政权以配合南下大军解放华南制定了总方针：放手发动群众，展开游击战争，打下农村基础，以农村包围城市，提高主力实力；巩固与扩大解放区，坚决消灭与狙击残敌，以配合南下大军解放全境。全云南的具体斗争方针是：集中力量，迅速把滇东南和滇西南打成一片；滇西和滇东北地区则放手大搞，打下初步基础；在滇中、滇北积极发展；在昆明加紧地下党活动，加强联系群众，准备接收工作；桂西地区也要放手发展，黔南则以小部队或武工队活动。总而言之，在半年内要完成四五十县地区的解放。

1949年8月1日，中共中央在致华南分局的电报中介绍了关于进军大西南的明确部署。中央将成立西南局，以邓小平为书记，刘伯承、贺龙为副书记，管辖云、贵、川、康四省及第二野战军全部和第一野战军的一部分共计60万人，全权负责大西南的解放，并预计在今年（1949年）冬季可占领以上四省全部要地。二野陈赓兵团三个军首先协助邓华兵团进军广东省，解放广东全境；然后进入广西协助第四野战军五个军解决负隅顽抗的白崇禧部，在进入广西作战的同时，华南分局以广东的财力、物力及干部协调解决广西问题。最后进入云南，促使云南解放。①

华南分局也就这一阶段云南武装斗争所取得的成绩对周楠等表示充分肯定。分局认为在大家的努力下，整个云南的武装力量发展以及党群的组织工作等都卓有成效，为解放华南、大西南奠定了强大的武装力量和牢固的群众基础。为了充实华南分局的领导力量，加强分局对桂滇黔边具体情况的指导，经华南分局领导研究决定调周楠到分局工作，其纵队政委一职则交由边区党委书记林李明兼任。②

---

① 吴得民主编：《邓小平主政大西南》，光明日报出版社2012年版，第4－5页。

② 政协广东省中山市委员会文史委员会编：《中山文史（总第23辑）：庆祝中国共产党成立七十周年》，1991年7月印，第178页。

第六章 开展广东省社会主义法制建设

1949年8月后,周楠由滇桂黔边区调到中共中央华南分局工作。不久新中国诞生,百业待兴,周楠接受党组织的安排,转任广东省人民法院院长,开展广东省社会主义法制建设。

第一节　领导广东省全省法院组织体系建设

1950年2月1日,广东省人民法院成立。1952年至1957年,周楠任广东省人民法院院长,是新中国诞生后广东省人民法院首任正职院长,为广东省法院系统的组织建设、法制建设等做出了开创性的历史贡献。

一、中华人民共和国成立之初的广东省法院系统

1949年2月,发布《中共中央关于废除国民党的〈六法全书〉与确定解放区的司法原则的指示》,对新民主主义革命时期的司法建设和刑事诉讼经验做了总结,为中华人民共和国成立后的司法改革和刑事诉讼制度建设指明了方向。1949年9月,中国人民政治协商会议颁布具有临时宪法性质的《中国人民政治协商会议共同纲领》和《中华人民共和国中央人民政府组织法》,奠定了新中国的法制基

石。1950年5月，广东全境解放。广东全省的城市接管工作逐渐开展，并随着工作的推进而日益正规化。1950年2月1日，广东省人民法院成立，吴仲禧任代院长。

1950年7月26日至8月11日，第一届全国司法工作会议在北京召开。会议主题是以《中国人民政治协商会议共同纲领》第十七条"废除国民党反动政府一切压迫人民的法律、法令和司法制度，制定保护人民的法律、法令，建立人民司法制度"为依据，统一对人民司法工作方针、政策、任务与制度的认识。讨论人民司法工作中目前亟待解决而又可能求得解决的问题。明确人民法院的任务是保护中华人民共和国国家的权益和每个公民的权益，保护新民主主义的政治制度、经济制度、文化制度和社会秩序的安定，保护国有企业、公有企业、社会团体等权益。这种任务的实现，是要用它自己的特殊方式——审判方式，惩罚犯罪并预防犯罪，解决纠纷并预防纠纷，使革命秩序日趋良好，社会关系日益正常，以达到巩固人民民主专政，保障并促进新民主主义社会的顺利发展，变农业国为工业国。第一届全国司法工作会议过程中还听取了刘少奇副主席、朱德副主席、周恩来总理、董必武副总理、彭真副主任的讲话及苏联专家关于苏联司法经验的介绍报告。还有一些新法规草案，提经会议讨论并提供意见，为全国法院建设指明了基本方向。

由于全国处在解放初期，战争尚未完全结束。因此，直到1951年9月以前，新中国的人民法院机构设置还没有全国的统一规定，法院系统处于初创时期，导致当时各级人民法院机构设置并不统一。广东省内，各地人民法院的组建正在逐渐建设完善。到1951年上半年，广东全省共已建立102个人民法院，其中在广东省省会广州市建立省人民法院一个，在兴梅、北江、潮汕、东江、珠江、粤中、高雷7个专署和海南行署建立了8个省人民法院分院；在汕头、湛江、海口3个省辖市建立3个人民法院（广州市当时为中央直辖市，广州市法院由最高人民法院中南分院管辖，不归广东省管辖），在南海等90个县立了县人民法院。只有西江专署，佛山、江门、韶关三市，怀集、南澳、连南、保亭、白沙等县当时未建立人民法院。[①] 当时广东省人民法院自身组织机构也比较简单，先是吴仲禧任副院长，之后改任代院长，一直没有正院长。法院审判人员也大都是国民党时期的旧法院留任人员。

二、领导广东省人民法院系统的体制建设

1951年9月，中央人民政府委员会第十二次会议通过《中华人民共和国人民法院暂行组织条例》（简称《组织条

---

① 档案原始材料为广东省高级人民法院编《广东省高级人民法院大事记》。

例》）并公布施行。根据《组织条例》，中华人民共和国设县级、省级、最高三级人民法院。县级人民法院由院长、副院长及若干名审判员组成，案件多的县可以设刑事、民事审判庭。省级人民法院设刑事、民事审判庭，根据需要可以设分院。由此，广东法院组织系统开始按照国家法律的规定进行设置和调整，全省法院体制趋于统一。在这个新的历史形势下，1952年初，周楠出任广东省人民法院院长。因之前广东省法院只有副院长和代院长，没有正院长到职，故此周楠是正式出任广东省人民法院的第一任正院长。周楠上任后，认真履行法院院长职责，积极开展全省法院各方面的工作。

（一）组织进行省法院的司法改革运动

1952年7月，全国开展司法改革运动。这次运动是新中国首次司法改革运动。中华人民共和国成立初期，由于中华人民共和国成立后对国民党政府工作人员实行"包下来"的政策，全国各地尤其是新解放区在组建人民法院时都接收了旧司法人员。到1952年初，全国各级人民法院旧司法人员占总数的22%，大部分负责审判，而大中城市及省级以上人民法院的审判人员中，旧司法人员更是占了多数。在工作中，旧司法人员暴露了许多严重问题，部分人在中华人民共和国成立前担任过反动要职，有些还参与了镇压革命、残害人民的活动；部分人在留用后继续贪赃枉法、徇私舞弊；很多旧司法人员存在严重的旧法思想和旧司法作风，在处理案件中没有革命立场和群众观点，敌我不分，按旧法办案，作风拖拉，给群众造成了重大损失。此外，还有部分法院负责干部腐化堕落，违法乱纪，侵犯群众利益。这些问题都表明：当时作为人民民主专政机关的人民法院存在着政治上、组织上和思想上的严重不纯。针对上述情况，中共中央对整顿司法机关、惩治违法乱纪分子做了原则指示，要求各地"分批分期地展开斗争，改造和整顿所有的法院，同时调集和训练新的司法工作人员"。在此以后，中共中央又多次发出指示，强调指出"司法改革绝不仅是司法机关内部的人事调整，而是一场肃清国民党反动的旧法思想和旧司法作风的政治斗争与思想斗争"。1952年10月，广东省人民政府召开广东省司法改革会议。广东省人民政府副主席方方、古大存、李章达在大会上做了报告。大会宣布省、市司法改革运动正式开始。该次会议开的时间很长，从10月10日一直开到12月18日结束，历时70天。① 周楠作为时任广东省人民法院院长，全程参加了这次会议。

会议结束后，周楠领导广东省人民法院全体工作人员积极参加司法改革运动。运动基本过程是：首先学习《中

---

① 档案原始材料为广东省高级人民法院编《广东省高级人民法院大事记》。

共中央关于废除国民党〈六法全书〉与确定解放区的司法原则的指示》和1951年11月3日政务院《关于加强人民司法工作的指示》以及1952年8月政务院通过的《关于彻底改造和整顿各级人民法院的报告》等文件，武装头脑；然后在法院内部开展批判旧法观点和旧司法作风的活动；最后进行组织整顿，对法院进行组织建设、思想建设、制度建设和作风建设。周楠组织法院人员用马列主义、毛泽东思想的国家观、法律观武装头脑，认真查找工作中存在的旧法思想和旧司法作风，并对这些表现展开检查批判，清算了"法律是超阶段、超政治"的、"办案是单纯技术工作"等在当时颇为流行的一系列错误思想，为法院工作人员在思想认识上划清了新旧法律和新旧司法作风的界限，为后续开展法院司法改革打下了良好的政治思想基础。在思想整顿的基础上，周楠领导全院认真地进行组织整顿。按照中央的区别对待政策，对属于反革命分子、贪污分子和其他犯罪分子的人员予以法办；对属于旧法观点和旧司法作风严重、不适宜做人民司法工作的人员则调离人民法院，另行分配其他工作；对改造后确有进步的旧司法人员仍继续留用。与此同时，按照上级组织程序选调政治素质好的老干部和在土改、镇反、"三反五反"中表现突出的人民法庭干部以及在各项群众运动积极分子中选拔优秀分子充实法院机构。1953年2月，全国性司法改革运动基本结束,社会主义人民司法理念基本确立。在整个司法改革运动期间,周楠认真贯彻执行党中央指示精神,严格执行党的政策,遵照上级指示领导广东省人民法院进行司法改革运动,为广东省人民法院通过司法改革运动实现纯洁组织、提高思想和划清新旧法律思想界限的政治目标方面做了很好的工作。

(二) 贯彻落实全国第二届司法工作会议决议

1953年4月,政务院政治法律委员会召开第二届全国司法会议。5月,政务院批准了《全国第二届司法会议决议》(以下简称《决议》)。①《决议》指出司法工作的中心任务,是继续同敌人的暗害破坏行为及其他一切违犯国家法令和危害人民群众利益的行为进行坚决的斗争,以进一步巩固人民民主专政;应该是从司法方面保障国家经济建设工作和全国及地方各级人民代表大会选举工作的顺利进行;应该是积极清理和逐步减少积压的案件,认真检查和处理过去一个时期各级人民法院错捕、错押、错判的案件。同时,还应在上述工作过程中,有计划地调配和训练一批有工作经验和文化水平的干部,充实各级人民法院的组织;从不断检查和总结工作中,建立与健全各种制度,改变官

---

① 《第二届全国司法会议决议》,载中国国情网(http://www.china.com.cn/guoqing/2012-09/05/content_26746425.htm)。

僚主义和粗枝大叶的作风,继续肃清旧法观点和旧司法作风的残余;从理论、政策和业务学习中提高司法工作人员的理论、政策和业务水平及工作效率。

根据全国第二届司法会议的决议,广东省在当年7月13日至22日召开广东省第二次司法工作会议。周楠代表广东省人民法院参加了会议,在会议上做了《为贯彻第二届全国司法会议决议而奋斗》的报告,报告被收入会议文件。周楠的报告遵照全国第二届司法会议决议精神,指出司法工作的思想性、政治性很强,必须坚持党的领导、群众路线和实事求是的作风,并且对广东省法院系统现存的若干问题做了具体分析,提出了贯彻落实《决议》的具体步骤和办法。

(三) 指导组建全省各地人民调解委员会

1954年3月22日,中央人民政府政务院颁布实施《人民调解委员会暂行组织通则》。同年5月6日,周楠即领导广东省人民法院与广东省民政厅联合发出《关于建立人民调解委员会的通知》,[①] 要求县、市人民法院协同区、乡人民政府,有组织、有计划、有重点地通过普选运动建立调解委员会。农村以乡为单位建立调解委员会,委员由乡人民代表大会选举产生,城市以派出所辖区或街道为单位建

---

① 档案原始材料为广东省高级人民法院编《广东省高级人民法院大事记》。

立调解委员会，委员由居民代表选举产生。这是周楠领导广东省人民法院贯彻执行《全国第二届司法工作会议决议》和《人民调解委员会暂行组织通则》的一项重要工作。根据上述国家法律法规，新中国的人民调解委员会开始进入规范化阶段。而在国民党时代的旧法统已经摧毁、新民主主义的新法制体系尚未健全的历史条件下，人民调解委员会对于社会各领域的纠纷尤其是日常生活中的民间矛盾纠纷的解决，能起到至关重要的作用。当时法院系统在法律规范前提下践行了国家司法机构服务于阶级斗争需要和巩固革命成果的要求。通常情况下，民事领域的人民调解委员会处理的案件往往是人民法院处理案件的数十倍。在这种状况下，周楠领导广东省法院系统对人民调解委员会的建立、运行和改进完善等工作都付出了很多劳动，做出了卓越的贡献。

（四）组织全省法院贯彻落实《宪法》和《人民法院组织法》

1954年8月，广东省第一届人民代表大会第一次会议在广州召开。同年9月，第一届全国人民代表大会第一次会议通过《中华人民共和国宪法》（以下简称《宪法》）和《中华人民共和国人民法院组织法》（以下简称《人民法院组织法》）并颁布实施。11月8日，广东省人民法院向全省各级人民法院发出《关于进一步学习宪法和法院组织法的通知》（以下简称《通知》）。① 这个《通知》对于全省法院树立宪法的法律观念和规范化法院组织具有重要作用。新中国法院建设也是从这个时候开始，迈入了依法正规化建设法院的时期。广东省法院系统也从这个时候开始，在贯彻执行《人民法院组织法》和推行法院依法建设等一系列组织人员建设方面，开始走上法治化和正规化建设的历程。

1955年1月31日至2月5日，广东省一届人大第二次会议在广州召开。会议传达第一届全国人民代表大会第一次会议的精神。决定广东省人民政府改为广东省人民委员会；选举陶铸为广东省省长，古大存、冯白驹、贺希明、文敏生、陈汝棠、丘哲、尹林平为副省长；根据1954年的《人民法院组织法》规定，原广东省人民法院改为广东省高级人民法院，并选举周楠为广东省高级人民法院院长。原广东省人民法院各分院根据法律规定均予撤销。原由最高人民法院中南分院管辖的广州市人民法院也改划归广东省管辖，纳入广东省法院系统。在此时期，广东省法院系统先后在广州市和粤东、粤西、粤北、粤中、海南、海南黎族苗族自治州建立了7个中级人民法院。原各县、市人民法院作为基层人民法院，名称不变，根据需要可派出若干

---

① 档案原始材料为广东省高级人民法院编《广东省高级人民法院大事记》。

人民法庭。1955年，合浦由广西划归广东，随即设立了中级人民法院。1956年，粤东、粤西、粤北和粤中4个行政区撤销，改设汕头、惠阳、佛山、韶关、高要、湛江6个专区，也都分别设立了中级人民法院。① 在广东省全省组建和存废各级法院的过程中，周楠领导省高级人民法院对全省法院体制调整和行政管理及审判业务等方面均实行法律上的监督和业务指导，为广东全省法院的早期组织建设和审判工作付出了大量心血，做了大量开创性的工作。

1955年1月10日至2月2日，广东省高级人民法院在广州市召开全省各级人民法院院长及主要干部共325人参加的司法座谈会。周楠在会上做了讲话。这次会议主要学习贯彻1954年11月司法部组织的全国司法座谈会精神和魏文伯副部长"对于《中华人民共和国人民法院组织法》基本问题的认识"的发言，并且结合广东法院系统的实际情况，具体研究落实《人民法院组织法》在广东省法院系统的各项部署和制度安排，以及研究相关问题和具体工作。周楠对这次会议很重视，亲自参加并主持了会议讨论。这次会议对于广东省法院系统贯彻落实《人民法院组织法》和正确开展相关工作起到了重要的指导作用。

---

① 档案原始材料为广东省高级人民法院编《广东省高级人民法院大事记》。

(五)总结中华人民共和国成立五年来全省法院工作,第一次向省人民代表大会做工作报告

1955年1月31日至2月5日,广东省第一届第二次人民代表大会在广州召开。这是继《宪法》实施后广东省召开的第一次全省人民代表大会。周楠代表省高级人民法院向大会做《广东省高级人民法院一九五四年工作报告》[①](以下简称《报告》)。这个《报告》也是广东省高级人民法院向广东省人民代表大会做的第一个工作报告。

在《报告》中,周楠首先简单总结了1950年到1954年这5年来广东省的司法工作,认为这些工作都是同国家的政治任务和本省各个时期的中心工作紧密结合的。在5年中,全省各级法院办理了民、刑案件36.3万余件,严厉地打击了敌人,制裁了犯罪分子;解决了人民内部的纠纷,保护了人民,保障了各项运动和各项中心工作的顺利完成;尤其经过司法改革以后,各级人民法院基本上纯洁了组织,干部思想有了很大的提高,基本上划清了新旧法律的思想界限,从而使全省司法工作得到了进一步的开展。

周楠接着向大会详细汇报,指出1954年广东省各级人民法院的工作,是在过去已获得了进展的基础上,围绕着

---

① 档案原始材料为周楠:《广东省高级人民法院一九五四年工作报告》,广东省高级人民法院存。

保障国家的社会主义建设与社会主义改造事业的顺利进行和紧密地配合着党和政府每一个时期的中心任务来进行的。在总的方面，1954年全年全省各级人民法院在认真贯彻司法工作为国家总任务服务的方针下，执行了"镇压反动，保护人民，惩罚犯罪，保护善良"的任务。继续贯彻了第二届全国司法会议决议，取得了相当成绩。据全省105个法院1月至11月统计，受理刑事、民事案件共79466件（刑事32865件、民事46601件，普选法庭受理的案件不包括在内），其中，结案78513件。并通过案件审判活动对群众展开广泛的法纪宣传教育工作。与此同时，全省法院又进行组织制度建设，逐步健全机构，加强对法院干部的培养教育。

在具体工作方面，主要是：

1. 镇压反革命分子，惩治破坏社会公共秩序的刑事罪犯，以保卫人民民主制度。维护公共秩序，保护公民的权利和合法利益。现在全国人民正在用一切力量进行国家工业化建设和准备解放我国神圣领土台湾，粉碎美蒋条约。由于广东省地处国防前线，毗邻港澳，对支援收复台湾担负更重大的任务。因此，加强对敌斗争，打击美蒋的特务派遣活动，镇压国内潜伏的残余反革命分子的破坏活动，保障国家工业化建设，支援收复台湾就成为人民法院工作的首要任务。据全省105个法院1月至11月（1954年）统计，共受理反革命案件3686宗，其中有的是美蒋匪帮由海外派遣或空投潜入的特务间谍案件，有的是潜伏的残余匪特破坏活动案件。对这些坚决与人民为敌的反革命分子，人民法院都给予严厉的镇压。同时，对于侵害公民权益的犯罪分子也依法给予制裁。据全省105个法院1月至11月（1954年）统计，共受理抢劫、强奸、盗窃人民财产、违法乱纪、虐杀妇女等刑事案件共20324件，有效地维护了社会公共秩序，保护了公民的权利和合法利益，从而也就保障了生产建设和其他各项工作的开展。

2. 保护国家经济建设、公共财产，同贪污、盗窃、损害公共财产、破坏经济建设的犯罪分子做斗争。我国经济建设和社会主义改造事业的目标是要把我国建设成一个伟大的社会主义国家。我国的公共财产是全人民劳动的成果，是进行社会主义建设的物质基础，是不断提高人民物质和文化生活的源泉。一切破坏国家经济建设、扰乱社会经济秩序和盗窃损坏公共财产的非法行为，都必然会受到法律的制裁。据全省105个法院1月至11月（1954年）统计，受理破坏国家经济建设和社会主义改造事业的案件以及贪污、盗窃案件共8727件（按案件的性质可分为反革命分子的暗害破坏，不法资产阶级分子的各种违法罪行，国家机关、企业工作人员的贪污、盗窃和因怠工失职而造成的重大责任事故等)。对于这些案件，全省各级人民法院均做了严肃和慎重的处理，对保障国家经济建设和护保护公共财产不受侵犯，起了一定的作用。

保障以互助合作为中心的农业生产运动的顺利开展，是全省法院（特别是基础法院）在第一个五年经济建设计划时期内的中心任务。一年来，全省各级人民法院抓紧处理了破坏互助合作案件，及时打击了反革命分子、不法地主分子、不法富农及其他犯罪分子的破坏活动，处理了一批盗取农作物，破坏抗旱除虫以及溢宰耕牛，破坏先进耕作技术和山村水利等直接危害农业生产案件。据全省105个法院1月至11月（1954年）统计，共处理这类案件1453件，维护了农村的社会秩序，鼓舞了人民群众的生产积极性。同时，还调解了与生产有直接关系的群众纠纷，如山林水利纠纷和互助合作组织内部的纠纷等事件。据全省105个法院1月至11月（1954年）统计，共处理这类案件1153件，大大地加强了人民内部的团结，保障了农业生产和互助合作运动顺利地进行。

在保障工业生产和交通、运输事业方面也发挥了一定作用。1954年3月筹设广州铁路沿线专门法院，现已开始工作。在工矿企业地区，当地法院派出了巡回法庭深入工厂、矿山和垦殖场了解情况。仅据 11 个县法院统计，共处理垦殖场内贪污、破坏、盗窃、违法乱纪等案件 139 件。

在保障私营工商业的社会主义改造方面，对少数严重违法的资本家破坏合同、偷税漏税、抽走资金、投机倒把、危害国家经济建设的非法行为，各地法院也按照国家的政策法令予以处理。为了对公私经济合同实行法律监督，防止与减少违反合同事件发生，在全省 28 个较大的县、市法院开展公证工作，共受理公证事件 1242 件。

3. 密切地配合党和政府每一个时期的中心工作，并保障各项中心工作的顺利开展。各级人民法院在粮食统购统销、夏征夏购、秋征秋购期间，均以保障上述活动的顺利开展作为自己的中心工作。在当地党委和政府的领导下，订出计划，加强巡回法庭力量，与有关部门密切配合，抓紧处理了破坏粮食政策法令的案件，保障了粮食统购统销政策的贯彻执行，并选择典型案件进行公开宣判，扩大影响，教育群众。普选期间，各地法院均及时派出普选人民法庭。据 94 个县市法院统计，共派出普选法庭 732 个，在与选举委员会通力合作和陪审员、群众中的积极分子共同努力下，及时处理了有关普选案件。据本省 93 个县市统计，共处理破坏普选案件 919 件；又据 91 个县市统计，处理有关选民资格纠纷 37501 件。并举行过宣判大会 1359

次，直接受到宣传教育的群众，据94个县市统计约55万人，从而有效地保障了基层选举工作的顺利进行，保障了人民的民主权利，维护了选举权的庄严性，并对群众进行了一次深刻的政治教育。

4. 妥善解决群众纠纷，增强人民内部的团结。据本省105个法院1月至11月（1954年）统计，共受理民事纠纷（如继承、债务、房屋、婚姻等）共46601件。在处理这类案件时，贯彻民主团结、发展生产、说服教育的方针，并尽量使用巡回就审方式，便利群众，使其不影响生产。如在处理婚姻纠纷时，一般都能在贯彻婚姻法的精神下采用案外调解，通过下户谈心、开家庭会议、耐心说服等方式改善旧的家庭关系，使之成为民主和睦的新家庭；对极少数因关系过于恶劣、调解无效、坚决要求离婚者，法院亦予以支持。这些纠纷得以妥善解决，从而加强了人民内部团结，推动了生产的发展。

5. 通过审判活动，向群众进行广泛的守法教育。人民法院通过审判活动来教育公民忠于祖国、自觉地遵守法律，以减少和预防犯罪或纠纷是其主要任务之一。全省各级人民法院在日常工作中，经常选择有教育意义的典型案件或与政府中心任务有密切关系的案件，举行宣判大会，动员群众参加，组织群众讨论。这是各地法院开展法纪宣传的主要形式，也是富有现实意义和具体生动的宣传方法，深得群众欢迎。据53个法院的不完全统计，共举行过宣判大会2440次，受到宣传教育的群众260多万人。粤西分院在阳江、台山等地巡回宣判偷渡入境的何葵等特务一案，受教育群众达32万人，大大提高了沿海居民的革命警惕性。阳江闸坡镇渔民张添说："以后再通到（发现）可疑的船只，一定要马上回去报告，不让敌人漏网。"此外，还通过报纸、黑板报等进行文字宣传，报道司法工作动态，揭发罪犯的犯罪行为，为群众介绍具体案件和讲清政策。

巡回法庭、人民接待室、人民陪审员及民间调解组织，在日常活动中，也都开始注重对群众进行法纪宣传工作。

（六）进行各种组织制度建设，逐步健全人民民主法制

为了从制度上保证贯彻审判活动中的群众路线和民主原则，进行了以下组织建设和制度建设。[①]

1. 建立巡回法庭。为便利群众，及时处理案件，全省各县、市法院共建立了巡回法庭243个、审判站527个，便利群众投诉和应讯，大大地节省了群众的人力、财力和

[①] 档案原始材料为周楠：《广东省高级人民法院1954年工作报告》，由广东省高级人民法院保存。

时间，且能及时地配合中心任务，惩罚犯罪分子和解决群众的讼累。群众说："土改时人民法庭给我们撑腰，打垮了地主阶级，现在搞生产又来了巡回法庭给我们解决纠纷。毛主席真是想得周到。"

2. 推行人民陪审员制度。人民陪审员制度是吸引群众管理国家事务的一项国家制度。据93个县、市统计，已在3009个乡、街选出了固定陪审员7621人和临时陪审员1775人，参加了案件审判。一方面，由于人民审判员是从群众中来，因而群众能深刻体会到人民当家做主的意义，积极支持人民法院的工作；另一方面，由于人民陪审员熟悉群众事情，既能广泛反映群众意见和要求，又能向群众进行法纪宣传教育，从而加深了人民法院与人民群众的密切关系，同时增加了法院办案力量，提高了办案的效率。

3. 建立调解委员会。据96个县、市统计，由1954年6月至12月共建立调解委员会7250个，共有调解委员47919人，并且他们先后都经过学习和训练。据对1546个调解委员会的统计，自成立以来，共调解了群众纠纷事件24896件。群众极为欢迎，街乡干部也表示满意。

4. 建立人民接待室。全省共有98个单位建立了人民接待室，为群众解答疑难，代书诉状，代录口供，处理简易民事纠纷和轻微刑事纠纷。据本省105个法院1月至11

月统计，共办理了群众来信、采访11613件。基本上做到了事事有着落、件件有交代。

5. 法院的设置与干部的教育。全省97个县（包括7个少数民族县）、8个市、5个行署及海南黎族苗族自治区（专区级）、连南瑶族自治区均已建立人民法院，广州铁路沿线专门法院也在筹建。对于干部培养教育工作也逐渐加强。一年来，进行了国家在过渡时期总路线、宪法、政治理论常识以及马克思列宁主义关于国家与法律科学的学习，并采用了定期轮训和召开各项专业会议的形式进行训练，因而全省司法干部在政治理论、政策观点和业务水平上都有了显著提高。

周楠着重指出，以上一年来全省各级人民法院工作取得的这些成绩，主要是由于中国共产党、人民政府和上级司法机关的正确领导，是全省人民的积极支持、监督以及全省司法干部努力的结果。

周楠在总结广东法院系统5年来取得上面巨大成绩的基础上，继续指出，广东司法工作也还存不少缺点。首先是全省尚有一部分积案未能及时清理，这固然与案多人少、工作任务繁重有关，但法院干部政策业务水平未能适应现实的要求，也是重要原因之一。其次是有些地区司法工作为经济建设服务还表现得不够主动，在处理具体案件时，量刑方面有畸轻畸重的情况。最后是有些司法干部对民主法治思想还不很明确，个别干部甚至有不尊重公民权利的情况。同时，法纪宣传教育工作也做得不够广泛和深入。周楠认为，以上这些缺点是与过去我们对干部的教育工作做得不够有着密切的关系，目前全省法院正在努力学习与贯彻《人民法院组织法》，进一步加强司法建设，提高办案质量，以克服过去工作的缺点。

周楠还对全省法院 5 年来的组织工作向大会做了总结汇报，指出《宪法》及《人民法院组织法》等几个重要法律的公布，标志着我国革命法制已进入一个新阶段，也标志着人民司法工作进入新的历史时期。人民法院是人民民主专政的重要武器之一，它的使命是运用自己特有的审判职能为《宪法》所规定的经济制度和政治制度服务。《人民法院组织法》第三条规定："人民法院的任务是审判刑事案件和民事案件，并通过审判活动，惩办一切犯罪分子，解决民事纠纷，以保卫人民民主制度，维护公共秩序，保护公共财严，保护公民的权利和合法利益，保障国家的社会主义建设和社会主义改造事业的顺利进行。"这一规定明确地指出了人民法院应对谁专政，对谁民主，应打击什么，保护什么。实行专政与保护民主是人民法院任务当中统一的不可分割的两个方面。保障国家的社会主义建设和社会主义改造事业的顺利进行，是司法工作在过渡时期的总任务。人民法院应该运用自己的特有职能，通过审判活动来为社会主义建设和社会主义改造事业服务，为国家各个时期的中心工作服务。人民法院不仅惩罚罪犯，还负有用其审判活动教育公民遵守法律、忠于祖国的任务。同时，《人民法院组织法》也明确规定了人民法院组织与活动的基本的民主原则，主要体现在：国家审判仅统一由人民法院行使；人民法院审判案件，对任何公民在适用法律上一律平等；人民法院独立进行审判，只服从法律；民族平等，各族人民都有用本民族语言文字进行诉讼的权利。审判公开、保障被告的辩护权，实行人民陪审员制，当事人在诉讼中有请求回避的权利，人民法院的集体领导，人民法院院长由同级人民代表大会选举，并对同级人民代表大会负责等方面。周楠强调，各级法院认真贯彻《人民法院组织法》，能够使司法工作进一步民主化、正规化，从而使人民法院能更好地执行其"实行专政，保护民主"这一根本任务，为国家的社会主义经济建设发挥更大的作用。

周楠在汇报了前5年的工作后，又向大会报告了广东省各级人民法院在1955年的中心任务，就是认真坚决贯彻执行《人民法院组织法》，做好审判工作，保障国家建设任务的顺利进行，为全省各个时期的中心工作服务。周楠说，贯彻《人民法院组织法》，首先要学好《人民法院组织法》，使全体司法干部对《人民法院组织法》有正确的理解，求得认识一致、解释一致和做法一致。为此，广东省高级人民法院在当年（1955年）1月中旬集中全省各级法院主要干部学习《人民法院组织法》。在学习中还结合检查、批判与《人民法院组织法》不相容的思想观点和工作作风，以树立民主思想和群众观点，要求当年3月底以前，在全省基层法院中完成《人民法院组织法》的学习，并在这个基础上，根据"由上而下，层层带头，点面结合，积极推行"的方针，在全省地区积极贯彻《人民法院组织法》。根据我们广东的实际情况，贯彻执行《人民法院组织法》第三条所规定的任务，应该是：加强对敌斗争，彻底粉碎美蒋匪帮阴谋，积极支援收复台湾，巩固人民民主专政；继续加强保护农业的社会主义改造，必须为农业合作化和农业生产服务；保障以生产为中心的互助合作运动的开展；加强保护工矿、交通运输和垦殖事业；严厉惩办一切破坏社会秩序、贪污盗窃公共财产的刑事罪犯；加强保护公民民主权利和合法利益；同时，通过审判活动进行法纪的宣传教育工作。为了保证上述任务的贯彻执行，全省司法干部必须认真学习马克思列宁主义的法律科学知识，苏联的先进经验和国家的政策、法令，提高干部的政治思想水平和工作能力。巩固各级法院中的工人阶级思想领导，发挥审判工作的集体领导作用，加强干部的群众观点，树立民主思想，积极实施各项民主制度，深入开展审判工作和提高审判工作水平。

在报告最后，周楠提出，《宪法》和《人民法院组织法》是我们司法工作的指针，虽然今后任务更加艰巨和繁重，但我们坚信：有了中国共产党、上级司法机关的正确领导和全省人民对司法工作的支持、监督，有全省司法工作者的辛勤努力，我们一定能够克服过去工作中的缺点，把全省司法工作大大推前一步，使之更好地为国家的社会主义建设事业服务，为人民服务。

周楠代表广东省高级人民法院所做的这个工作报告，得到广东省人民代表大会代表们的肯定，大会批准了这个报告。这也意味着，周楠在就任广东省高级人民法院院长的5年来所做的工作，得到了广东省国家权力机关和广大代表们的一致肯定；这同时也是对周楠多年来辛勤工作的肯定和表扬。

（七）落实第三届全国司法会议精神，全面推动广东省各级法院自身建设

1955年7月1日，中共中央发出《关于展开斗争肃清暗藏的反革命分子的指示》，在全国范围内开展了肃清暗藏反革命分子的运动。10月25日，中共中央又发出《关于

肃清暗藏的反革命分子的运动在群众已经发动之后必须注意保证运动健康的指示》。这次内部肃反运动，从党和国家机关、军队内部清查出一批反革命分子，纯洁了革命队伍，进一步巩固了人民民主专政。同时，通过运动也弄清了一些干部的政治历史问题，使他们放下了包袱，振作了革命精神。周楠带领广东省高级人民法院全体同志，以高昂的政治热情和严肃求实的态度，积极认真地参加了这场伟大的革命运动，通过审判工作为肃反运动做了大量工作。

1956年，中国对农业、手工业、资本主义工商业实行的社会主义改造基本完成，国内的阶级矛盾已经基本解决，国家的政治形势发生了根本变化。反革命势力在遭受几次沉重打击之后发生了明显的动摇和分化，大批反革命分子纷纷向人民政府投案自首。这时，中共中央提出，今后对反革命分子实行宽一些的政策。为了贯彻中共中央的指示，并总结1955年肃反斗争中审判工作的经验，最高人民法院、司法部于1956年2月20日至3月7日联合召开第三届全国司法工作会议。最高人民法院做了《关于一九五五年肃清反革命分子斗争审判工作经验的初步总结》（以下简称《总结》），[①] 彭真副委员长到会做了重要讲话。

《总结》肯定了各级人民法院在肃清反革命分子斗争中

---

① 最高人民法院：《关于一九五五年肃清反革命分子斗争审判工作经验的初步总结》，见华律网（http://laws.66law.cn/law-40012.aspx）。

审判工作的重大成绩，也指出了法院在办案质量上存在的一些严重问题。明确提出：根据当前国家政治形势的变化和敌情的变化，今后对反革命分子应该实行宽一些的政策，应该少捕一些，少杀一点，捕的必须是少数非捕不可的人，杀的必须是极少数非杀不可的人；对于其他罪恶严重需要严惩的，判处长期徒刑或较长期徒刑（即"少杀长判"政策）。《总结》还概括了审判实践中执行政策和法律的若干重要经验，着重指出，在肃反斗争中，必须把锋芒主要指向一切现行反革命分子，并且应当依法严惩。对于历史反革命分子要根据具体情况区别对待。对那些在中华人民共和国成立后坚持反革命立场、继续进行破坏活动的分子，或者在历史上有严重罪行、民愤很大的分子，都应当依法惩办；在历史上虽有严重罪行，但能自首彻底坦白的分子，应当从宽处理。经过宽大处理后又进行破坏活动的，应依法严惩。在审判实践中，要把反革命分子与只有一般政治历史问题的人区别开来；把特务分子与特务机关的勤杂人员区别开来；把以反革命为目的蓄意造谣煽动与某些群众因误信而传播反革命谣言区别开来；把反革命造谣与某些群众的落后言行区别开来。《总结》还对审判盗窃、流氓等几类刑事案件如何区分罪与非罪的界限做了说明。《总结》还指出，在肃反斗争中，凡是认真依照法律程序和制度审判案件的，办案质量就好，办案效率也高；反之，办案质量就差，办案效率也低。因此，除了严格划清政策界限以外，切实依照法律制度和程序办事，是提高办案质量和效率，做到"正确、合法、及时"的重要保证。

彭真副委员长在讲话中全面分析了国家政治形势的变化和敌情的变化，深刻地阐明了今后对反革命分子实行宽一些的政策精神。最后，他提出人民法院审判工作要遵循"事实是根据，法律是准绳"的基本原则，而且要将其作为整个审判工作的指导原则。无论是当时还是后来的司法实践都证明，这个原则是辩证唯物主义在审判工作中的具体运用，不仅是对肃反审判工作经验的高度概括，而且对于今后长期的审判工作更具有深远的指导意义。

周楠深刻领会全国第三届司法工作会议精神，认真学习彭真副委员长讲话精神，并抓紧时间组织贯彻落实。在会议结束后不久的5月10日至24日（1956年），广东省高级人民法院即与广东省司法厅联合召开广东省第三次司法工作会议。会议主要内容是，首先传达全国第三届司法工作会议的精神，然后结合广东省具体情况做出了若干改进工作的决定，要求全省法院对去年肃反运动以来办结的刑事案件进行检查。这次会议对全省法院系统深入学好领会全国第三届司法工作会议精神起到很好的促进作用，同时对于全省审判和监狱管理工作也做了比较全面深入的总结分析,对工作中的问题做了大量的调查研究分析工作。会议对全省法院系统1956年的工作发挥了全面的指导效果。周楠在会议上做了讲话,并与大家深入讨论工作中的各种问题,他要求全省法院认真学习《宪法》和《人民法院组织法》,认真学习党和国家各项政策和全国第三届司法工作会议文件并在工作中严肃认真地贯彻执行,同时还要抓紧提高法院干部自身专业素质,以便更好地开展审判工作。

1956年7月25日至8月2日,广东省第一届第四次人民代表大会在广州召开。周楠代表广东省高级人民法院在会上做了"一年来广东省的人民审判工作"的发言。[①] 周楠在发言中首先指出,一年来我国已经进入社会主义革命高潮,政治、经济都起着巨大的变化。这种变化在广东省的审判工作上也有某种程度的反映。据1956年1—5月的统计,全省刑事收案比1955年同时期下降了46%,其中反革命案下降了78%;民事收案比1955年同时期下降了37%。其中,山林、水利、土地纠纷约下降了70%,债务纠纷下降了60%,婚姻纠纷也下降了37%。这些情况表明:随着人民民主专政的日益巩固,社会主义建设和社会

[①] 档案原始材料为周楠:《一年来广东省的人民审判工作》,广东省高级人民法院存。

主义改造事业的日益进展,人民政治觉悟的日益提高,某些犯罪现象和民事纠纷是必然会日趋减少的。

周楠随后指出,一年来,广东省各级人民法院的审判活动是以保护农业合作化为中心,加强同反革命分子及一般刑事犯罪分子做斗争,结合进行了法律宣传和守法教育,并且在一系列的审判活动中积极贯彻《人民法院组织法》,取得了一定的成绩和积累了一定经验。

1. 关于肃清反革命分子的斗争和惩办其他犯罪。周楠说,1955年上半年我国正处在社会主义革命高潮的前夜,在这社会急剧变革的时候,反革命分子伺机而动,制造谣言,制造紧张气氛,有些地方甚至还出现了反革命分子暗害、破坏、凶杀、纵火,个别还有聚众叛乱现象。在广东省各级人民法院与公安、检察兄弟部门的配合下,运用审判武器,及时地打击了反革命分子的嚣张气焰,从而巩固了社会治安,加强了人民民主专政,保障了各项中心工作的顺利进行,对于社会主义革命高潮的到来起了积极的作用。在与反革命分子的斗争中,全省法院执行了中央关于镇压与宽大相结合的政策,即对于有严重历史罪恶或现行破坏,而又坚持反动立场、坚决与人民为敌的分子给予从严惩治,对于极少数罪大恶极、怙恶不悛、非杀不足以平民愤的,处以死刑;对于那些真诚坦白、自首悔过的分子,则分别给予从宽处理，直至免予刑事处分。其中有立大功表现者，还适当给予奖励。通过审判活动，法院还运用了各种方式进行法纪宣传教育，这样使广大群众的思想觉悟和革命警惕性日益提高，也使反革命分子日益孤立。在这样的情势下，很多反革命分子亦选择了投降自首、重新做人的道路。据钦县1955年统计，反革命分子向我政府坦白投诚的即有239名。揭阳县仅在1955年11月、12月间，敌人投案自首的就达192名，检举立功的有82名。类似事例各地都有。随着我国政治、经济情况发生了巨大的变化，人民群众觉悟更加提高，人民民主专政更加巩固，反革命分子也看到反革命的道路是越走越窄了，内部日益分化，大部分开始走上坦白投诚的道路。尤其是自《全国农业发展纲要（草案）》公布后，反革命分子和地主、富农分子感觉到只有投靠人民才有出路和奔头。因此，法院对反革命分子的处理，有必要和可能比过去一个时期采取更为宽大的政策。人民对于一切愿意悔过自新的反革命分子是欢迎的，国家对他们的处理是宽大的。我们希望那些至今还未悔悟过来的反革命分子能够当机立断，为自己、也为了子女着想，迅速地选择弃暗投明，重新做人的光明道路。

周楠强调指出，在与反革命分子和一般犯罪分子的斗争中，法院是依法办事的。社会主义革命法治是日益加强了。首先，在与公安、检察兄弟部门的分工合作关系上，自1955年8月广东省召开法院院长、检察长、公安局局长联席会议之后，3个机关都能逐步做到分工合作、互相配合、互相制约，从而也都能比较严格地执行公安侦查、检察院批捕起诉、法院审判等法律程序。其次，全省各级法院在审判工作中都执行了《宪法》和《人民法院组织法》规定的各项审判度。如公开审理、陪审、合议、辩护、回避、上诉等项审判制度。在执行各项审判制度的初期，广东省法院内部曾遇到过一些保守思想，不敢大胆执行，后来经过批判右倾思想，逐步探索，开始懂得了抓紧公开审判这一环节来带动辩护、陪审、合议等项制度。由于法院、检察、公安3个部门的关系密切了，发挥了互相配合、互相制约的作用；又由于各级法院贯彻了各项审判制度，这样就保证了办案质量的提高，同时也提高了办案效率。据1955年和1956年上半年统计，各级法院的一审案件，不仅能做到收结平衡，而且还清理了1954年积存下来的一批旧案。《人民法院组织法》所规定的审判监督制度，对于保证办案质量，及时发现和纠正错判案的重要意义，在我们的审判活动中也有很好的体现。就上级法院对下级法院的审判监督来说，据省高级人民法院统计，在1955年所审批的死刑复核案中，发还下级法院调查更审的占20.1%，改判减刑的占 19.2%。又据前粤中中级人民法院 1956 年 1 月审理刑事上诉案中，发还调查更审的占 41.9%，在各级人民法院院长对其本院审判工作的监督方面也起了保证办案质量的作用。如潮安县法院 1955 年 11 月间判处陈某某一案，原认定被告构成破坏互相合作罪，判处徒刑 5 年，后经查明原来的定罪量刑有错误，即由院长实行审判监督予以改正。又如省高级人民法院 1955 年间受理徐某某抗拒劳改上诉一案，省院根据被告抗拒劳改情况，维持粤西中级人民法院的判决，后来经查明被告本来就没有犯法行为，原电白县法院判决将其投入劳改即已错误，乃由省法院院长实行审判监督，裁定为无罪释放。上级法院除了依照审判监督程序对下级法院实行监督以外，还广泛地采用了抽查案件总结经验的办法，以总结的经验来指导下级法院的审判工作。同时，在抽查的案件中如发现有错误的案件，也及时按照法律程序进行改判。如省高级人民法院于 1956 年三四月间，曾会同省司法厅派出了几个工作组，分别到台山、宝安、惠阳 3 个县人民法院抽查了 1955 年下半年以来所判处的刑事案件，发现了问题，总结了经验，并转发各级法院参考。各中级人民法院也采用同样的办法，抽查各该地区基层人民法院的案件，发现有错判的案件，也都依照法律程序进行改判。

此外，人民法院的审判工作还受到来自广大人民群众的监督。如南海县人民法院在1955年判处的谢某某一案，判决过后其家属来信反映，查明原判错误，已由佛山地区中级人民法院依照审判监督程序改判更正。这样，通过人民群众的申诉，使得人民法院的某些错判案件得到及时的纠正。

2. 关于审判中的缺点问题和纠正改进。周楠本着实事求是的原则和依法办事的精神，特别说明一年多来，全省各级人民法院在与反革命和一般刑事犯罪做斗争及处理民事纠纷中，贯彻执行了中央的政策、法令，也取得了一定的成绩，但在审判工作中还存在着不少缺点和错误，主要是在肃清反革命分子的运动中，对一些刑事案件的处理存在着量刑偏轻偏重的毛病，也有对犯罪事实没有完全核查清楚就草率结案的。如上面已经指出的，省高级人民法院1955年所审批的死刑复核案，发还下级法院更审的占20.1%；又如前粤中地区中级人民法院1956年1月审理的刑事上诉案，发还更审的占41.9%。这些发还更审的案件，大部分是事实不清、草率结案的。此外，还有个别错判的案件。如宝安县贫农刘××，在1955年粮食"三定"中，因缺粮问题未得解决，说过些抱怨的话；1955年11月农业合作化高潮时，他因积极要求第一批入社未获批准，责骂过乡村工作干部，宝安县法院即认为刘××破坏运动，将他判了7年徒刑。此外，还有的法院没有切实执行《人民法院组织法》所规定的各项审判制度，甚至还发现个别法院限制和剥夺被告人辩护、上诉权利的现象。

周楠认为，广东省法院系统产生以上错误的原因，除客观上由于国家法律还不很完备，缺乏统一的量刑标准，以及某些司法制度（例如律师制度）还未建立起来之外，主要是：第一，我们的某些审判人员思想认识跟不上客观形势的发展，尤其是1955年下半年来，国家的政治形势发展很快，而我们某些审判人员还不善于依据形势的变化来贯彻执行国家政策，掌握依法从宽和依法从严的界限；第二，缺乏法律科学知识，政策水平不高，政策界限不清，表现为有的法院把某些轻微的违法行为或者错误的或落后的言行亦当作犯罪行为加以处理；第三，某些审判人员在审判作风上仍有简单粗糙、不够实事求是的现象；第四，还有个别法院未能够严格依照《宪法》及《人民法院组织法》的各项审判制度办事，以致未能通过各项审判制度和必要的法律程序，有效地保证审判的质量；第五，上级人民法院，特别是省高级人民法院存在官僚主义，未能及时深入下层了解情况，发现问题及时帮助解决。

针对上述问题，周楠专门提出为了纠正错误、改进工作，省高级人民法院于 1956 年第一季度曾会同省司法厅派出若干工作组重点深入基层人民法院检查工作，并总结了一些经验。1956 年 5 月，省高级人民法院与司法厅联合召开了全省第三届司法工作会议，传达了全国第三届司法工作会议的精神，结合广东省具体情况做出了若干改进工作的决定，并责成全省各级人民法院把 1955 年肃清反革命分子运动以来已办结的刑事案件进行检查。这一工作现在已经开始，省高级人民法院已会同省司法厅并配合检察、公安部门派出工作组重点掌握，帮助基层人民法院进行检查。与此同时，省高级人民法院已着手编写"审例汇编"，总结量刑幅度的经验，希望对各级法院在检查工作时有所帮助。

3. 关于广东省法院今后的工作。周楠指出："目前我国社会主义革命已取得了伟大的胜利，反革命残余势力已经大大地削弱下去了，但反革命残余势力仍然未被彻底肃清，斗争仍有它的复杂性和尖锐性。因此，继续保持高度的警惕，加强同反革命分子做斗争，以保障社会主义建设和社会主义事业的顺利进行，仍然是我们各级人民法院当前的一个重要的任务。同时，应加强同一般刑事犯做斗争，以清除一切阻碍社会主义建设的不良因素。还有，人民法院还应通过审判活动，解决民事纠纷，调整人民之间的法律关系，使之有利于生产和团结。在城市和农村，生产关系正在迅速地变革，在工农关系、城乡关系和工农业之间的关系上出现了不少新的变化，这种变化也必然会出现新的纠纷和讼争，我们各级法院必须更好地注意研究，通过审判活动合理地予以解决，这又是人民法院的另一重要任务。为了更好地完成上述任务，全省司法干部自应加强对法律科学知识的学习，提高政策水平，划清政策界限；同时，还应加强法治观念，树立依法办事、实事求是、调查研究和走群众路线的优良审判作风，以提高办案质量，保证办案妥当。在各位代表及广大人民群众的监督下，我相信广东省各级人民法院是可以很好地完成上述任务的。"

周楠在会议上的发言，充满法治精神和实事求是的思想观念，对于广东省法院系统在当时国家还没有完善的法律体系和制度情况下，周楠以一个共产党人的优秀品质，对广东省法院系统坚持合法审判各类案件，严格履行法院审判机关的职责，出色地完成好党和国家交给的任务，以及实现人民司法为人民的审判宗旨，都起到了非常好的作用。周楠在这期间也表现出很高的政治素养和很强的法治观念，为广东省法院系统依法长远健康发展起到了开创性作用。

(八)在反右斗争中坚持严格区分两类不同性质的矛盾和强调法制原则

1957年7月25日至8月7日,广东省第一届人民代表大会第六次会议在广州召开。周楠代表省高级人民法院向大会做《广东省一年来的审判工作》报告。① 周楠在报告一开始就明确指出毛主席关于正确处理人民内部矛盾的指示,对我们人民法院的工作有极其伟大的指导意义,是我们审判工作的基本方向。根据这一指示的精神,周楠向大会就广东省高级人民法院1956年下半年以来的审判工作做了汇报。

周楠报告说,广东省高级人民法院从1956年下半年至1957年6月底,共受理上诉、死刑复核、减刑和一审刑事民事案件共2473件,其中刑事案件2291件,民事案件182件。一年来,共审结刑事、民事案件2149件。其中,刑事案件2056件,民事案件93件。从广东省高级人民法院收案情况来看,在刑事案件方面(包括刑事上诉、抗议案件、死刑复核案件、一审刑事案件)收案是直线下降的:1956年下半年比上半年下降54.8%,1957年上半年比1956年上半年下降63%;其中死刑复核案件的下降尤为显著,即

---

① 档案原始材料为周楠:《广东省一年来的审判工作——1957年7月在广东省第一届人民代表大会第6次会议上的发言》,广东省高级人民法院存。

1956年下半年比上半年下降80%，1957年上半年比1956年上半年下降91%，而在民事案件方面，收案则是上升的。

周楠认为，从全省各级人民法院受理的民事、刑事案件的情况来看，由于我国土地改革、抗美援朝、肃清反革命、"三反五反"和思想改造五大运动取得了巨大的胜利，以及在这个基础上取得了对农业、手工业和资本主义工商业三大社会主义改造的决定性胜利，国内社会关系起了根本变化，因而审判工作中也相应地反映了这个社会的巨大变动。

一是全省受理的刑事案件，1953年至1955年间，各类刑事案件都是逐年上升的，到1956年则基本上普遍下降了。以1956年与1955年相比，刑事案件下降52%，以1957年上半年与1956年同时期相比，刑事案件下降43.5%。在刑事案件中下降较大的是反革命案件，1956年下半年比上半年下降84%，1957年上半年比1956年同时期下降93.5%。而刑事案件中下降最显著的是1956年。这正说明，由于社会的大变动，刑事犯罪情况也就起了显著的变化。刑事犯罪的下降，体现了社会主义制度的优越性。

周楠同时也说，必须指出，在最近一个时期，资产阶级右派向党和人民猖狂进攻。残余反革命分子、不法地主富农分子和其他坏分子，乘机进行破坏活动，刑事犯罪现象有了上升。如阳江县法院刑事收案，以 1957 年 5—7 月与 1956 年同时期相比，上升了 44.7%，1957 年 7 月比 6 月上升了 66%。周楠认为，这种情况必须引起我们高度的注意。

二是 1956 年下半年，尤其是 1957 年春以来，赌博、殴打、贪污、偷窃、械斗和迷信活动成了比较突出的问题。这些事件的参与者绝大部分是劳动人民。其中有的是一般违法问题，有的是犯罪问题。其起因多属于个人间的利益矛盾或个人利益与集体利益之间的矛盾，有的是反革命分子、不法地主富农分子和其他坏分子从中挑拨、煽动和操纵的。

三是民事纠纷方面也发生了不少的变化。以 1956 年与 1955 年相比，全省民事纠纷案件上升了 4.9%。而刑事、民事案件收案总数中，民事案件所占比重有了增加，如 1956 年上半年民事案件占 52%。1957 年上半年民事案件占 69%。拿民事案件中占最多数的婚姻纠纷案件来说。由于我国的封建势力在政治上和经济上已被打垮，封建买卖和包办婚姻失去了依据，这为男女平等、婚姻自由的一夫一妻制奠定了基础，民主和睦的新家庭大批地出现。特别是国家胜利地实现了对生产资料私有制的社会主义改造之后，由于经济基础起了根本变化，我国新型的婚姻家庭得到日益巩固。但是,"改造旧的思想意识比改造旧的生产关系更困难些,更需要时间"。由于封建思想、资产阶级思想对广大人民群众的深厚影响。目前的婚姻纠纷案件正如最高人民法院院长董必武所指出的,"除了还有大量束缚男女婚姻自由的问题外,同时,草率结婚轻率离婚的婚姻关系问题,在不少地区已逐渐有所增多"。为此,周楠提出,根据这个变化,今后我们除了必须继续深入地宣传婚姻法,加强对广大人民群众的思想教育外,应更加严肃慎重地处理这些纠纷。

周楠在发言中指出,综合上述情况,说明自1956年秋季以来,广东省刑事犯罪现象和民事纠纷跟着国内政治形势的变化而起了巨大的变化。在这个变化中出现的新情况、新问题,我们法院必须进行分析研究,并根据毛主席关于正确处理人民内部矛盾的指示,加强和改进我们的审判工作。

周楠坚持按照毛主席正确处理人民内部矛盾的精神,着重分析了如何在审判中注意区分两类不同性质的矛盾和掌握政策界限的问题。周楠认为,当前,如何从审判工作方面来正确处理人民内部矛盾是人民法院的重要问题,如果还习惯于用老眼光来看新问题,则"我们的工作就会带着很大的盲目性"而处于被动地位。目前,广东省刑事犯罪下降，反革命分子、阶级敌对分子和旧社会渣滓的犯罪现象显著地减少。这正说明了审判工作出现了新的情况，因而要求审判工作必须与之相适应，以免落后于实际。但是，如果我们看到了这一情况，就以为反革命残余完全被肃清了，旧社会渣滓完全被消灭了，因而削弱对犯罪现象的斗争，则是极端错误和危险的。因为，我国国内大规模的暴风雨式的群众阶级斗争虽然已经基本结束，然而，阶级斗争还没有完全停止。在一定的期间、一定的条件下还会表现得相当激烈，我们必须以马列主义的阶级斗争的观点来观察社会现象。反革命残余势力虽然基本上被肃清，但还有反革命，决不能丧失警惕，麻痹大意。广东毗邻港澳，地处国防前线，对敌斗争是尖锐复杂的，更加麻痹不得。目前，残余反革命分子还在狡猾地做垂死挣扎，在资产阶级右派向我们猖狂进攻的同时，残余反革命分子、不法地主富农分子和其他刑事犯罪分子乘机反攻倒算，进行破坏活动，企图反革命复辟。据阳江法院最近反映，截至（1957年）7月25日。该县发生地主富农反攻倒算有128宗；反革命分子、地主富农分子殴打干部的有39宗，破坏农业合作社的有60宗，煽动群众性纠纷的有24宗。7月12日，廉江县发生了一宗反革命分子、地主富农分子伙同杀害干部、干部家属和居民的严重暴乱事件。不仅农村如此，在城市，少数反对社会主义改造的资产阶级分子仇视工人阶级，不甘心放弃剥削，梦想资本主义复辟。当我们提出正确处理人民内部矛盾问题的时候，乘机向工人阶级进攻。如广州市在1956年6月18日发生的应合饭店私方人员伙同围殴工人重伤的事件，就是明显的例子。事实证明：资产阶级右派向党猖狂进攻，与残余反革命分子、地主富农分子、不法资产阶级分子及其他坏分子进行破坏活动，是相互呼应配合的。美帝国主义和蒋介石集团还不断派遣特务进行潜伏的破坏活动。如蒋介石集团"情报局"特务龙沛强于1956年6月7日晚在广州文化公园投放定时炸弹，企图在人多的时候杀伤人民群众，取得所谓"最大的效果"（当场为我两个游园工人捉住了）。由此看来，我们怎么"可以把枕头塞得高高地睡觉了"呢？有人认为没有反革命了，天下太平了，人民民主专政应该削弱了，这种看法是极端错误的。事实警告我们：决不能削弱我们国家的专政的职能；而"同一切犯罪现象做斗争，继续巩固人民民主专政，仍是我们人民法院的头等重要任务"。因此，我们还必须坚持有反必肃的方针，坚决肃清反革命残余势力。对已被宽大处理的反革命分子与被管制分子的各种破坏活动和地主富农的反攻倒算，必须坚决予以打击，依法严办。

周楠同时还指出，我们的革命法治不仅要同反革命分子做斗争，而且必须加强与一切危害社会秩序和公民权利的其他犯罪分子做斗争。应该清楚地看到，其他刑事犯罪对社会的危害性也是很大的。据全省不完全统计，仅1956年7月至9月间发生的刑事案件就造成63人死亡、80人受伤，并使国家、集体和公民财产损失达23.5万多元。特别是严重危害社会秩序和群众利益的杀人放火犯、惯盗、惯窃犯、走私集团犯、强奸妇女与奸淫幼女犯及流氓犯罪分子，必须依法严办。对破坏生产、危害社会秩序的赌博和迷信活动应予禁止。我们除了通过审判活动向群众进行宣传教育，使他们自觉地抵制赌博和迷信活动外，还必须对其中已经构成犯罪的分子，区分情节给予法律制裁。殴打他人是侵犯公民人身权利，应根据情节轻重、伤害大小依法处理。至于故意杀人，则不属殴打伤害问题，应按故意杀人罪依法判处。目前，不少地方发生殴打干部现象，这是犯法行为，一律要查究，轻则训诫、赔偿医药费、责令道歉，重则法办。殴打或者煽动挑拨他人殴打干部或劳动人民的反革命分子、地主富农分子、不法资产阶级分子及其他坏分子，应依法严加制裁。至于怙恶不悛、继续犯罪的刑满释放犯，应从重处刑。械斗是法律不能容许的，应严加制止。为了维护社会秩序，保护人民生命财产，对煽动、组织械斗的为首分子，应根据情节分别依法处理；对因械斗而造成的伤害，应分别惩凶和赔偿医药费；对利用人民群众间的山林、荒地、水利、肥源等纠纷进行挑拨、煽动和操纵械斗的反革命分子、不法地主富农分子和其他坏分子，必须坚决惩办。

周楠在发言中还非常重视涉及人民切身利益的法律问题，特别是婚姻问题。《中华人民共和国婚姻法》（以下简称《婚姻法》）是中华人民共和国成立初期就制定实行的少数根本法律之一，对于国家利益和社会秩序、对于广大人民的日常生活的安定都有极其重要的意义。周楠把婚姻纠纷案件作为重要审判案件的情况向大会做了汇报。他说，民事纠纷突出的问题之一是婚姻纠纷，而华侨婚姻纠纷又是广东婚姻纠纷中的重要问题。对于华侨婚姻纠纷，我们认为除必须对侨眷进行《婚姻法》的宣传教育之外，还必须对华侨进行热爱祖国的宣传，教育华侨从物质上、精神上多照顾侨眷，以巩固华侨婚姻及其家庭关系。对于破坏华侨婚姻家庭的反革命分子、坏分子和借通奸来骗取侨眷钱财的流氓分子，以及因通奸而引起严重恶果的刑事犯罪分子，必须依法严办。这是周楠对有广东特色的华侨婚姻纠纷案件所做的重要审判指导原则。周楠还提出了山林、水利纠纷也是广东省常见而且相当突出的问题。他说，因经济利益而引起村与村、社与社之间的山林、水利、荒地、渔场、鱼塘、草地等纠纷，因个人利益与集体利益矛盾而引起退社农民与社员社干之间争土地、耕牛、农具、种子、肥料等纠纷，因封建迷信而引起争夺坟场"风水"等纠纷。由于农村生产关系起了根本的变化，这些群众纠纷的性质也有了变化。一般来说，这些纠纷都是人民内部的是非问题，都不是不可调和的矛盾。应当根据"团结—批评—团结"的精神，从有利团结、有利生产、有利巩固合作社，并适当照顾需要和尊重当地合理的历史习惯，充分发扬民主协商，尽可能采取调解的办法来解决。但是必须指出：目前有的群众性纠纷是反革命分子、地主富农分子和其他坏分子从中挑拨、煽动和操纵的。因此，我们必须首先根据毛主席关于现阶段哪些是人民哪些是敌人的指示，划清敌我界线。这样才能正确区别哪些是人民内部矛盾，哪些是敌我矛盾。对敌人实行专政，只许他们规规矩矩，不许他们乱说乱动；对人民内部实行民主集中制，采用批评说服教育的方法，解决人民群众一般是非问题，教育人民遵守社会主义法制。

周楠还非常有前瞻性地提出了在人民当中加强法制教育的问题。他说，目前，劳动人民中的民事纠纷和一般违法犯罪行为，不少是与我们法纪宣传教育工作做得不够有关的。这是一方面。另一方面,有的劳动人民缺乏守法精神,以为犯一点法不要紧,不会被治罪,这也是错误的。因此,广东省各级人民法院应通过审判活动和法律讲演,广泛开展国家法制宣传教育工作,向人民群众进行一次深刻的社会主义教育,使人民群众自觉地积极维护和遵守国家法律。同时,我们必须加强人民调解工作。从速以大乡为单位建立人民调处委员会,以及时调处民间一般民事纠纷与轻微刑事案件,宣传国家的政策法令。加强在人民中的爱国守法教育,增进人民内部团结,以推动社会主义生产建设。

针对当时社会政治形势,周楠着重分析了广东省法院系统的社会主义改造。根据1954年颁布的《中华人民共和国宪法》(以下简称《宪法》)第19条和《宪法》颁布前起临时宪法作用的《中国人民政治协商会议共同纲领》第7条的规定:中华人民共和国保卫人民民主制度。因此,法院系统的社会主义改造要以保卫人民民主制度为宗旨。他指出:"在过去国内革命战争的各个时期,各个革命根据地在党的统一领导下,制定了许多代表人民意志和符合革命利益的政策法令。"这"是我们现在人民民主法制的萌芽",中华人民共和国成立几年来,国家更制定了不少法规,如共同纲领、宪法、工会法、婚姻法、土地改革法、惩治反革命条例、惩治贪污条例、选举法、兵役法，等等。据不完全统计，从中华人民共和国成立起至1954年《宪法》公布时止，中央人民政府和所属各部门以及各大行政区、内蒙古自治区和北京市人民政府所发布的比较重要的法规就有3480件，其中属于中央发布的就有1800多件。

在我国，一切剥削阶级的法律已经一去不复返了。目前，我国的革命法制的确还没有完备，但正如周恩来总理指出的，"在建国（中华人民共和国成立）之初，特别是在过渡时期，政治经济情况变动很快，在各方面都制定带有根本性的、长期适用的法律是有困难的。例如，民法、刑法，在生产资料私人所有制的社会主义改造没有基本完成，社会主义所有制没有完全确立以前，是难以制定的。在这种情况下国家颁布暂行条例、决定、指示等等来作为共同遵守的工作规范，是必要的、适当的。只有在这些条例、决定、指示行之有效的基础上，才可以总结经验，制定长期适用的法律。现在生产资料私有制的社会主义改造已经基本完成，社会主义所有制已经确立，国家在各方面的实践中也取得一定经验，这就使我们有可能在总结过去经验的基础上，在整理过去已有法规的同时，制定社会主义的各种法律。例如刑法已有了初步草案，民法和治安管理处罚法也在由有关方面草拟中"。

在1952年司法改革以前,广东省各级人民法院存在着许多组织不纯和思想不纯的严重现象,有的基本上仍是原封未动的旧法院。审判工作的实权大部分操纵在那些未经思想改造的旧司法人员手中。要对法院进行彻底改造和整顿,就要把未经彻底改造的旧司法人员调离审判部门。在广东省各级人民法院审判员、助审员中,非党干部占37.2%。《宪法》规定,"中华人民共和国是工人阶级领导的,以工农联盟为基础的人民民主国家"。我们必须遵照《宪法》原则来挑选和配备干部,这是关系到国家政权性质的原则问题。尤其法院是专政机关,为了贯彻"通过审判活动,惩办一切犯罪分子,解决民事纠纷,以保卫人民民主制度,维护公共秩序,保护公共财产,保护公民的权利和合法权益,保障国家的社会主义建设和社会主义改造事业的顺利进行"这个任务,在任用干部上要重视政治(轻业务当然不对)。因此在审判干部中共产党员多,工农干部多。一般来说,工农干部在过去都是没有受过法律科学的专科教育的,缺乏法律知识。但是,几年来,大批的工农干部被抽调到政法学院、政法干校和司法轮训班系统地学习了法律科学知识。而在职干部中也有些领导进行了业务带习,加以实际工作的锻炼,他们基本上具备了审判的业务能力。共产党员干部和工农干部的工人阶级立场观点是明确的，他们是善于接近劳动人民的。他们的阶级斗争知识和生产斗争知识就是审判业务的基础。工农出身的司法干部不但能办案，而且能办得很好。

司法改革以来，人民法院不论在正确贯彻党和政府的政策还是在改进审判作风方面都有了很大的进步，面貌焕然一新，其主要原因之一就在于此。几年来的事实证明：作为人民民主专政的重要武器的人民法院，必须在组织上真正掌握在忠实于国家和人民的优秀干部手里；而司法改革运动前后和运动的实践，使我们从思想上、政治上真正懂得我们在取得政权之后，"无可置疑的任务，并不是改良司法机关，而是要把整个的法院及其机构完全毁灭彻底铲除"，来"建立新的人民法院"（列宁）这一个真理。

周楠同时还在报告中对全省法院一年来工作中存在的问题、缺点和不足做了归纳，在充分肯定成绩的同时，以认真求实的态度分析了存在的问题。他指出，一年来，广东省各级人民法院审判了 7 万件以上的一审刑事、民事案件。根据"有利团结、有利生产"的原则，处理了将近 5 万宗属于人民内部是非问题的民事纠纷；根据"事实为根据、法律是准绳"的原则，对无罪而被控告的少数公民依法宣布无罪，维护了他们的名誉和合法利益。基本上做到了合理地调处人民内部纠纷，巩固了人民民主专政。这个成绩是巨大的。但是，我们审判工作中也存在不少缺点和错误。主要是有的审判干部在处理某些刑事案件时，一方面，对人民内部问题与敌我问题的界线分不清，把某些人民内部是非问题当作犯罪行为；另一方面，有的法院过去在检查案件时，对个别不应释放的犯罪分子也释放了。在民事案件的处理方面，亦存在一些处理不当的情况。此外，在审判作风方面，有的审判干部办案还有粗枝大叶、拖拉、积压和不及时的情况。这些缺点和错误，是部分的、次要的。而且有的已经纠正，有的正在纠正。我们正在加强对审判干部的政治思想教育，提高他们的阶级觉悟，同时采取具体措施，预防和减少这些缺点、错误的产生。我们全省人民法院干部，将积极参加这次党的整风运动，要求通过整风运动进一步改进我们的审判工作。

周楠的报告充满了革命法治的精神和实事求是的态度，他牢记党的为人民服务的根本宗旨，认真贯彻执行党的各项政策，牢牢把握住广东省法院的政治大方向，带领全员干部职工紧跟中央和国家部署，很好地完成了各项任务。经过本届广东省人民代表大会的审查，会议同意并批准了周楠所做的这个报告。

从1952年到1957年，周楠在任广东省高级人民法院院长这6年间，为全省法院组织建设和思想政治建设以及法制建设各方面都付出了极大的辛劳，做出了具有开拓性、创造性和革命性的重要历史贡献。

第二节　组织领导广东法院刑事审判建设

刑事审判历来是人民法院的重要审判工作，对于巩固无产阶级专政、维护社会秩序和保护人民群众生命财产安全，始终具有非常重要的意义。在法制建设上，刑事法律和刑事审判也是位于首位的法律领域和审判工作。周楠在出任广东省人民法院院长后，一直对刑事审判工作极其重视，直接指导和管理了很多大案要案的审判，并且能够非常及时和专业地总结审判经验，制定相关工作制度，为广东省刑事审判工作的健康发展发挥了重要作用。

一、关于刑事法律制度建设

中华人民共和国成立之初，国家还处在建设革命法制的初期。党和国家根据革命和建设的需要，先后制定了一系列单行刑法。1950年，中央人民政府委员会制定和发布了《关于严禁鸦片烟毒的通令》。后为配合国家开展的镇压反革命和"三反五反"运动，中央人民政府委员会又在1951年制定颁布了《中华人民共和国惩治反革命条例》《妨害国家货币治罪暂行条例》《保守国家机密暂行条例》。1952年制定了《中华人民共和国惩治贪污条例》等单行刑事法规，为惩治反革命犯罪、伪造国家货币或者贩运伪造、变造国家货币犯罪和贪污犯罪等提供了重要法律武器。在当时历史条件下，从整体上来看，人民法院审判刑事案件主要是依据党和国家制定的刑事政策和最高人民法院根据政策精神、刑法理论在审判过程中对个案所做的解释作为判案的依据。这些单行刑法在同反革命犯罪和贪污、贩运毒品、伪造国家货币、泄露国家机密等犯罪做斗争中起了非常重要的作用，是全国人民法院审判刑事案件的法律根据。但是从刑事审判角度来说，由于国家初建时期需要对社会采取休养生息的宽松政治环境和政策氛围，当时对刑事犯罪的法律制度还不完整，不能覆盖全部犯罪现象，对一些常见的普通刑事案件，如杀人、盗窃等案件，虽然可以按照党和国家政策定罪判刑，但没有统一的定罪和量刑标准，各地掌握政策幅度不一，适用刑罚也很不一致。这对统一社会主义法制和维护社会秩序以及开展社会法制教育，都是很不利的。在法院自身而言，由于缺乏统一的法律指导，刑事审判中也难以统一掌握，不利于刑事审判的顺利开展。

1950年，中央人民政府颁布了《中华人民共和国诉讼程序通则（草案）》，对我国的诉讼制度做了原则性规定，但尚未成为法定制度。而刑事审判的程序是保证刑事审判遵循正确工作路线的极为重要的工作制度，也是具体保障审判质量的制度根据。1953年11月，根据政务院政法委员会主任董必武的提议，政务院政法委员会分党组干事会在给中共中央的书面报告中正式建议：公安、检察、法院三家在办理刑事案件中，实行分工负责、互相制约的原则。认为法院、公安、检察署通过分工负责、互相制约的比较完善的司法制度，能把错捕、错押、错判的现象减少到极小的限度。1954年3月，中共中央批准了这一建议并转发县以上各级党委。同年6月，中共中央指示各级党委，要领导政法部门进行典型试验，研究和制定公、检、法三机关之间的工作关系和工作制度。后来，最高人民法院院长董必武也重申了公、检、法三机关在办理刑事案件中分工负责、互相制约的原则。不过，虽然这一原则被提了出来，但由于当时国家正处在频繁的社会改革的群众运动之中，要处理大批的反革命和其他刑事案件，而法院、检察机关的组织还很不健全，因此在实际工作中难以完全实现。在我国开始大规模经济建设和进一步加强社会主义法制建设的时候，为健全司法制度，防止和减少错捕、错判案件的发生，1957年董必武在全国军事检察院检察长、军事法院院长会议上讲话，进一步总结了这些年来我国司法工作的经验。他说："检察院、法院、公安机关是分工负责，互相制约，共同对敌。检察院是监督机关，不管哪一机关犯了法，它都可以提出来。公安机关维持社会秩序，它特别注意同反革命做斗争。公安机关捕人，要经检察院批准，没经批准就逮捕人,是违法的。检察院本身没有判决权,人逮捕起来以后(有些轻微的刑事案件也可以不捕人),就要侦查,如果认为应该判刑,就向法院起诉。判刑或不判刑是法院的职权。法院在审判过程中如果认为需要捕人时也可以捕人。法院审判不合法,检察院可以抗议;公安部门发现法院判错了,可以经过检察院来抗议。这叫作分工负责、互相制约。"董必武还指出:"制约审判工作有几个方法:一是公开审判,辩护人出庭辩护,检察长出庭支持公诉;二是当事人对第一审判决不服提起上诉;三是检察长提起抗议。对于已经发生法律效力的判决,如果发现有错误,本法院院长、上级法院、检察院都有监督权。"董必武还专门就关于党的领导问题说:"党是我们国家的领导核心,我们一切工作都是在党的领导下进行的。但党的领导不是每个具体案件都要党委管,如果这样,那还设法院这些机构干什么。党是依靠机关里的党组来领导。整个工作的原则、方针、政策,那是党委应该考虑的,法院如何把政策应用到具体工作中去,那就应该向党委请示,请党委考虑。""党委如果发现已经发生法律效力的判决确有错误,可以提交检察院或法院院长依法纠正。"董必武的讲话符合党和国家的刑事政策,为法院的刑事审判指明了根本政治方向,同时也对法院的刑事审判工作提出了很高的要求。周楠根据上级的指示精神,结合全省法院几年来的审判经验和发现的问题，经过深入细致的调查研究，与全省各级法院审判人员多次座谈开会，最后在1955年3月31日正式形成了《广东省高级人民法院刑事案件诉讼程序》。①这个文件在当时条件下对全省法院系统的审判工作规范化起到了非常重要的制度保障作用。

1955年11月，最高人民法院院长董必武又提出，法院对刑事案件的罪名、刑种和量刑幅度应当进行总结，以改进刑事审判工作，克服混乱现象，也可以为立法机关制定刑法提供实际资料。最高人民法院随即组织力量，从最高人民法院、6个前最高人民法院分院（即大区分院）和一些高级、中级、基层人民法院，调集和审阅刑事案卷，从中选出部分案卷作为直接研究问题、总结工作的基础材料。周楠按照最高法院的统一部署，立即抓紧开展调研和制定刑事制度的工作，在当年就以广东省高级人民法院总结全省人民法院审判刑事案件的经验，制定出广东省法院《关于对反革命和其他刑事犯罪案件的量刑意见（初稿）》［以下简称《意见（初稿）》］。②这个《意见（初稿）》对于广东全省法院审判反革命犯罪和其他刑事犯罪的定罪量刑统一化和规范化，起到了非常及时和有效的指导作用，对后来由最高人民法院研究室起草的《关于罪名、刑种和量刑幅度的初步总结（初稿）》也做出了广东省法院系统的一

---

①② 档案原始材料为广东省高级人民法院编《广东省高级人民法院大事记》。

份贡献。

1956年10月，最高人民法院印发《各级人民法院刑事案件审判程序总结》，对刑事案件的接受，审理案件前的准备工作，审理、裁判、上诉、死刑复核、再审和执行等一系列刑事案件审理的基本程序都做了完整的总结归纳，统一全国法院的刑事审判程序，以完善法制，提高案件质量。周楠及时组织法院干部特别是刑事审判干部认真学习最高法院规定，结合广东省法院自身实际和过去制定的若干制度，加以完善修改，做到全面贯彻执行最高法院的刑事案件程序规定，对于提高广东省法院的刑事审判水平和刑事案件质量，发挥了很好的促进作用。

二、关于死刑案件审判

死刑案件是刑事审判最重要的案件，其中核心问题是死刑判决的掌握和适用。周楠带着对党和人民高度负责的精神，以极大的责任心和注意力抓紧推进这项工作，力争使其早日在工作中规范化法制化。在我国死刑制度中，很重要的一项制度就是死刑缓期执行制度。新中国的死刑缓期两年执行的刑事制度，在当时历史条件下具有非常重要的进步意义。它的渊源，最早可追溯到大革命时期的1930年11月，中央苏区《关于苏区惩办帝国主义的办法的决议》，就已经制定提出了对外国人可以实行"死刑缓刑"，即判死刑后缓行若干时期,暂时监禁,缓刑期限无定期。1944年3月,《晋冀鲁豫边区太行区暂行司法制度》又规定了"死刑保留"制度,对于应判死刑而认为有可能争取改造者,可判"死刑保留",保留期一到五年,同时必须并处徒刑或者罚金。保留期间如再犯原罪或更重罪,经法庭讨论即执行枪决;如保留期内未犯罪,其死刑就不执行。中华人民共和国成立后这项制度更加完善和普遍。1951年5月,中共中央批转的《第三次全国公安会议决议》中提出:"对于没有血债、民愤不大和虽然严重地损害了国家利益但尚未达到最严重的程度,而又罪该处死者,应当采取判处死刑,缓期二(两)年执行,强迫劳动,以观后效的政策。"这次会议对于巩固全国第一次大规模镇压反革命运动的成绩,防止和及时纠正错误,起到了决定性作用。而整个肃反斗争之所以能在短时间内相当彻底地肃清反革命残余势力,这次会议也是一个决定的关键因素。因此,死刑缓期执行这项政策和制度,是中国共产党法制建设的重要刑事政策,实践证明是一项非常好的政策和制度。不过,当时死刑缓期执行政策尚未细化为具体明确的刑事法律制度,因此"决议"虽然明确要求将大规模镇压反革命运动紧急加以收缩、休整,在4个月时间之内,除进行现行破坏活动的反革命分子必须及时捕、办外,暂停捕人、杀人;杀反革命分子的数量要控制在一定的比例之内,即占总人口千分之零点五至千分之一左右,最高不能突破千分之二;将捕人批准权由县一级收归到地委、专署一级;将杀人批准权由地委、专署一级收回到省、自治区、直辖市一级;并且规定,今后捕人、杀人要遵照以下原则:凡是介于可捕可不捕之间的人一定不要捕,如果捕了就是犯错误;凡是介于可杀可不杀之间的人一定不要杀,如果杀了就是犯错误。这个规定已经非常明确和严格,但是毕竟当时国家还缺乏法律制度和规范程序,所以在具体案件执行中还是经常遇到很多具体问题,直接关系到人民法院执行国家的刑事政策和审判尺度。而且,死刑案件往往还都是当地重大刑事案件,法院在量刑时如何掌握,是一个全新和紧迫的问题。最高人民法院在1951年12月,曾以《最高人民法院关于"判处死刑、缓期两年、强迫劳动、以观后效"的案犯执行问题的函》回复最高人民法院中南分院,对全国法院适用这项政策和制度执行中的具体问题做出了若干解答。认为关于反革命案犯判处死刑缓期两年、劳动改造、以观后效,业经省府批准的,即应移送监狱为强制劳动改造的执行。死刑缓期两年的案犯,在缓期内,一般的不应随意变更,应该等到两年以后,根据其在监狱劳动改造的程度来决定执行,或减轻其刑。但对于个别案犯在缓期执行期间内,如在监狱组织暴动脱逃,或严重的破坏生产者,可以提先执行死刑。如在缓期时间有特别立功表现者(如对反革命案件材料有重大贡献者），亦可提前减刑，但均须将具体材料及变更理由送原审机关审查，提出意见，经省政府核准，方得执行。这个规定较早提出了死刑缓刑期间一般不变更原判的意见，显示出少杀慎杀的精神，具有较好的限制死刑的意义。1952年10月，最高人民法院又发出《关于缓刑和缓期执行问题的意见》，也对有关缓期执行问题提出了具体指导。但是对于全国法院来说，死刑和死刑缓期执行制度仍然存在大量现实具体问题，急需在审判工作中加以规范和统一。周楠领导的广东省人民法院，对死刑缓期执行制度做了很多调查研究，并根据党和国家刑事政策以及上级法院的指示，根据本省司法工作实际情况，做出了适合当时刑事审判需要的政策制度规范。1954年2月24日，广东省人民法院与广东省人民政府和广东省公安厅联合发出《广东省人民政府、广东省人民法院、广东省公安厅考核判处死刑，死缓二年，强迫劳动，以观后效的罪犯的通报》（以下简称《通报》）。① 这个《通报》对于当时广东省法院系统正确执行党和国家刑事政策，正确把握死刑和死刑缓期执行的案件尺度，起到了及时的指导和规范作用。这也是周楠对我国刑事法制建设所做的一项重要工作。

  1956年，广东省刑事案件审判中发生了一件严重的违法事件。广东省高级人民法院与省人民检察院、省公安厅、

---

① 档案原始材料为广东省高级人民法院编《广东省高级人民法院大事记》。

省司法厅在当年5月联合向全省各级人民法院、人民检察院、公安机关发出《关于罗定县人民法院擅自将案犯处死的通报》（以下简称《通报》）。《通报》批评高要专区罗定县人民法院在1956年5月6日，未经省高级人民法院核准即将"反革命造谣破坏纠纷"案犯杨×、谭××处死的严重违法事件。后报经上级批准，罗定县人民法院院长被撤职处分。这次事件发生在省法院制定的刑事案件诉讼程序期间，一方面证明周楠的卓越见识，及时制定有关刑事制度，保证案件质量，防止冤假错案，防止程序违法和制度违规；另一方面也说明广东省法院系统内部存在很多问题，有的甚至是严重的违法违规问题和政治问题。周楠抓住这一反面典型，及时通报全省法院注意纠正。这对广东省法院法制建设和自身组织建设都是一个很好的教育，也是对死刑案件审判问题的一次重要纠正。

通过周楠6年来的认真负责和正确领导，全省法院特别是广东省高级人民法院自身较好地做到了遵守国家政策法规，积极配合国家社会主义革命和建设，在镇压反革命和各项政治运动中都能保证正确的政治方向，坚持依法依规和遵守制度办事，在打击各种社会刑事犯罪中也都较好地履行了法院审判机关的职责，在中华人民共和国成立后形势复杂变动、社会关系巨大变化和国家法制尚不健全的情况下，仍然较好地完成了广东省法院刑事审判的历史使命。

第三节　组织领导广东法院民事审判建设

民事审判是人民法院依照法定程序，对民事案件的审理和判决活动，包括对案件的受理、审查、调节、判决与执行等活动。民事审判是人民法院最常见、数量最多的案件审理活动，它直接关系到人民群众的切身利益和日常生活。如婚姻家庭、抚养赡养、物产财物、生产经营等方面，也与国家经济和社会秩序紧密相关。民事审判历来是人民法院审判工作的重要组成部分，而且往往直接影响人民群众对法院工作的评价和观感。因此，新中国的民事审判是国家最早制定的第一部法律《中华人民共和国婚姻法》以及其后制定的《中华人民共和国土地法》等法律的重要保障机制，对国家建立法制基础、稳定社会基本秩序、调整社会关系等都具有非常重大的意义。

一、关于婚姻纠纷民事案件

1950年4月13日，中央人民政府委员会第七次会议通过《中华人民共和国婚姻法（草案）》。4月30日，中央人民政府主席毛泽东签发命令，宣布"中央人民政府委员会七次会议通过《中华人民共和国婚姻法》（以下简称《婚姻法》），应自一九五〇年五月一日起公布实施。自公布之日起,所有以前各解放区颁布的有关婚姻问题的一切暂行条例和法令均予废止"。《婚姻法》明文规定:"废除包办强迫、男尊女卑、漠视子女利益的封建婚姻制度。实行男女婚姻自由、一夫一妻、男女权利平等、保护妇女和子女合法权益的新民主主义婚姻制度。"《婚姻法》奠定了新中国婚姻制度的法律基础,这部法律实施后,良好的法律和社会效果立竿见影。据当时华东司法部统计,仅1950年下半年法院受理的婚姻案件便超过4万件,其中多数是女方因无法忍受包办婚姻、重婚、家庭暴力等主动提出的离婚案。周楠按照我国《婚姻法》的规定,在领导省法院有关婚姻案件的审判中,坚持正确适用法律,坚持社会主义婚姻法原则,注意维护当事人的合法权益,特别是保护妇女儿童正当(合法)权利。广东由于历史原因,民间存在大量与华侨和侨属侨眷的婚姻关系。这在当时全国都是比较少见的。中华人民共和国成立后由于社会的巨大变动,很多涉侨涉港澳和涉外婚姻都随着社会的变动而产生剧烈变动。因此,婚姻纠纷民事案件在当时占据广东省法院系统民事案件的最多数。周楠特别重视婚姻案件和带有广东地方特点的婚姻案件审理,一直注意加强案件指导,注意研究结合本地实际情况正确使用婚姻法律,解决婚姻纠纷。做好了这个工作,对于稳定广东乃至外埠华人华侨和侨属侨眷心理、稳定国内外婚姻家庭关系都起到很好的作用。

其次是注意处理包办婚姻的案件。虽然我国《婚姻法》颁布后，传统的封建婚姻制度已经崩溃，封建主义的买卖婚姻和包办婚姻都在法律上取消了。但是《婚姻法》建立的男女平等、婚姻自由、一夫一妻制的婚姻制度，还需要通过人们在现实生活中逐步实现。周楠正确地看到在国家实现对生产资料私有制的社会主义改造后，我国新型婚姻家庭在不断壮大并日益巩固。但是，他也看到改造旧的婚姻制度不但要改变社会，更要改变人们的思想，而这些都需要时间。在当时历史条件下，人们头脑中的封建思想和资产阶级思想影响还很大，社会主义的新婚姻观念还需要逐渐进入人们的头脑。因此，周楠不但通过审理婚姻纠纷案件而宣传《婚姻法》，还重视通过普及《婚姻法》观念来教育社会，减少婚姻纠纷。这是善于把法治与德治结合的良好治理观念。最后，周楠还针对社会上大量存在的束缚男女婚姻自由的问题和草率结婚轻率离婚的问题，注意在案件审理中进行婚姻法制教育，使当事人通过诉讼接受社会主义的新婚姻观念和婚姻法制观念。通过以上做法，广东省法院系统审理婚姻纠纷民事案件取得了较好的成绩，得到了社会的称赞。

二、关于经济纠纷民事案件

经济纠纷民事案件是发生在生产、经营和商业等领域，涉及经济权利义务和金钱债务矛盾引起的法律争议。它广泛涉及社会各个方面，对于社会经济稳定和发展，对于人民生产生活秩序的建立健全，都有重要意义。当时我国正处在彻底消灭半殖民地半封建社会、建立新民主主义社会并逐渐向社会主义过渡的时期，全社会经济关系高度复杂，变动极其剧烈。社会上各种不同利益人群的纠纷，虽然很多通过党和国家政策和政府各部门来解决，但是在矛盾极其尖锐无法解决之时，还是有不少人选择到法院打官司。而当时我国法院民事法律不多，经济法律更几乎没有。因此，法院审理经济纠纷民事案件不但面临着无法可依的局面，更需要运用非常多的政策规定来适应具体案件当中的问题，这对法院无疑是很大的考验。周楠坚持以马克思主义毛泽东思想为指导，坚持掌握好国家各项方针政策，做到在具体的经济纠纷民事案件中把握好大方向，掌握好国家政策，注意具体问题具体分析，注重倾听当事人的叙述，尤其是注意倾听双方当事人的不同意见，以便在具体案件中处理好各方权利义务，使用好国家政策方针。

1953年10月16日，中共中央通过《关于实行粮食的计划收购与计划供应的决议》，规定"所有收购量和供应量，收购标准和供应标准，收购价格和供应价格等，都必须由中央统一规定或经中央批准"。同年11月15日，中共中央又发出《关于在全国实行计划收购油料的决定》。此后，统购统销开始在全国统一实行。统购统销政策是国家开始进入工业化时代，为了尽快发展国家经济而采取的一项重要经济政策，通过对有关国计民生的重要物资实行有计划的统一收购和销售，保证国家粮食储备和出口，实现国民经济的综合平衡。这是一项前所未有的重大经济政策，对于新中国全面发展工业和农业都有深远意义，具有很强的政策性和政治经济作用。同时也因为没有历史经验，统购统销也必然涉及很多政策性和法律性问题，这对法院的民事审判工作显然提出了新的要求。周楠认真贯彻党和国家政策，及时组织领导法院系统学习各项政策，研究落实。很快就在同年11月21日，即以广东省人民法院的名义向全省法院发出《关于从司法工作方面保障粮食统购统销工作的通报》。[①] 这个文件对指导和规范广东全省法院在司法工作方面加强保障国家实行的粮食统购统销政策发挥了良好的政策指导和法制保障作用。1955年3月，中共中央和国务院发出《关于迅速布置粮食购销工作，安定农民生产情绪的紧急指示》，强调必须在粮食统购统销工作中进一步采取定产、定购、定销的措施，使农民对自己的交售任务心中有数，这对于稳定农民情绪、缓和农村的紧张情况有重大意义。4月21日—5月6日，中共中央农村工作部召开第三次全国农村工作会议。会议在分析1955年春农村形

---

① 档案原始材料为广东省高级人民法院编《广东省高级人民法院大事记》。

势后，提出对农业生产合作社今后总的方针是：停止发展，全力巩固，秋后看情况再定；对数量大、问题多，超过主观力量的，要适当收缩一部分。会后，各地根据本地区的情况进行整顿和巩固工作，收到了良好的效果。同年8月25日，国务院命令公布《农村粮食统购统销暂行办法》和《市镇粮食定量供应暂行办法》。这两个文件是国家从粮食分配方面调节城乡关系、工农关系和产销关系的重要步骤，对全国执行统购统销政策具有重大指导意义。周楠及时组织广东省高级人民法院干部认真学习党和国家政策规章，并将相关政策精神落实到具体民事审判案件工作中去，使广东省民事审判在审理粮食统购统销政策方面的案件实现了法律效果和社会效果较好的统一。

三、关于民事案件审理程序

1955年3月31日，周楠主持制定了《广东省高级人民法院民事案件诉讼程序》（简称《程序》）。① 这个《程序》对于省法院依照国家政策法规正确审理广东省民事案件具有开创性指导意义，在当时起到了很好的制度规范化作用，受到广大审判干部的欢迎，也得到诉讼当事人的肯定。

---

① 档案原始材料为广东省高级人民法院编《广东省高级人民法院大事记》。

后　　记

2020年5月20日,广东海洋大学准备为庆祝中国共产党建党100周年献礼,特立项支持出版广东海洋大学人文社会科学研究"建党100周年献礼红色著作专项"成果,这是学校历史上对人文社科项目支持规模最大、经费最多的一次。本人申报的"广东南路红色文化教育资源开发研究(C20111)"有幸被列为学校人文社科重点项目,本书是该项目成果之一。

该书的史料一部分来自周聪(周楠儿子)数十年的收集,一部分是我持续五年走访南路革命老前辈的口述历史,还有一部分是通过到各地档案馆、各地县委或市委党史研究室、民间收藏店的复印收集,以及大量从旧书网店、各地书店的购得等。为了更全面地了解周楠的革命历程,我们课题组先后采访了周聪、李光炳(曾数度护送周楠往返中国与越南之间的警卫员。2020年5月底接受采访,当年12月下旬离世,享年95岁)、何斌(周楠妻子)、何锦洲(中共广东省委党校资深教授,1964年曾两次采访过周楠本人)、陈超中将(原兰州军区副司令员、南路革命亲历者）等人。先后到周楠生前工作过的广东省高等人民法院、广东省人民检察院等单位调阅其工作报告及相关档案，复印了大量宝贵史料，以及到访广东省档案馆，得到相关领导的热心帮助，获得了大量珍贵的史料。

具体写作过程中，我负责整本书的组织策划、提纲设计和大部分书稿的撰写。余跃江、李文河、王旭东、殷宇冰、吴祖尧、陈东宇等老师、同学参与了初稿的史料整理。2020年6月底书稿成型但十分不理想，于是我决定重写一遍，从7月至12月持续努力，终于完成书稿的重写，过程中充实了大量之前没有过的史料。本书得到华南师范大学博士生导师陈金龙教授的指导，得到中共中央党史研究室原研究员兼中共党史研究会原秘书长庞松的亲自审校，得到湛江市委党史研究室资深专家、原副研究员陈充的指导与屈康慧科长的亲自审核，还得到南路革命研究所陈东特聘研究员的悉心审校。

本书从写作到出版经历了许多波折，曾几度想要放弃，但每每看到史料中共产党人那种不屈不挠的斗争精神，就又信心倍增。本书以中共南路特委书记周楠的革命生涯为主线，以史料为基础，描述了他艰难曲折的革命历程。我也从周楠的革命生涯中明白了"天若有情天亦老，人间正道是沧桑"的深刻道理。作为长期从事南路革命研究的一名教师，在教学之余，我将大量的时间和精力投入这一研究领域。经过本人持续多年的努力，在唐才猷将军的长子唐舒明、小女儿唐翠波的鼎力支持下，前后共收编了五本南路革命史料，为学校开启庆祝建党百年献礼专项项目提供了有力的决策依据。在申请项目经费和对史料的撰写过程中，我遇到了人生中许多从未遇到的曲折，经历了许多内心煎熬的时刻，克服了始料未及的困难。如今，该书终于要付梓了，心中五味杂陈、感慨万千。

在书稿撰写、出版的整个过程中，广东海洋大学、南路革命子弟和许多朋友给予了我宝贵的支持。感谢学校党委的正确决策和主管科研领导层敏锐的学术视觉，抓住了建党百年的契机，成就了红色著作献礼项目。感谢学校党委书记曹俊明，副书记、校长潘新祥，副书记、纪委书记、广东省监委驻广东海洋大学监察专员彭权群，党委常委、副校长、党委宣传部部长刘东超，党委常委、副校长谭北平等领导的悉心指导和大力支持。感谢陈超中将（原兰州军区副司令员）、黄振位教授（广东省社会科学院原历史研究所副所长、《广东社会科学》杂志社原主编）、周建华教授（中共广东省委党校）的鼓励和支持！感谢周楠的妻子何斌、儿子周聪等人提供了大量十分珍贵的史料。感谢广东省档案馆钟鸣、王寒、周鹏涛等领导的热心帮助。感谢遂溪县政协党组书记、主席欧卫和廉江市农业银行副行长高怡光的热心帮助。感谢广东、广西、云南、海南、贵州等各地党史研究室成员及专家曾亚镇、汪涛、翟业高、徐传英、唐启文、顾全瑞、梁永、林琳、王宇的帮助。感谢潘树青、邓海瑜、黄恒、陈湛荣的热心帮助。感谢中共广东省委党校一直的热情帮助，让我对何锦洲教授当年采访周楠的情况有了较为深入而全面的了解。特别感谢广东海洋大学科技处鲁义善、杨原志、陈关怡的悉心帮助。感谢研究生处、校长办公室、财务处、审计处、招标中心的热情帮助。感谢本课题组全体成员的大力支持。感谢所在学院的领导和同事们的帮助。感谢殷汉贤和陈玺文、陈丹、黄伟强、卢旨晴等所做的大量的后勤工作。感谢中山大学出版社的领导和编辑为此书出版所付出的艰辛劳动。最后，感谢山东大学的殷梓淇从精神上给予了我莫大的鼓舞。

  本书因编写时间紧迫，编者能力有限，书中若有错漏，敬请雅正。谢谢！

高良坚

2021 年 6 月 1 日于广东海洋大学